权威·前沿·原创

皮书系列为
"十二五""十三五""十四五"时期国家重点出版物出版专项规划项目

B

BLUE BOOK

智库成果出版与传播平台

中国社会科学院创新工程学术出版资助项目

欧洲蓝皮书
BLUE BOOK OF EUROPE

欧洲发展报告（2021~2022）

ANNUAL DEVELOPMENT REPORT OF EUROPE (2021-2022)

中国社会科学院欧洲研究所

中国欧洲学会

主　编／冯仲平

副主编／陈　新

社会科学文献出版社

SOCIAL SCIENCES ACADEMIC PRESS（CHINA）

图书在版编目（CIP）数据

欧洲发展报告. 2021~2022 / 冯仲平主编. --北京：
社会科学文献出版社，2023.4
（欧洲蓝皮书）
ISBN 978-7-5228-1472-8

Ⅰ.①欧… Ⅱ.①冯… Ⅲ.①政治-概况-欧洲-
2021-2022 ②欧洲经济-经济发展-2021-2022 ③欧洲联盟-
经济发展-研究-2021-2022 Ⅳ.①D750.0 ②F150.4

中国国家版本馆 CIP 数据核字（2023）第 036687 号

欧洲蓝皮书

欧洲发展报告（2021~2022）

主　　编／冯仲平
副 主 编／陈　新

出 版 人／王利民
组稿编辑／祝得彬
责任编辑／王晓卿
责任印制／王京美

出　　版／社会科学文献出版社·当代世界出版分社 （010）59367004
　　　　　地址：北京市北三环中路甲 29 号院华龙大厦　邮编：100029
　　　　　网址：www.ssap.com.cn
发　　行／社会科学文献出版社 （010）59367028
印　　装／三河市东方印刷有限公司

规　　格／开 本：787mm×1092mm　1/16
　　　　　印 张：19.75　字 数：293 千字
版　　次／2023 年 4 月第 1 版　2023 年 4 月第 1 次印刷
书　　号／ISBN 978-7-5228-1472-8
定　　价／168.00 元

读者服务电话：4008918866

欧洲蓝皮书编委会

主编简介

冯仲平　中国社会科学院欧洲研究所所长、研究员、博士生导师，中国-中东欧研究院（布达佩斯）院长、中国-中东欧国家智库交流与合作网络理事长、《欧洲研究》主编，兼任中国欧洲学会会长、中国国际关系学会副会长、中国世界政治研究会副会长兼秘书长、中国人民外交学会理事。主要研究领域为欧洲战略问题、欧洲一体化、中欧关系、欧美关系、北约、中国外交等。

陈　新　法学博士，中国社会科学院欧洲研究所副所长、研究员、博士生导师，中国-中东欧研究院（布达佩斯）执行院长，兼任中国欧洲学会副会长、新兴经济体研究会副会长、中国欧洲学会中东欧研究分会副会长、中国欧洲学会欧洲经济研究分会会长、中国国际经济关系学会常务理事。曾担任中国政府与欧盟委员会的合作项目"中国-欧盟欧洲研究中心项目"（ESCP）中方主任。主要研究领域为中欧经贸关系、欧洲经济、经济一体化以及中东欧研究。近年来主要代表作有：《中国与欧洲国家经贸关系评估报告（2017年）》（2017）、《冯德莱恩能否带领欧盟走出危机阴影》（2019）、《深析当前欧洲的地缘政治焦虑》（2020）、《大变局下中欧全面投资协定的多重意义》（2021）。

摘　要

2021 年，欧洲的关键词是"复苏"和"自主"：在新冠疫情中力推经济复苏，在大国地缘政治竞争中争取自主。目前，欧洲正处在世纪疫情和百年大变局之中，新冠疫情放大了欧洲治理痼疾，一体化进一步失衡发展，国际实力地位持续下降，大国竞争的加剧和地缘政治的回归催生欧洲战略焦虑。在此形势下，欧洲领导人大力推动欧盟经济转型和外交转型，以应对内外两大变局。俄乌冲突的爆发对欧洲安全和经济秩序造成严重冲击，进一步刺激欧洲地缘政治的"觉醒"，并使转型更具紧迫性。本年度《欧洲发展报告》的总报告以《大变局催生欧洲大转型》为题，分析了大变局下欧洲面临内外双重变局的挑战。从内部来看，欧洲一体化治理痼疾的去除、欧洲一体化发展、欧洲经济平稳运行均遭遇空前阻力。从外部来看，新冠疫情的负面影响短期内难以消除，大国博弈加剧尤其是俄乌冲突导致欧洲安全形势和国际局势急剧恶化。国际大变局和欧洲大变局的叠加和联动造成欧洲国际地位相对下降，使欧洲进入磨合转型的新阶段。在此背景下，欧洲遂力图推进经济转型和外交转型，以掌握大国竞争主动权，维护欧洲利益。所谓经济转型主要包括数字转型和绿色转型，将应对气候变化和实现数字化作为主要施政方向和后疫情时代的主要发展目标。外交转型意味着，欧洲将重新定位其国际角色，体现为战略自主与依赖盟友两条路径的此消彼长，经济利益、地缘政治与价值观外交共频变动，以及印太战略与欧洲大周边外交的平衡发展。欧洲两大转型是国际形势变化与欧洲内部变迁双重逻辑推动的产物，对欧洲以及欧洲与外部世界的关系将产生重大影响。

关于 2021 年的欧洲形势，本年度《欧洲发展报告》的分报告从欧洲政治、欧洲经济、欧洲社会、欧盟法制进程、欧洲对外关系、中欧关系六个方面做了较为系统的回顾与分析。

2021 年的欧洲政治在碎片化中艰难前行。德国、荷兰以及多个中东欧国家再次迎来"大选年"。政党政治领域，欧洲的中左和中右政党的力量对比出现新一轮调整，"绿色政治"再次回潮，而以民粹政党为代表的激进力量虽支持率有所下降，但影响力仍不容忽视。欧洲国家层面政治生态变化外溢到欧盟层面，欧洲一体化仍在艰难中前行。尽管欧洲一体化有所深化和发展，但其面临的挑战更为艰巨。

2021 年欧洲经济经历疫情下的复苏与结构转型。随着欧洲本土疫情整体上有所缓解，加之新冠疫苗接种全面推进、全球供应链逐步恢复以及"下一代欧盟"复苏计划开始落实等积极因素的推动，欧洲经济实现了较强劲的复苏。通货膨胀率大幅攀升成为欧洲经济遇到的新问题，持续宽松的财政政策造成欧盟及欧洲主要国家的公共财政赤字和债务居高不下，如何遵守财政纪律将成为长期挑战。

2021 年欧洲社会出现动荡、调整和治理的新动向。针对疫情及各国防疫举措的大规模社会抗议活动接连不断，在折射疫情危机下社会治理困难的同时，也反映出民意的分化。欧盟及各国逐步探索出来的防疫举措，以及在多个领域的社会政策调整，将为各国社会治理的革新奠定一定的制度基础，但政府治理理念与民意诉求之间的张力持续存在。

2021 年的欧盟法制进程在危机与挑战中推进。在宪政领域，欧盟正式启动"欧洲未来大会"，但欧盟内部的法治危机有增无减。在内部市场方面，欧盟竞争力焦虑显著，其不仅加强数字经济、绿色经济法制建设，而且更新竞争政策工具，强化市场监管。在单边经贸立法方面，欧盟相继推出国际公共采购工具、欧盟外国补贴条例、欧盟反胁迫条例等具有域外效应的法律工具，在市场开放基础上强调对等、互惠以维护自身利益，确保欧盟企业的竞争力。

2021 年欧盟在对外关系方面推行"规范性地缘外交"。欧盟曾长期标榜自身为一支国际舞台上的"规范性力量",但近年来,在一系列内外危机的冲击下,欧盟越来越从"地缘政治"视角看待国际事务,注重自身"硬实力"建设。欧盟外交政策的"规范性"和"地缘政治"两面,在2021年和2022年鲜明地体现在它同俄罗斯、美国、非洲和印太地区国家的关系之中。

2021年中欧关系延续了新冠疫情以来的低位发展态势,总体呈现合作与竞争并存的局面。报告认为欧盟对中国是机遇还是威胁的认知观已经发生变化,在视中国仍为发展机遇的同时,突出了中国在制度、价值观、高科技等多个领域对欧盟造成的"威胁"和挑战。在这种认知观的支配下,欧盟对华决策的讨论更加强调如何应对来自中国的"威胁",日益强调如何防范中国,突出价值观导向和合作对等互惠,加强对欧盟自身利益的保护等。2022年因俄乌冲突爆发,中欧关系中共识和分歧也再度出现。总体而言,中欧合作的韧性和张力仍在,但合作已经远离舒适区。

在专题报告部分,本年度《欧洲发展报告》对2021年欧洲发生的一些重大事件做了深入分析。《波兰宪法法院裁决及其影响》指出,2021年10月7日,波兰宪法法院做出裁决,称欧盟条约的一些条款不符合波兰宪法。这一裁决直接挑战欧盟法高于成员国法律的欧盟法律秩序。波兰宪法法院的裁决加剧了波兰国内的政治冲突,恶化了本已紧张的波兰与欧盟的关系。《德国大选与新政府的内政外交走向》指出,2021年德国联邦议院大选的结果从不同层面折射出德国政治生态的变化,如德国政党力量对比的变化、主要政党意识形态界限的变化、选民流动性的变化、选民对政党信任度的变化、议员年龄与职业背景的变化等。政治生态的变化以及前所未有的三党组阁局面将对德国的内政外交产生重要影响。德国开启了"后默克尔"时代。《〈欧洲绿色协议〉:治理进展与地缘博弈》指出,2021年,欧委会推出了"适应55"一揽子政策方案,《欧洲气候法》正式生效,全方位引导全欧向绿色发展转型。在全球地缘政治格局变动调整的大背景下,欧盟积极推进气候外交,利用市场和地缘影响力、专业知识和金融资源,向全球推广欧盟的绿色转型模式。

本年度《欧洲发展报告》在结构上进行了重大调整,通过总报告突出了大变局催生欧洲大转型这一大势，通过六个分报告全面梳理了欧洲在政治、经济、社会、法制建设、对外关系以及中欧关系领域的主要进展和面临的挑战，通过三个专题报告深入分析了相关重大事件，重点突出，点面结合，希望得到读者的认同。

关键词： 欧洲转型　规范性地缘外交　中欧关系　波兰宪法法院德国大选

目 录 ⤡

Ⅰ 总报告

Ⅱ 分报告

Ⅲ 专题报告

Ⅳ 附录

皮书数据库阅读**使用指南**

总 报 告
General Report

B.1
大变局催生欧洲大转型

冯仲平　贺之杲　杨成玉*

摘　要： 2021 年欧洲的关键词是"复苏"和"自主"：在新冠疫情中力
推经济复苏，在大国地缘政治竞争中争取自主。目前，欧洲正
处在世纪疫情和百年大变局之中，新冠疫情放大了欧洲治理痼
疾，一体化进一步失衡发展，国际实力地位持续下降，大国竞
争的加剧和地缘政治的回归催生欧洲战略焦虑。在此形势下，
欧洲领导人大力推动欧盟经济转型和外交转型，以应对内外两
大变局。俄乌冲突的爆发对欧洲安全和经济秩序造成严重冲
击，进一步刺激欧洲地缘政治的"觉醒"并使转型更具紧迫
性。所谓经济转型主要包括数字化转型和绿色转型，将应对气
候变化和实现数字化作为主要施政方向和后疫情时代的主要发

* 冯仲平，中国社会科学院欧洲研究所所长，研究员，博士生导师，主要研究领域为欧洲战略
问题、欧洲一体化、中欧关系、欧美关系等；贺之杲，法学博士，中国社会科学院欧洲研究
所副研究员，主要研究领域为欧洲政治与国际关系、欧洲一体化与比较地区主义；杨成玉，
经济学博士，中国社会科学院欧洲研究所副研究员，主要研究领域为欧洲经济、中欧经贸关
系及法国研究。

展目标。外交转型意味着，欧洲将重新定位其国际角色，体现为战略自主与依赖盟友两条路径的此消彼长，经济利益、地缘政治与价值观外交共频变动，以及印太战略与欧洲大周边外交的平衡发展。欧洲两大转型是国际形势变化与欧洲内部变迁双重逻辑推动的产物，对欧洲以及欧洲与外部世界的关系将产生重大影响。

关键词： 欧洲转型　百年大变局　经济复苏　战略自主

一　引言

新冠疫情持续数年，给全球政治、经济、社会秩序造成了严重的负面影响，既暴露出全球化时代世界各国相互依赖的脆弱性，以及大国之间相互竞争的激烈程度，也揭示出大国和全球合作的必要性。过去十多年，欧洲经历国际金融危机、主权债务危机、难民危机、英国"脱欧"等多重考验，新冠疫情加重了欧盟自身内外发展的困境。新冠疫情与大国竞争、地缘政治博弈加剧同步。大国竞争的加剧和地缘政治回归进一步恶化了大国间的"安全困境"，导致世界对抗与冲突的风险增加。2022年2月，俄乌冲突骤然爆发使欧洲再次陷入博弈的旋涡之中。

"后疫情时代"和"大国竞争时代"衍生的全球悲观前景，使欧洲的战略焦虑日益加深，催生了欧洲战略界对"欧洲被边缘化"的担忧，引发欧洲各国对国际格局及安全秩序、经济全球化及自由贸易的再思考和再定义，欧洲民众的反全球化、保护主义情绪持续高涨。在新冠疫情波折反复和国际紧张局势不断发酵的背景下，欧洲面临的内外挑战愈加复杂。在此背景下，欧洲遂力图推进经济转型和外交转型，以掌握大国竞争主动权，维护欧洲利益。

二 大变局背景下欧洲面临的内外挑战

欧洲面临内外双重变局的挑战。从内部来看，欧洲一体化治理痼疾的去除、欧洲一体化发展、欧洲经济平稳运行均遭遇空前阻力。从外部来看，新冠疫情的负面影响短期内难以消除，大国博弈加剧尤其是俄乌冲突导致欧洲安全形势和国际局势急剧恶化。国际大变局和欧洲大变局的叠加和联动造成欧洲国际地位相对下降，也使欧洲进入磨合转型的新阶段。

（一）新冠疫情放大欧洲治理痼疾

在疫情暴发之前，欧洲仍未完全走出多重危机的泥潭。尽管危机不是欧洲历史上的新现象，但新冠疫情和欧洲多重危机的叠加，使欧盟及其成员国的凝聚力不堪重负。① 新冠疫情是欧洲国家二战后面临的最大的危机。新冠疫情不仅重塑了欧盟及其成员国的政策议程，还放大了欧盟及其成员国的治理困境。新冠疫情下的欧洲治理痼疾不断冲击欧盟及其成员国的内政和外交。

2020 年新冠疫情引发战后欧洲最严重的经济衰退，2021 年是欧洲持续遭受新冠疫情冲击的一年。其间欧洲先后遭遇三波严重疫情，部分国家被迫重新采取封城、宵禁、保持社交距离等"硬核"防疫措施，全面复工复产、经济"正常化"运行被迫大幅延后。虽然欧盟及欧洲各国均不同程度地实施一系列纾困政策和刺激措施，使消费低迷、经济增长乏力、供应链阻断、宏观经济指标恶化等不利局面有所改善，但距离实现欧盟所谓"以复苏助转型"的目标尚相去甚远。

总体来看，欧洲在疫情防控与经济复苏之间艰难平衡。2021 年欧洲经济复苏明显，第二季度欧盟经济同比增速实现创纪录的 13.8%，GDP 规模

---

① Andreas Grimmel, "Introduction: The Many Challenges of the European Union", in Andreas Grimmel, ed., *The Crisis of the European Union: Challenges, Analyses, Solutions* (London and New York: Routledge, 2018), pp. 1–10.

在第三季度恢复至疫情前水平。同时，欧盟各成员国、英国以及西巴尔干国家的经济增速基本符合主要国际机构预期，大部分欧洲国家的经济规模已重回疫情前水平①。然而，欧洲治理痼疾并未得到根本缓解，反而受疫情影响呈现不断放大之势。一是经济结构顽疾，"去工业化"负面效应显现，供应链严重受阻。从20世纪70年代开始，欧洲国家开启了产业外迁、"去工业化"进程，制造业增加值占经济总量的比重逐渐下降，一系列主动或被动的因素促使制造业外流，造成产业空心化发展困境。疫情中，医疗医药物资、战略性原材料、关键性中间品持续短缺，严重影响欧洲产业正常运转，欧洲制造业的国际竞争力和市场份额大幅下滑。尤其是在欧洲经济结构中占最大权重的服务业，受疫情打击最大，损失最为严重。二是人口结构顽疾，人口老龄化加剧，高福利政策受到空前挑战。根据欧洲统计局在2022年3月公布的数据，2021年，欧盟27国老龄化率上升至32.5%，即65岁及以上人口占15~64岁人口的比例为35.5%，同比上升了0.5个百分点。② 该变化对欧洲劳动力供给和高福利政策形成挑战，一方面，这限制了熟练工人和科技专业人才的供应；另一方面，社会保障体系的负担不断增加，使因应对疫情造成的公共财政恶化现象更加突出。三是财政与债务顽疾，财政赤字与公共债务双高状况持续。伴随疫情中经济形势的显著恶化，欧洲国家将紧急行业救助、纾困受损企业和失业民众等财政刺激政策作为对冲疫情影响的核心手段。在国别层面，欧洲各国财政刺激政策"火力全开"，英国、德国、法国、意大利、西班牙等大国陆续通过紧急救助计划，调动千亿欧元级别的援助资金补充财政预算、补贴企业和雇员，为困难企业贷款担保，以避免大量企业破产和出现"解雇潮"。扩张性财政政策导致欧洲各国的财政状况进一步恶化，预算赤字相应"水涨船高"。部分国家的财政赤字、公共债务创下历史新高，压缩未来经济增长的空间。此外，受国际能源和原材料价格上

---

① 当前，仅有以西班牙、意大利、塞浦路斯、马耳他、葡萄牙为代表的南欧国家和以保加利亚、捷克、斯洛伐克为代表的中东欧国家以及德国的GDP尚未恢复至疫情前水平。

② Eurostat, Old-age-dependency Ratio, 25 March 2022, https：//ec. europa. eu/eurostat/databrowser/view/tps00198/default/table? lang=en.

涨、欧洲央行持续量宽、政府大规模救助等因素影响，2021年12月，欧盟通胀率攀升至5.3%，工业生产价格指数同比增长26.2%，且受热点地区冲突和全球供应链阻断影响，欧洲高通胀形势或将长期持续。基于对欧洲经济痼疾和当前政经形势的判断，后疫情时代，欧洲经济仍长期面临高通胀、高赤字、高债务的"三高"窘境。俄乌冲突爆发后，欧洲通胀叠加衰退风险，经济下行压力加大，将可能导致经济陷入长期滞胀。

（二）欧洲一体化进一步失衡发展

新冠疫情强化了欧洲一体化的多向、多速发展趋势。[①] "差异性一体化"自20世纪80年代提出以来就已成为欧洲一体化的重要特征，并且产生了深远的社会经济影响，尤其是在欧债危机期间影响了欧盟的治理结构。[②] 伴随欧洲一体化的深入发展，欧洲各国之间的发展差异持续扩大，且与一体化进程形成鲜明对比，具体体现为"南北差异"与"东西差异"相互交织。

从政治层面看，欧洲一体化的发展与欧洲国家政治生态的演进同频变化，欧洲政治生态的变化外溢到欧洲一体化进程，反过来，欧洲一体化框定了欧盟成员国政治生态变化的范围和程度。随着疑欧、反欧的民粹主义思潮进一步发酵，极右翼民粹主义政党主张加大保护本国企业、本国制度、本国文化的力度，支持政治和经济上的保护主义。新冠疫情的持续发酵和大国博弈的加剧成为欧洲一体化发展的新外部变量，欧洲一体化在欧洲国家联合与再国家化之间不停摇摆。新冠疫情固化了欧盟及其成员国的既有结构性矛盾，如政治碎片化和极化、经济不平等、贫富差距加大、社会分化等。随着新冠疫情的蔓延以及疫情防控措施的分化，欧洲政治与社会的碎片化让欧盟集体行动力受到制约，使欧盟成员国间的政策分歧进一步加大，强化了欧洲

---

① 贺之杲、巩潇泫：《经济收益、规范认同与欧洲差异性一体化路径》，《世界经济与政治》2021年第2期。

② Holzinger, K., Schimmelfennig, F., "Differentiated Integration in the European Union: Many Concepts, Sparse Theory, Few Data", *Journal of European Public Policy*, Vol. 19, No. 2, 2012, pp. 292-305.

差异性一体化进程。

从经济层面看，欧债危机放大了欧元区的"先天缺陷"，事实上，欧元的启动限制了外围国家通过本国货币贬值提升竞争力的能力，而核心国家，特别是德国借助欧元的启动有效对冲了马克升值的不利影响，同时将欧洲统一梦想的实现成本强加给外围国家。因此，欧元区并不具备最优货币区条件，货币一体化成为欧债危机爆发的重要原因。[①] 2010 年欧债危机发生后，欧盟要求希腊、意大利等南欧国家执行严苛的财政纪律，引发内部"南北矛盾"的持续。虽然随后"多速欧洲"的提出、欧洲稳定机制以及银行业联盟的建立在一定程度上避免整个欧盟的分裂和解散，货币一体化得以稳固，欧洲一体化进程也"转危为机"继续推进，[②] 但"南北差异"这个结构性问题犹存。在此次疫情中，为帮助各成员国尽快走出疫情阴霾，强化对疫后经济复苏的协调引导并完成既定经济转型目标，欧委会于 2020 年 5 月提出"下一代欧盟"（Next Generation EU）复苏基金倡议。复苏基金旨在强化欧盟预算的引导功能，体现"欧洲团结"精神，发挥协调作用，引导成员国向绿色、数字领域转型，实则为债务一体化的雏形。其中，3900 亿欧元资金以无偿赠款的方式发放给成员国，再次引发"南北矛盾"。

与此同时，欧盟所推崇的以疫后复苏为契机、力促经济向绿色领域转型的发展方向暴露出欧洲内部的"东西差异"。在欧盟 2050 年碳中和目标驱动下，欧盟委员会主席冯德莱恩在 2019 年底上任之初推出《欧洲绿色协议》，将大量资源投入绿色发展领域，以实现欧盟的绿色转型。[③] 然而，作为影响经济、社会和环境的综合行为，绿色转型的严格执行前景受到在绿色发展领域起步时间较早、基础较好的西欧国家与转型包袱沉重的中东欧国家之间矛盾的挑战。就欧洲内部发展差异而言，东西欧洲之间在绿色发展基

---

① Joseph E. Stiglitz, "How a Currency Meant to Unite Europe Wound up Dividing It", *International New York Times*, 29 July 2016.

② 陈新：《欧洲主权债务危机：转危为机》，《中国经贸》2010 年第 13 期。

③ Ana Postolache, "The Power of the Single Voice: The EU's Contribution to Global Governance Architecture", *Romanian Journal of European Affairs*, Vol. 12, No. 3, 2012, p. 7.

础、淘汰化石能源产业、低碳技术投入与应用、转型资金需求、民众意识形态等诸多方面存在巨大差异。① 可以说，欧洲内部的差异及其引发的结构性矛盾，并没有随着欧洲一体化的推进而减小，反而在历次危机中呈现愈演愈烈之势。

（三）大国竞争持续加剧

在"百年未有之大变局"中，大国竞争开始体现在权力的所有关键领域，如军事安全、经济技术、价值规范等，欧洲也不例外。大国竞争与地缘政治思维将国际或地区事务的参与者视为竞争对手或潜在敌人，其努力通过控制战略地区来保障国家安全与利益，从而增大了地缘政治对抗与冲突的烈度。

近年来，欧洲已经真切感受到了世界格局正在发生的巨大变化，尤其是"大国竞争"和"地缘政治竞争"在国际政治中的回归。现在欧洲政治家们的口头禅是，"如果欧洲不成为一个'玩家'（Player），就会成为一个'角逐场'（Playground）"。② 显然，欧洲不仅不愿意在新的世界秩序演进过程中被边缘化，而且希望能够主导未来世界秩序的演进方向。此外，随着"东升西降"的过程不断加速，西方国家与新兴市场国家的竞争更加激烈，亚太地区的影响力在上升，各国在亚太地区的竞争烈度也将上升。

首先，中美战略竞争外溢到中欧关系，中欧关系更为复杂多元。中美全方位战略博弈深刻影响世界秩序的演变。中美战略竞争是全球性和全方位的，无疑会影响欧洲及其外交战略布局。面对中美战略竞争态势加剧，欧洲的态度十分复杂，既希望独立于中美关系制定对华政策，又不得不依赖中美关系而调整对华政策。鉴于欧美利益存在诸多差异，尤其是对华政策立场，多数欧洲国家不愿被中美对抗的二元逻辑所主导，希望能够成为具有自主性

① 杨成玉：《欧盟绿色发展的实践与挑战——基于碳中和视域下的分析》，《德国研究》2021年第3期。

② "Europe Needs to Be a Player, Not a Playing Field, EU Tells China", EUbusiness, 16 September 2020, https：//www.eubusiness.com/news-eu/china-summit.14js.

的全球行为体。此外，欧洲对华政策陷入了"合作、竞争、对手"的三重定位泥潭之中。在中欧保持务实合作和经贸关系的同时，欧洲对华竞争性维度和价值观外交色彩上升。2021年3月欧盟对华实施制裁，这是近30年来欧盟首次对华实施制裁。欧洲在涉华议题上频繁制造事端，影响中欧关系正常发展。

其次，美欧与俄罗斯的矛盾日益激化。2022年2月爆发的俄乌冲突引发大国关系新一轮的大调整，西方和俄罗斯的关系进入一个新的全面对抗时期。同时，俄乌冲突加快世界经济体系的"板块化""阵营化"，不排除出现"两大平行体系"的可能性。俄乌冲突也使全球能源安全、金融稳定、供应链安全遭受不同程度的冲击，增加了后疫情时代经济复苏的困难。

俄乌冲突特别是欧美联手对俄罗斯实施制裁对欧洲经济造成严重影响。欧洲经济有可能陷入衰退和动荡，负面影响将超过欧债危机和新冠疫情。欧俄互为近邻，经济联系十分紧密：欧盟是俄罗斯最大的贸易伙伴和投资来源地，俄罗斯则是欧盟第五大贸易伙伴。俄乌冲突升级以来，欧盟对俄罗斯发起数轮制裁，欧俄"经济脱钩"正在形成。在能源方面，欧盟能源供应面临严重短缺，能源价格处于历史高位。目前来看，欧洲已陷入历史上最严重的能源危机中，电力和天然气成本飙升。在供应链方面，欧洲原材料短缺和物流阻断双重叠加，增加了制造业的"断链"风险。与此同时，国际物流阻断、跨境运力持续紧张、运费居高不下进一步冲击欧洲供应链。在粮食方面，欧洲粮食和农资供应面临缺口，粮食安全形势严峻。法国总统马克龙在2022年3月24日出席北约特别峰会后警告，俄乌冲突正造成一场前所未有的粮食危机，这种状况在未来一年至一年半之内将更加严峻。在金融方面，欧盟企业在俄罗斯投资面临阻碍，银行业面临巨大损失。在俄罗斯的欧盟企业涉及能源、制造业、零售业等众多领域，规模庞大，制裁以来，欧盟企业纷纷终止在俄罗斯的业务，承受大量经济损失。金融制裁可能诱发俄罗斯包括主权债和企业债在内的外债违约。

最后，美欧内部分歧犹存。拜登政府上台后，美国对欧政策出现回调并回暖，强调更团结的跨大西洋关系可以更好地应对全球性挑战。但特朗普政府对欧美关系的负面影响难以消除，尤其由于特朗普时期美欧相互缺乏正常的战略磋商和沟通，政治互信程度明显下降。再加上，特朗普主义激发的美国政治极化趋势难以在短期内被遏制，这无疑将冲击 2022 年的美国中期选举。有鉴于此，欧洲国家一直担心美国对基于规则的多边国际秩序的长期承诺存在诸多不确定性。①

俄乌冲突在一定程度上强化了美欧团结。但是，欧盟内部以及美欧在对俄制裁的程度以及战略目标等方面存在诸多差异。在对俄实施能源制裁上，欧盟国家间意见不一，欧美之间也明显不同步。欧洲国家难以像美国一样全面禁止从俄罗斯进口所有能源。就战略目标而言，欧洲希望建立一个符合欧洲利益的安全秩序，而美国希望通过俄乌冲突重塑其在欧洲的地位，尤其是强化北约的地位和作用。更重要的是，随着全球权力向东转移，美国战略重心更多投入印太地区，正如美国《2022 年国防战略报告》指出，中国是美国最重要的战略竞争对手。② 因此，假如遵循美国界定的大国竞争逻辑，欧洲将不得不陷入地缘政治旋涡，这不仅增大欧洲内部的协调难度，还会加深欧洲与其他大国的安全困境。

（四）欧洲国际实力地位持续下降

近年来，欧洲各国受到人口负增长、去工业化、高福利导致的竞争力低下等的影响，在国际力量对比中处于不利位置。欧洲的焦虑在较大程度上源于其相比过去的优势在减少。③ 其一，近 20 年来，欧盟经济规模、国际贸易与投资在全球的份额呈现持续下降的趋势，全球化的负面影响日益显现。其二，经济全球化、技术迭代与全球价值链的发展对欧洲社会经济的冲击加

---

① Markus Jaeger, "Defense and Deterrence against Geo-Economic Coercion", DGAP Report No. 4, March 2022, https：//dgap. org/en/research/publications/defense－and－deterrence－against－geo－economic－coercion.

② US Department of Defense, "DoD Transmits 2022 National Defense Strategy", 28 March 2022, https：//www. defense. gov/News/Releases/Release/Article/2980584/dod－transmits－2022－national－defense－strategy/.

③ 冯仲平：《欧洲对华政策变化与中欧关系的强大韧性》，《国际论坛》2022 年第 2 期。

剧,具体表现为过分依赖外部市场、产业竞争优势下降、不平等现象加剧。其三,技术变革和数字化正在推动经济结构和劳动力市场发生深刻变化。欧洲在数字技术的发展中缺少成熟的数字服务和商业模式框架,难以创造、培育数字经济发展的有利条件。欧洲数字化发展已然处于落后于中美的不利处境,引发欧洲对数字主权的长期担忧。其四,虽然欧洲在应对气候变化、绿色发展领域起步时间较早,但由于相关投资、创新技术、激励措施的长期不足,加之内部政策、理念差异巨大,致力于减少温室气体排放的全面结构性改革被搁置,碳中和过渡形势严峻。

欧盟国际经济实力、世界经济权重地位的下降具体表现为经济规模的相对下降、在国际贸易和国际投资中的份额相对下降。从经济规模看,从联合国贸发会议(UNCTAD)数据库2015年不变美元统计数据看,2000年,欧盟、美国GDP的全球份额分别为28.07%和28.74%,而中国GDP的全球份额仅为5.76%。如图1所示,20年间,欧盟和美国GDP的全球份额呈不断下降的趋势,同期中国上升速度明显。截至2019年,欧盟、美国、中国GDP的全球份额依次为21.22%、23.86%、17.02%,特别是在疫情中欧盟经济衰退相对更严重,2021年中国GDP首次超越欧盟,意味着欧盟相对经济规模进一步下降。

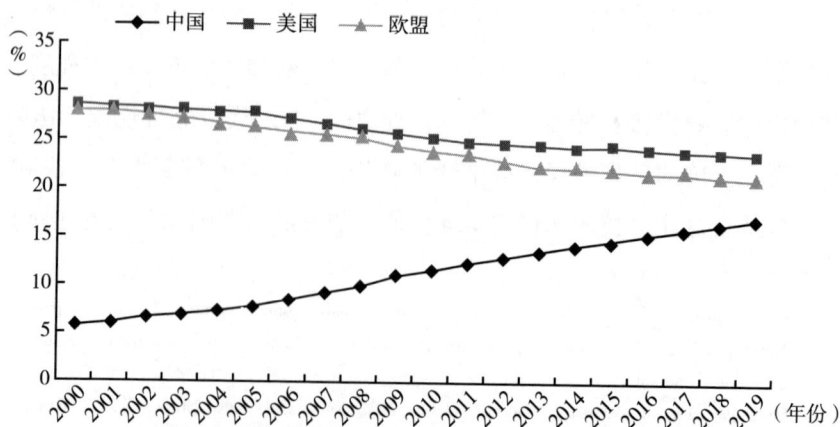

图1 欧盟GDP的全球份额的变化以及与中国、美国的比较

资料来源:联合国贸发会议(UNCTAD)数据库。

作为国际贸易和投资最大参与者，欧盟长期将经贸合作用作其对外示强的有效工具，但近 20 年欧盟贸易和投资的全球份额出现显著下滑。从国际贸易看，欧盟出口总值的全球份额的下降趋势明显，由 2000 年的 38.02% 降至 2019 年的 33.10%，20 年时间下降了 4.92 个百分点。而同期美国仅下降了 3.48 个百分点，中国则上升了 9.28 个百分点。从国际投资看，欧盟对外直接投资（OFDI）存量依然保持全球最为活跃的水平，但其全球份额的下降也是明显的，特别是从 2009 年开始呈现较为剧烈的下行趋势。欧盟对外直接投资存量的全球份额由 2008 年 48.34% 的最高值降至 2019 年的 36.37%，降幅为 11.97 个百分点。而同期美国上升了 2.42 个百分点，中国的增幅为 4.89 个百分点（见图 2）。综上可见，从世界经济权重地位角度看，无论是经济规模，还是由国际贸易和投资所驱动的全球化指标，欧盟与发展中国家的代表中国相比，反映出的是"东升西降"，且中国的增幅显著大于欧盟的降幅；与同处于"下行通道"的美国相比，欧盟的降幅明显更大。以上实证表明欧盟的国际经济实力地位正在持续下降。

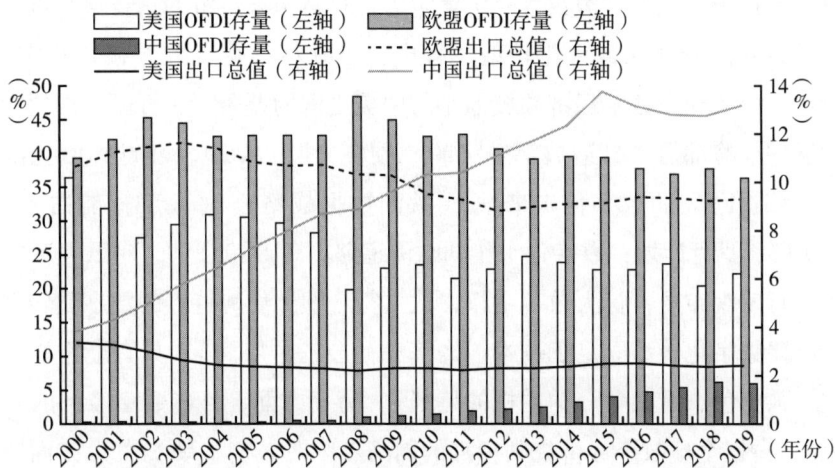

图 2　欧盟出口总值、对外直接投资（OFDI）存量的全球份额变化以及与中国、美国的比较

资料来源：联合国贸发会议（UNCTAD）数据库。

三　欧洲经济转型

面对国际经济相对实力和竞争优势下降，以及大国竞争不断加剧，欧盟致力于应对气候变化和实现数字化，将推进数字化和绿色转型作为主要施政方向和后疫情时代的主要发展目标，希冀打造欧洲未来参与全球竞争的示强手段和潜在经济增长点。对内以疫后复苏为契机，落实"下一代欧盟"复苏基金，在深化欧洲一体化进程的同时，有效推进欧元国际化进程。对外将推行保护主义经贸政策作为欧洲战略自主的一种实现路径，通过密集出台以自我保护为主的法律和对外经贸政策措施重塑经济主权。

（一）"追赶差距"的数字化转型

伴随全球数字经济的飞速发展和国际竞争的日趋激烈，欧洲经济增长乏力加剧了数字化转型的紧迫性。面对数字化发展已然落后于中美的不利处境，2019 年欧委会主席冯德莱恩上任后便将数字化转型作为主要施政重点。其通过建立数字领域规则标准、加强数字安全监管、培育核心技术、引导资本投入等措施，提高欧盟数字经济竞争力，打造未来经济的重要增长极。整体来看，欧洲希冀在数字化转型过程中，兼顾对"硬实力"和"软实力"的打造，以实现在数字经济领域缩小与中美之间的差距。一方面，加快数字化发展的战略部署，打造数字经济的"硬实力"。从 2020 年起，欧盟陆续发布《塑造欧洲的数字化未来》《欧洲数据战略》《人工智能白皮书》《2030 数字罗盘计划：数字化十年的欧洲道路》等政策文件，对欧盟数字化转型进行宏观布局，扩大数字主权，建立符合欧洲优势特点的数字化转型框架。欧盟数字化转型立足于技术、经济和社会三个层面，[1] 具有渐重视、全方位、强特色、重义务、护主权的特征[2]。另一方面，打造数字经济的"软实力"，占据全球数字经济规则标准的制高点。在数字"硬实力"方面追赶

---

① 孙彦红、吕成达：《试析欧盟数字战略及其落实前景——一个技术进步驱动劳动生产率变化的视角》，《欧洲研究》2021 年第 1 期。

② 朱贵昌：《欧盟数字化发展面临诸多挑战》，《人民论坛》2020 年第 19 期。

中美并非一日之功，欧盟结合自身优势和自我保护动机，积极打造领域规则标准，在数字经济规则标准方面占据全球制高点。欧盟在以往提出的《通用数据保护条例》（GDPR）、数字服务税等措施基础上，推动《数字服务法》和《数字市场法》通过、生效，进一步加强对跨国互联网巨头经营活动的监管、对数字市场和数据安全的保护等。

（二）"培育优势"的绿色转型

在应对全球气候变化浪潮下，欧盟较早提出"碳中和"目标并积极推动内部绿色转型。欧盟一直自视为全球应对气候变化、绿色经济领域的领导者。除提出应对气候变化、推动《巴黎协定》落地、保护生物多样性等理念外，在绿色转型领域持续发力，拥有一定的先发优势。欧盟将绿色转型作为后疫情时代的优先发展目标，稳固自身全球绿色优势的动机明确，进一步以绿色转型为重要路径培育未来"竞争优势"。2019 年 12 月，新一届欧盟委员会成立之初便发布了《欧洲绿色协议》，提出 2050 年碳中和目标，加快推行绿色新政的步伐。2021 年 6 月，欧盟通过了《欧洲气候法》，以法律强制性方式执行中长期减排目标的安排。当前，欧盟正处于全方位推进绿色转型的阶段。在政策保障上，欧盟将应对气候变化预算支出占多年期财政框架的比重进一步提高至 25%，并将成员国获得复苏基金资助与绿色转型支出挂钩，规定成员国复苏计划中用于绿色转型的支出比例应不低于 37%。在绿色产业上，突破竞争中性规则约束，整合多个成员国优势资源发布《欧洲电池战略》《欧盟氢能源战略》，打造相关产业的"空客"级企业；积极打通产业链各环节，形成一以贯之的绿色产业链体系。在绿色技术上，欧盟加大公共财政投入力度，以实现绿色技术的更新迭代，确保欧盟在绿色研究和创新方面保持世界级领军地位。2021 年 6 月，欧委会通过 2021～2022 年"地平线欧洲"（Horizon Europe）的具体工作方案，将超过 40% 的预算资金用于绿色技术的研究和创新，重点支持绿色研发项目。在绿色金融上，2021 年 10 月，欧盟启动 2500 亿欧元主权绿色债券发行计划，以达成为"下一代欧盟"复苏基金筹集资金、加速金融促进绿色转型的目标。

与此同时，面对俄乌冲突对欧洲能源供应带来的巨大影响，欧盟多措并举，通过新能源独立计划（REPowerEU），努力摆脱对俄罗斯能源的依赖。一是天然气进口渠道多元化。一方面，增加液化天然气（LNG）和管道气进口，每年分别新增 500 亿立方米和 100 亿立方米。其中 LNG 主要来源国包括美国、中东和北非国家，管道气来源国包括阿塞拜疆、阿尔及利亚和挪威。另一方面，增加可再生气源，争取到 2030 年生物质天然气、氢能分别达到 350 亿立方米和 500 亿立方米的产量。二是加速能源转型，减少对化石能源的依赖。计划风电和光伏装机容量到 2025 年翻倍，2030 年达到目前的 3 倍，以替代 1700 亿立方米的天然气需求。此外，欧洲主要国家已寻求其他替代方案，其中法国和德国最具代表性。法国拟扩大核电规模。法国计划从 2028 年开始新建六台核电机组，并在此基础上再新建八台机组，且现有机组将延寿运行。此外，法国还将进一步加大对新能源的投资力度。德国加快发展可再生能源。德国将按计划弃核退煤，加速建设 LNG 接收站，积极寻找俄气替代者，计划于 2035 年实现 100% 可再生能源发电。

（三）"固存量、添增量"的经济一体化发展

面对突发的新冠疫情，欧盟结构性缺陷和治理能力备受质疑，引发社会对一体化前景的担忧。特别是在应对经济衰退方面，欧盟可用工具有限，各国推出激进的财政刺激手段，财政赤字和公共债务进一步承压，存在再次爆发主权债务危机的风险。然而，随后为应对危机，各成员国在较短时间里最大限度地克服了"南北矛盾"和"东西矛盾"，欧盟也顺利制定并通过了规模为 7500 亿欧元的"下一代欧盟"复苏基金，"化危为机"，这对一体化建设具有重要的里程碑意义。复苏基金倡议由欧委会于 2020 年 5 月提出，同年 7 月，在欧盟特别峰会上，27 国领导人达成共识，并于 11 月由欧洲议会和欧盟理事会批准通过。在复苏基金下，欧盟发行主权债券帮助成员国进行符合欧盟优先事项（经济复苏、绿色和数字化转型）的改革和投资。[①] 欧盟

---

① 杨成玉：《欧盟复苏计划及其潜在效应》，《现代国际关系》2020 年第 8 期。

以成员国国民收入为担保发行共同债券，并对所筹资金的分配提出要求，成员国则需按照欧盟要求制订国家复苏计划，即欧盟借助复苏基金扩大了自身的财政能力，再进一步可形成债务一体化和财政一体化的雏形。可以说，复苏基金是欧盟以疫后复苏为契机，推进绿色和数字化转型、发展产业战略、实现共同债务和欧元国际化的突破性举措。特别是在欧元国际化方面，欧盟通过 7500 亿欧元共同债券的发行，成功推出持续的全球性欧元资产，突破了欧元全球储备、跨境支付、结算清算瓶颈，迈出了欧元国际化的关键性一步。

（四）重塑经济主权，保护主义经贸政策层出不穷

新冠疫情使欧洲意识到经济上对外依赖严重，对后疫情时代全球竞争前景感到悲观，战略焦虑加深。特别是在国际经贸紧张局势加剧和欧洲经济实力相对下降的背景下，无论是缘于理论反思、国际政治经济格局变化，还是欧洲右翼民粹主义的兴起，抑或是疫情触发的思维方式转变，欧盟及欧洲各国纷纷重视战略安全的权重来强化和提升欧洲的经济主权，以巩固和提升自身在全球中的经济政治话语权。[①] 作为欧洲战略自主的一种实现路径，经济主权的重塑更多地体现为欧盟密集出台以自我保护为主的法律和对外经贸政策措施。特别是 2021 年初以来，欧盟将"公平贸易""对等开放"挂在嘴边，加大人权、安全、环保、价值观维度考量的经贸审查和规制力度，"筑高墙、防吃亏"，担忧外国借其虚弱之时增加经济投入，吃掉关键产业链和战略性企业。俄乌冲突凸显欧盟在能源、粮食、供应链等经贸领域实现"战略自主"的紧迫性。未来欧盟在不断加强自身经济主权建设的同时，对外布局或采取更多保护主义政策。

1. 调整贸易政策

欧盟委员会于 2021 年 2 月发布了题为"开放、可持续和坚定自信的贸易政策"的《贸易政策审议文件》。通过该文件，欧盟对其贸易政策做出了重大调

---

① 余南平：《欧洲强化经济主权与全球价值链的重构》，《欧洲研究》2021 年第 1 期。

整，立足于加速疫后复苏，适应绿色和数字经济转型，建设更具韧性的欧洲等诸多考虑，① 出台所谓以价值观为基础的更具防御性的贸易政策。

2. 鼓励产业回迁

欧盟及法国、德国等成员国相继出台激励供应链回迁的政策，加速医药医疗、可再生能源、战略性原材料、电子、化工等供应链部分环节回归本地化。虽收效甚微，但体现出欧洲推动经济领域战略自主的长期动向。欧洲推出实质性的产业回迁计划，势必引发未来全球范围内价值链的结构性重构。

3. 加快外国政府补贴审查

2021 年 5 月，欧盟委员会针对可能扭曲欧盟市场的"外国政府补贴"，发布新规立法草案，拟引入针对外国政府补贴的全新审查制度，于 2022 年完成立法程序。新的审查制度将目标瞄准获得外国政府补贴的企业，对其在欧盟并购和投标时进行更为严苛的申报、审查与处罚。其将加强外国企业在欧盟经营的"硬性约束"，倒逼企业提高"透明度"并履行资金的申报义务，为企业附加"一票否决"和限制性条件。

4. 推动国际采购文书落地

2021 年 10 月，欧洲议会国际贸易委员会开展了对国际采购文书的审议工作，并积极推动该文书进入落实阶段。文书规范了欧盟内部公共采购的管理标准，一旦落地，未签订世贸组织《政府采购协定》国家的企业将被排除在欧盟基础设施等领域的公共采购合同之外。一方面，欧盟公共采购市场规模每年约为 2 万亿欧元，相关企业无法获得其境内公路、桥梁、铁路网、电网等公共采购合同；另一方面，欧盟此举在剔除竞争对手的同时，迫使其向欧盟开放公共采购市场。

5. 加紧供应链"人权尽职调查"

2021 年 3 月，欧洲议会提出《供应链法动议》，要求受欧盟国家管辖的企业披露人权、环境、良治等方面的信息，涵盖有直接或间接商业联系的上

---

① 姚铃、秦磊：《欧盟新贸易政策及其对中欧经贸关系的影响》，《国际贸易》2021 年第 7 期，第 61~67 页。

下游全产业链环节。2021年6月，德国联邦议会通过《供应链法》，要求德国企业对自身供应链上下游展开所谓尽职调查，排除存在人权和环境问题的供应链环节。此外，法国、荷兰已经通过了相关法律，英国、芬兰等也在加紧约束其供应链的人权状况。

6. 设置绿色经贸壁垒

2021年7月，欧盟委员会以防止碳泄漏为由推出碳边境调节机制（CBAM），着手根据产品生产过程中产生的碳排放对进口产品征收碳关税。这一机制的生效无疑将抬高关税壁垒和市场准入门槛，不利于外国产品参与欧盟市场竞争。

7. 积极参与对外协调

欧盟推出"印太战略"、"全球门户"倡议，与南方共同市场、越南达成自贸协定，扩大自身在亚非拉地区的经贸市场。此外，美欧加强贸易与技术领域的协调，共设贸易与技术理事会（TTC），以价值观同盟协调制定未来全球经贸规则标准，共促对其有利的多边治理"蓝图"，抢占全球经贸竞合制高点。

这些转型变化显示出欧洲对对外经贸关系的认知已从经济利益最大化的单一绩效向经济、价值观、环境和社会的多重综合绩效转变。欧盟采取具有保护主义色彩的政策，其目的是为未来"规范"对外经贸关系谋势蓄力。

四 欧洲外交转型

面对大国竞争加剧和地缘政治回归，以及欧洲内部政治经济转型，欧洲不断校准其国际角色，调整其外交理念、外交路径、外交重心，将有效推进"欧洲战略自主"、加速构建"地缘政治力量"和加紧布局印太地区作为其外交转型的重点。

（一）欧洲国际角色再定位

世界变局推动欧洲对其国际角色再定位。[①] 欧洲的国际角色问题由来已

---

① 冯仲平：《欧洲：大变局推动大转型》，《世界知识》2021年第24期。

久，尤其是其内嵌于欧盟及其成员国、次区域合作平台等相互交织的多维、复杂和网状治理结构。欧洲的国际角色具有独特性，因为欧盟既不是一个民族国家也不是一个传统意义上的国际组织。一般而言，欧洲（欧盟）被认为是一种力量，被视为一个能够发挥影响力的国际行为体，这一观点被人们广为接受。[①] 但是，欧盟一直存在"能力与期望的差距"[②]，尤其是在欧洲内部变局以及国际大变局双重逻辑下，欧盟发挥影响力的平台、工具、手段均受到挑战。长期以来，欧盟的强项是经济贸易和政治方面的软实力，但缺乏军事安全方面的硬实力。因此，虽然欧盟拥有大国属性，包括技术、经济能力、理念基础、人口和资源等优势，但它缺乏将这些大国属性组织起来的能力，以及运用这些属性的集体意愿。近年来，欧盟不甘心仅扮演贸易和经济行为体的角色，但也无法仅靠制度规范来塑造世界秩序，其成为一支地缘政治力量的愿望与日俱增。欧盟所说的地缘政治力量实际上是指在国际舞台上可以自主发挥作用的力量，如欧盟外交与安全政策高级代表博雷利所言"能在国际上像其他大国一样说话做事"。有鉴于此，欧洲的国际角色呈现三维演变的逻辑，并且它们相互作用。其一，欧盟期待从一个地区行为体发展为一个全球行为体，从关注经济和规范的力量转向强调硬实力的力量。其二，欧盟期望从一个被动应对国际社会变化的行为体转向一个主动进行大转型的行为体。其三，欧盟希望从美国主导的盟友体系中寻求更多的战略自主地位，既强化跨大西洋伙伴关系，又追求欧洲战略自主。目前来看，欧洲的国际角色处于再定位的阶段，虽然欧洲很难成为"全方位"的地缘战略行为体，但欧盟的外交路径、外交理念、外交重心将有所改变。

（二）欧洲战略自主"喜忧参半"

欧洲战略自主正演变为一个跨越经济、货币和产业政策以及贸易、国防

---

① Charlotte Bretherton, John Vogler, *The European Union as a Global Actor*, 2nd Edition (NY: Routledge, 2005).

② Roy H. Ginsberg, "Conceptualizing the European Union as an International Actor: Narrowing the Theoretical Capability-Expectations Gap", *Journal of Common Market Studies*, Vol. 37, No. 3, 1999, pp. 429-454.

和外交事务的欧洲项目。欧洲战略自主的提法可以追溯到 2016 年的《欧盟全球战略报告》，该报告一改过去强调规范、软实力、民事力量等所谓后现代的叙事，强调有原则的现实主义，以及增强欧盟对内部和外部挑战的韧性等。① 时任欧盟委员会主席让-克洛德·容克（Jean-Claude Juncker）在 2018 年"盟情咨文"中提出，"地缘政治形势的变化预示着'欧洲主权时刻'的到来"。2019 年，新一届欧盟委员会领导人上台后，在多个场合强调新一届欧盟委员会是"注重地缘政治的委员会"。② 在 2021 年 9 月发表的"盟情咨文"中，冯德莱恩强调"欧洲能够并且显然应该有能力、有意愿独立做更多的事"。③

在世界格局深刻演变的背景下，欧盟追求"战略自主"的意愿日益强烈。2021 年 12 月上台的德国新政府表示，要推进欧盟"战略自主"。马克龙宣布，法国在 2022 年上半年担任欧盟轮值主席国期间的首要任务就是建设"更具主权的欧洲"。但是，欧洲战略自主内涵的模糊性和多样性为其推进带来更大困难，尤其是同美国关系的定位。欧洲政治家多次强调美国是欧洲"最亲密的盟友"，加强同美国等盟友的合作是维护欧洲稳定、安全和繁荣的保障。然而，欧美关系长期以来呈现不对称的相互依存特征，特别是在安全防务领域，欧洲对美国的需求远远超过美国对欧洲盟友的需求。④ 俄乌冲突进一步暴露欧洲高度依赖美国及北约的"安全保护伞"，这也表明欧洲实现真正的"战略自主"道阻且长。同时，欧美之间依然存在明显分歧。2021 年，美国拜登政府不顾欧洲的意见执意从阿富汗仓促撤军，以及美国与英国和澳大利亚组建新安全同盟，再次刺激了欧洲的自主意识，尤其是对

① European Commission, *A Global Strategy for the European Union's Foreign and Security Policy*, 2016.
② Mark Leonard, "The Making of a 'Geopolitical' European Commission", ECFR, 28 November 2019, https://ecfr.eu/article/commentary_ the_ makings_ of_ a_ geopolitical_ european_ commission/.
③ Ursula von der Leyen, "State of the Union Address 2021", 15 September 2021, https://ec.europa.eu/info/sites/default/files/soteu_ 2021_ address_ en_ 0.pdf, p. 10.
④ 贺之杲：《后疫情时代的欧洲战略自主对欧美关系的影响》，《当代世界与社会主义》2021 年第 6 期。

欧洲军事能力和欧盟成员国之间缺乏协调的长期担忧又重新回到欧洲政治讨论的中心。

俄乌冲突表明欧盟内部在战略自主上意见不一。在地理上距俄罗斯较近的中东欧国家，如波罗的海三国（爱沙尼亚、拉脱维亚、立陶宛）和波兰等，在冲突爆发之前就视俄罗斯为主要安全威胁，对欧洲战略自主持怀疑态度，希望强化对北约的安全依赖，推动北约驻军机制化，增加军事部署和投入，成为欧盟内部最亲北约的力量。俄乌冲突坚定了这些国家对北约的依赖，更加依赖美国和北约为其提供军事保护。法国等欧洲大国则不会因这场冲突而放弃战略自主，相反更加认识到战略自主的紧迫性。但这毕竟是一个长远目标，无法在短期内实现，因此欧洲大国一方面会与美国保持现有的军事同盟关系，另一方面会继续追求战略自主的目标。① 假如欧洲无法在内部凝聚共识，并在外部施加影响力，就容易造成欧洲"战略自主的迷思"。

（三）"地缘政治欧洲"更加凸显

经济利益、地缘政治与价值观外交在欧洲外交转型过程中呈现共频变动的态势。欧洲外交政策在追求理想主义的价值观外交与现实主义的务实外交之间摇摆，兼顾规范性和实用性的维度。② 欧盟调整了其外交政策中经济利益、地缘政治与价值观之间长期存在的二分法，强调三者的"齐头并进"。这意味着，在欧盟重视经济利益和价值观因素的同时，地缘政治因素在其外交政策中的分量大幅提升。

首先，欧盟作为一种市场和贸易力量备受关注，因为欧盟拥有庞大的单一市场规模，拥有复杂的国际贸易协定网络。近年来，欧盟自由贸易协定政策在自由贸易和保护主义之间徘徊。特别是欧债危机后，欧盟贸易政策体现

---

① 《冯仲平：俄乌冲突之下，欧洲焉能安然？》，中国新闻网，https：//www. chinanews. com. cn/gj/2022/03-03/9691317. shtml。

② Andreas Grimmel, Julia Strasheim, "Introduction: Weathering the Storm? The EU as a Global Peace and Security Actor in Turbulent Times", *European Review of International Studies*, Vol. 8, No. 3, 2021, pp. 313-326.

为持续自由化与有争议的保护主义（防御性改革）的共存。① 随着中美经济和战略竞争的全面展开，在经贸议题上，欧盟采取次优的防御性立场，采取以安全为理由的经济行动。2021 年 2 月，欧盟委员会新贸易战略文件提出"开放的战略自主"的概念，强调"欧盟通过领导力和活动来做出自己的选择并塑造反映其战略利益和价值的周边世界的能力"，② 反映出欧盟贸易政策在促进全球贸易与保护欧洲企业之间寻求平衡，在开放贸易与经济安全之间不断摇摆，在塑造全球贸易规则与助推欧盟经济复苏之间加强协调。这归因于贸易比以往任何时候更加政治化、中美紧张局势推动供应链转移、新冠疫情加速供应链调整。欧盟委员会执行副主席兼贸易专员瓦尔迪斯·东布罗夫斯基斯（Valdis Dombrovskis）称："在当今世界，贸易不仅仅是贸易。欧洲贸易政策必须采取更多措施来帮助我们应对时代的巨大挑战。"③ 比如，欧盟产业链布局从"效率至上"转向"效率与安全并重"。再比如，在贸易自由化的标签下，欧盟限制贸易的措施与规则不断增加，开启了新一轮贸易保护主义。④

其次，欧盟往往利用其内部治理的经验和历史成就来构思和发展其外交政策。欧洲模式具有一定吸引力，反过来强化欧盟的外交软实力，有助于欧盟在全球治理领域继续发挥领导者作用。具体来看，欧洲社会模式比美国社会模式更具吸引力，因为它将公平与增长结合起来；欧洲环境模式方面，欧盟在处理全球环境问题和应对气候变化方面具有领导者地位；欧盟奉行多边主义，致力于实施"有效多边主义"，与国际合作伙伴共同寻求双赢解决方案等。但是，欧盟赖以存在的规范性力量（或软实力）面临挑战，特别是在可持续贸易、援助和投资领域的地位方面。虽然欧盟仍以"规范性力量"在全球舞台发挥规则塑造、规范引导的作用，但欧盟规范性外交的影

---

① Yelter Bollen, Ferdi De Ville, Jan Orbie, "EU Trade Policy: Persistent Liberalisation, Contentious Protectionism", *Journal of European Integration*, Vol. 38, No. 3, 2016, pp. 279-294.

② European Commission, "Trade Policy Review—An Open, Sustainable and Assertive Trade Policy", February 2021, https://trade.ec.europa.eu/doclib/docs/2021/february/tradoc_159438.pdf.

③ Barbara Moens, "Europe's Glory Days of Trade Deals Are over", POLITICO, 30 August 2021, https://www.politico.eu/article/eu-trade-glory-days-over/.

④ 程卫东：《欧盟新一轮贸易保护主义的新动向》，《人民论坛》2021 年第 34 期。

响力从属于大变局带来的大国竞争和地缘政治回归的压力。随着规范性外交的效力面临经济利益、安全威胁的不断挤压，欧盟愈加强调"有原则的现实主义"。

最后，在瞬息万变的世界中，安全挑战变得更加复杂、多维和多变。面对不断变化的地缘政治局势，欧盟采取多边和双边措施来构建欧洲防务架构。目前，两大关键进程正在并行推进，一是北约制定新的"战略概念"（Strategic Concept），2022 年 6 月，北约马德里峰会推出北约"新战略概念"，力求应对全球力量平衡的新变化。二是欧盟制定"战略指南针"（Strategic Compass）。① 在法国和德国的力推下，欧盟于 2022 年 3 月正式通过"战略指南针"，这将有助于为欧盟安全和防务政策确立统一的战略文化，并就建设欧盟快速反应部队达成一致。正如欧洲理事会主席查尔斯·米歇尔在 2021 年 10 月称，2022 年将是欧洲防务年。② 鉴于欧盟境外的冲突风险与欧洲内部安全密切关联，欧盟成员国无法独自面对冲突威胁和安全挑战。欧盟将安全作为其外交战略中的优先事项，努力促使成员国能够在欧盟框架内更加紧密地开展安全防务合作。

面对俄乌冲突，欧盟重新思考欧洲的安全秩序。2022 年 3 月 3 日，博雷利称，"欧洲不再相信诉诸法治和发展贸易关系使世界变得和平。欧洲必须发挥硬实力，将更多的防御和安全放在欧洲思维模式之中"③。欧盟通过欧洲和平基金成为欧洲地缘政治博弈的参与者，将提供 5 亿欧元用于向乌克兰运送装备武器。德国国防政策出现重大转变。德国总理朔尔茨于 2022 年 2 月 27 日宣布德国在未来四年为国防开支设立 1000 亿欧元的特别基金，承

---

① Pernille Pieker, Mathilde Tomine Eriksdatter Giske, "European Defence beyond Institutional Boundaries: Improved European Defence through Flexibility, Differentiation and Coordination", NUPI Policy Brief, No. 13. 2021.

② David M. Herszenhorn, "Charles Michel Declares 2022 'Year of European Defense'", POLITICO, 2 October 2021, https://www.politico.eu/article/charles-michel-declares-2022-year-of-european-defense/.

③ Josep Borrell, "The Future of Europe Is Being Defined Now", EEAS, 3 March 2022, https://eeas.europa.eu/headquarters/headquarters-homepage/112157/future-europe-being-defined-now_en.

诺军费开支占国内生产总值（GDP）的比重将超过2%。① 此外，中立国芬兰、瑞典选择拥抱北约。瑞典、丹麦、罗马尼亚、拉脱维亚、波兰等国计划增加军费开支。

未来，是牺牲经济利益来追求价值观外交，还是牺牲价值观外交来追求经济利益，抑或是在价值观外交与经济利益和地缘政治之间寻求"第三条道路"，将一直是欧洲外交转型的争论点。为了发挥更大的全球影响力，欧盟很可能将通过具体议题把经济、规范、制度等方面的优势结合起来，落脚在"地缘政治欧洲"的力量配置之上。为此，欧盟须加强欧盟机构与各成员国之间的协调，并确保其外部政策的各个维度之间的一致性，这包括贸易、发展、互联互通、外交政策和安全等方面。

（四）欧洲的"印太转向"面临掣肘

新冠疫情正使世界重心加速向亚太地区也即欧美所说的印太地区转移。该地区带来60%的全球经济增长，欧盟是该地区的最大投资者，欧盟40%的贸易产生于该地区。② 随着欧盟寻求增强其在全球事务中的影响力，亚太地区成为欧盟外交政策布局中的一个关键地区。继法国、荷兰和德国发布"印太战略"之后，2021年9月，欧盟出台《欧盟印太合作战略》，希望成为塑造亚太地区秩序和平衡中国影响力的重要域外力量。③ 同年9月，欧盟提出"全球门户"倡议，其中将印太地区作为其开展互联互通合作的重点地区之一。欧盟外交与安全政策高级代表博雷利强调，欧盟的政策重

---

① "Policy Statement by Olaf Scholz, Chancellor of the Federal Republic of Germany and Member of the German Bundestag", 27 February 2022, https：//www. bundesregierung. de/breg－en/news/policy-statement-by-olaf-scholz-chancellor-of-the-federal-republic-of-germany-and-member-of-the-german-bundestag-27-february-2022-in-berlin-2008378.

② EEAS, "EU Strategy for Cooperation in the Indo-Pacific", 19 April 2021, https：//eeas. europa. eu/headquarters/headquarters－homepage_ en/96741/EU% 20Strategy% 20for% 20Cooperation% 20in%20the%20Indo-Pacific.

③ European Commission, "Joint Communication to the European Parliament and the Council：The EU Strategy for Cooperation in the Indo-Pacific", 16 September 2021, https：//ec. europa. eu/commission/presscorner/detail/en/QANDA_ 21_ 4709.

点是使欧盟在印太地区的伙伴关系更为多样。① 2022 年 2 月 22 日，法国和欧盟联合主办首届"欧盟印太论坛"，中国被排除在邀请名单之外。这显示了欧盟通过加强与印太"志同道合"国家的关系，试图平衡与中国的关系。欧盟及其成员国的"印太转向"有回应美国加速布局中国周边地区之意，但欧盟及其成员国更加强调合作维度，加强与中国的接触合作，意在通过介入亚太地区提升其全球影响力。因此，我们需要进一步观察欧美在亚太地区的战略布局上能否达成共识，以及在多大程度上协调推进"印太战略"。

欧盟将视野转向印太地区，是其对不断变化的地缘政治现实的承认，也意味着欧盟力图实现其外交在大周边和印太地区之间的平衡。② 欧盟全球战略所涉及的地区包括非洲、亚洲、中亚、东欧、欧亚、拉美和加勒比海地区、中东和北非、北美、太平洋地区、西巴尔干、西欧等。③ 欧洲在各个地区都拥有安全利益和利害关系，并体现在网络、海洋和太空等战略领域。但欧盟周边地区的冲突和暴力事件对欧盟构成了直接的安全威胁，如乌克兰危机、纳卡冲突。因而在 2016 年欧盟全球战略报告中，欧洲外交战略有所收缩和回调，尤其着墨于欧洲大周边地区，如西亚和北非乃至中亚的地区联动、社会韧性和制度保障。但近年来欧洲与周边地区间关系面临严峻挑战，2021 年 3 月，欧洲议会通过关于欧盟对非新战略的报告，这与 2020 年 3 月欧盟委员会发布的《向全面的对非战略迈进》的联合通讯④

---

① Josep Borrell, "The EU Needs a Strategic Approach for the Indo-Pacific", EEAS, 12 March 2021, https：//eeas. europa. eu/headquarters/headquarters-homepage_ en/94898/The%20EU%20needs% 20a%20strategic%20approach%20for%20the%20Indo-Pacific.

② Girish Luthra, "An Assessment of the European Union's Indo-Pacific Strategy", Observer Research Foundation, Issue Brief No. 504, November 2021, https：//www. orfonline. org/research/an - assessment-of-the-european-unions-indo-pacific-strategy/#_ edn5.

③ EEAS, "The EU's International Roles", 25 November 2019, https：//eeas. europa. eu/headquarters/ headquarters-homepage/3637/eus-international-roles_ en. 此处各地区有重合之处，但网站原文如此，未做修改。

④ European Commission, "Towards a Comprehensive Strategy with Africa", 9 March 2020. 该文件是欧盟委员会推出的第二份对非文件，第一份对非文件是 2005 年欧盟委员会发布的《欧盟与非洲：走向战略伙伴关系》(The EU and Africa：Towards a Strategic Partnership)。

一脉相承，欧洲积极推动对非战略调整与更新。在西巴尔干国家入盟问题上，欧盟迟迟未能确定时间表，极大挫伤了这些国家加入欧盟的热情。① 俄乌冲突虽然令欧洲国家首当其冲，但也进一步暴露了欧洲地缘政治困境和欧洲政策工具的局限性。欧盟兼顾其大周边地区和印太地区的能力有待检验。

五　结语

对欧洲而言，世界正进入一个"超级竞争的新时代"，② 国际秩序正处于转型过程中，全球事务正发生更广泛和深刻的转变。为应对竞争日趋激烈的战略环境和自身经济地位的相对下降，实现经济和外交转型业已成为欧洲各国的一致共识。而"经济复苏"和"战略自主"正作为欧盟后疫情时代的主要施政方向和后疫情时代的主要发展目标。

在经历了国际金融危机、主权债务危机、难民危机等诸多危机和挑战后，欧盟内部南北和东西差异突出，不同成员国转型的利益诉求不尽相同。无论是数字化和绿色转型，还是应对大国竞争的外交转型，欧盟绝非可以轻易完成。随着俄乌冲突日益长期化，欧美对俄罗斯制裁的反噬效应显现，在需求萎缩、供给乏力、供应链阻断、通胀严重等不利形势下，欧洲经济复苏和外交转型面临未曾料及的严峻挑战。

欧洲经济和外交转型能否真正应对大变局仍需要持续观察和研判。对于中欧关系而言，推进并深化中欧互利合作，推动中欧两大力量、两大市场、两大文明在相互尊重基础上取长补短、形成合力，将有利于中欧双方，也有

---

① European Commission, "2021 Enlargement Package: European Commission Assesses and Sets out Reform Priorities for the Western Balkans and Turkey", 19 October 2021, https://ec. europa. eu/ neighbourhood-enlargement/news/2021-enlargement-package-european-commission-assesses-and-sets-out-reform-priorities-western_ en.

② Ursula von der Leyen, "State of the Union Address 2021", 15 September 2021, https://ec. europa. eu/ info/sites/default/files/soteu_ 2021_ address_ en_ 0. pdf.

利于整个世界。^① 2021 年，中欧全面战略伙伴关系在挑战中取得新进展。一方面，中欧务实合作的韧性较强，中欧合作的基本面仍然稳固。同时，中国领导人与欧洲国家领导人以及欧盟高层通过电话和视频保持密切交流。另一方面，中欧关系近年来已经发生嬗变，欧洲在与中国的交往中越来越强调竞争。造成这一变化的既有欧洲中国观的调整，也有来自俄罗斯的影响，更有来自美国的影响。2021 年欧洲与中国的关系变化反映了其复杂特性。因此，在维持和扩大合作的同时，如何管控好分歧，已成为中欧双方在未来几年面临的紧迫问题。尤其是俄乌冲突为中欧关系带来新的课题。

---

① 《王毅：中欧在相互尊重基础上取长补短、形成合力，将是世界之福、人类之幸》，中国外交部网站，http://switzerlandemb.fmprc.gov.cn/wjb_ 673085/zzjg_ 673183/xws_ 674681/xgxw_ 674683/202112/t20211230_ 10477278.shtml。

分 报 告
Situation Reports

B.2

欧洲政治：在碎片化中艰难前行

李靖堃　贺之杲*

摘　要： 2017年被称为欧洲的"超级大选年"，包括德国、法国、英国等
在内的多个欧洲国家均举行了重要选举。时隔四年后的2021年，
德国、荷兰以及多个中东欧国家再次迎来"大选年"。通过这些
选举可以看出，欧洲政治仍未摆脱多重危机的阴影，特别是在新
冠疫情的冲击下，"调整"、"不稳定"与"碎片化"仍然是界
定2021~2022年欧洲政局的关键词。具体到政党政治领域，中
左和中右政党的力量对比出现新一轮调整，"绿色政治"再次回
潮，而以民粹政党为代表的激进力量虽支持率有所下降，但影响
力仍不容忽视。欧洲国家层面政治生态变化外溢到欧盟层面，欧
洲一体化仍在艰难中前行。尽管欧洲一体化有所深化和发展，但
其面临的挑战更为艰巨。

---

* 李靖堃，法学博士，中国社会科学院欧洲研究所研究员、欧洲政治研究室主任，主要研究领
域为欧盟政治、英国政治与外交；贺之杲，法学博士，中国社会科学院欧洲研究所副研究
员，主要研究领域为欧洲政治与国际关系、欧洲一体化与比较地区主义。

关键词： 政党格局碎片化　中左政党回归　绿党　欧洲未来大会

一　选举政治背景下的欧洲国家政局：稳定与震荡并行

2021 年，包括德国、荷兰以及多个中东欧国家在内的欧洲国家相继迎来"大选年"，尽管其受瞩目的程度远不如 2017 年的"超级大选年"，但也对欧洲政治局势特别是政党政治格局产生了重要影响。尤其是多重危机的叠加效应下，各国的选举结果充分体现了欧洲国家政局稳定与震荡并行的特征。大选过后，有些国家出现了政权更迭，有些国家出现了组阁困难，有些国家出现了政局动荡。而在另外一些国家，尽管并未举行大选，但也出现了政府出于各种原因被迫提前下台的情况。究其根本，在于当前欧洲各个国家内部不同政党之间的竞争更加激烈，政党格局的碎片化也越来越突出，从而影响了政局的稳定。当然，也有部分国家的原执政党或执政联盟继续组阁，维持了政局稳定，但它们也面临来自其他政党不同程度的挑战。

（一）部分国家出现政权更迭，执政党或执政联盟"变色"

经过选举，部分欧洲国家出现了政权更迭情况，特别是最大的执政党"改弦易帜"。其中最有代表性的是挪威和德国。在这两个国家，原来最大的执政党均为中右翼政党，但在 2021 年的大选中都败给了中左翼政党。

在 2021 年 9 月 12~13 日举行的挪威议会选举中，工党获得 26.3%的选票、48 个议席，而原最大执政党保守党获得 20.4%的选票、36 个议席。在社会主义左翼党退出组阁谈判后，工党和中间党最终组成了中左翼少数派政府，结束了以保守党为首的中右翼联盟连续 8 年的执政。工党领袖斯特勒（Jonas Gahr Støre）成为新首相，保守党成为最大的在野党。工党上台后，重点对社会公平与正义、气候、环保及石油等相关领域的政策进行了调整。

2021 年 9 月 26 日，德国举行联邦议院选举。随着"默克尔时代"的结束，此次选举结果注定将影响德国以及整个欧洲的政局，以及欧洲一体化的未来方向。在此次选举中，社民党获得25.7%的选票，206个议席，这是其自2002年以来首次成为联邦议院中的最大政党，但其得票率只超过联盟党1.6个百分点。联盟党获得24.1%的选票，议席数比2017年大选减少了49个，这也是联盟党有史以来在大选中的最差纪录，此前它们的最低得票率是1949年的31%。2021年12月8日，由社民党、绿党和自民党组成的三党联合政府正式就职，社民党领袖朔尔茨任联邦政府总理，绿党执掌外交部，自民党掌控财政部，从而终结了中右—中左大联盟政府。德国新政府将致力于能源转型、减少债务、加强住房市场改革、处理难民事务等问题，并积极推动欧洲一体化。

（二）部分国家在选举后出现组阁困难，导致政局不稳

挪威和德国尽管出现了政权更迭，但新政府组阁尚比较顺利。但在有些国家，大选后出现了组阁困难，迟迟无法组成政府，有些国家甚至在一年内多次举行大选，即使最终组阁成功，也存在政府不稳甚至提前大选的可能。

2021年3月，荷兰举行议会选举，马克·吕特（Mark Rutte）领导的中右政党自由民主人民党（VVD）获得21.87%的选票，34个议席，继续保持议会第一大党地位。但是，选举结束后，由于各政党之间分歧严重，迟迟无法就组阁达成协议。在组成上一届政府的四个政党中，基督教联盟（CU）领袖塞合尔斯（Gert-Jan Segers）最初坚决不肯加入吕特领导的新政府，而六六民主党（D66）不仅敦促吕特辞职，还于4月发起对吕特的弹劾动议。基督教联盟与六六民主党在医学伦理等问题上还存在分歧。直到9月底，自由民主人民党、基督教民主联盟（CDA）、基督教联盟和六六民主党才正式开始组阁谈判，并于12月15日达成组阁协议。新政府最终于2022年1月10日正式就职，组阁时间达到创纪录的299天（上一次的最长纪录是2017年的208天）。吕特第四次就任首相，他也有望成为荷兰历史上任职时间最长的首相。新政府计划在新能源、住房、教育和儿童保护等方面加大投入力度，但由于组阁谈判期间各政党之间就存在不小的分歧，未来的执政道路不

会一帆风顺，这也影响了新政府的信誉。新政府就职前的一次民调显示，吕特政府的支持率只有51.7%，创下历史新低。

组阁困难的情况也出现在中东欧国家，特别是保加利亚。2021年，保加利亚先后于4月、7月和11月举行了三次议会选举。在4月的选举中，原最大执政党"争取欧洲进步公民党"在总共240个议席中获得75个席位，但未能组阁成功。在7月的选举中，民粹政党"有这样的人民"（ITN）获得65个议席，取代争取欧洲进步公民党，成为议会第一大党，但仍未能组阁成功。保加利亚不得不在11月举行一年内的第三次议会选举，"我们继续变革"联盟获得67席，成为第一大党，而"有这样的人民"仅获得25个议席。12月13日，由"我们继续变革"联盟、社会党所在政党联盟、"有这样的人民"和"民主保加利亚"四党组成的联合政府获议会批准，"我们继续变革"联盟领导人佩特科夫（Kiril Petkov）任总理。鉴于三次选举和组阁所反映出的复杂政党关系和政党之间的分歧，再加上执政联盟内除社会党外，其他三党都是新近成立的政党，特别是最大的执政党"我们继续变革"联盟在2021年9月才刚刚成立，执政经验不足，新政府能否顺利完成四年任期令很多人担忧[1]。

2021年10月，捷克举行议会选举，由公民民主党、基督教民主联盟—捷克斯洛伐克人民党以及"传统、责任、繁荣党"组成的"在一起"政党联盟获得27.8%的选票，略高于原执政党"不满公民行动党"（ANO2011）27.1%的得票率，但其议席数比后者少一个。随后，"在一起"政党联盟与海盗党/市长联盟就联合组阁签署备忘录。但由于总统泽曼在选举前表示支持"不满公民行动党"，而选举后次日他就因病入住重症监护室，从而增加了组阁的不确定性。直到11月28日，泽曼才正式任命"在一起"政党联盟领导人、公民民主党主席菲亚拉（Petr Fiala）为政府总理。12月17日，

---

① Kjell Engelbrekt, Peita Kostadinova, "Third Time's the Charm? Bulgaria's November Elections and the Elusive Quest for a Parliamentary Majority", 22 November 2021, https://blogs.lse.ac.uk/europpblog/2021/11/22/third-times-the-charm-bulgarias-november-elections-and-the-elusive-quest-for-a-parliamentary-majority/.

新一届内阁正式就职，这也是海盗党首次进入内阁。但由于组成"在一起"政党联盟的三个政党与组成海盗党/市长联盟的两个政党彼此之间政见不同，本届政府能否长期执政尚未可知。

（三）部分国家的总理或政府由于大选外的其他原因提前下台，继任总理或政府的地位仍然不够稳定

除了上述由于选举导致的政局动荡之外，在有些国家还出现了任期并未届满的政府提前下台的情况，这在西欧和中东欧国家均有体现。

2021 年 1 月，由于在疫情防控和国家复苏计划资金分配等问题上与其他政党存在分歧，意大利前总理伦齐领导的活力党宣布退出政府，导致执政联盟失去参议院多数席位。尽管孔特政府先后通过了参众两院的信任投票，但由于活力党议员投了弃权票，孔特政府在参议院 321 个议席中仅获得 156 票的相对多数支持，未达到绝对多数门槛，孔特随后辞职。深受新冠疫情困扰的意大利陷入短暂的政治危机。经过磋商，总统马塔雷拉在 2 月 3 日授权德拉吉（Mario Draghi）出任总理，组建新内阁。德拉吉是意大利著名的银行家、经济学家，曾任欧洲央行行长，也是一名"政治素人"。除了个别小党以外，德拉吉获得了所有大党的支持，在他的领导下，意大利政坛进入了相对稳定时期。但这种政治稳定能否得到长期保持尚难预料，特别是当下的稳定掩盖了意大利长期存在的结构性不稳定因素：[1] 第一，意大利的政治体制长期脆弱，意大利共和国成立以来已先后经历 67 届政府，而最近 15 年间（截至 2021 年底）则更换了 8 位总理；第二，民粹政党在意大利影响广泛，导致政治碎片化十分严重，组成联合政府的政党之间的意见分歧较大；第三，近年来意大利青睐"素人总理"，如同上届政府一样，德拉吉本人及其政府中的多位部长均为"技术官僚"，尽管他们在经济领域颇有建树，而且为意大利政治带来了短暂的平和，但毫无政治经验无疑是其短板。鉴于上述

---

① Mario Pianta, "Italy's Political Turmoil and Mario Draghi's European Challenges", *Intereconomics*, Vol. 56, No. 2, 2021, pp. 82-85, https：//www. intereconomics. eu/contents/year/2021/number/2/article/italy-s-political-turmoil-and-mario-draghi-s-european-challenges. html.

原因，意大利政坛可能在大选后再次迎来"洗牌"。

2021 年 6 月 21 日，瑞典左翼党宣布不再支持政府，社会民主党领袖、首相勒文（Stefan Löfven）未通过议会的信任投票，但两天后议会再次选举勒文任总理。11 月，勒文辞去社会民主党领袖和首相职务，时任财政大臣玛格达莱娜·安德松（Magdalena Andersson）接任社会民主党领袖，并于 24 日当选首相，她也由此成为瑞典历史上首位女首相。但由于她提出的 2022 年预算案被议会否决，她在当选几个小时后即提出辞职。6 天后，尽管在议会投票中，支持安德松的票数仅为 101 票，反对票为 173 票，但瑞典有一项"消极议会制"（negative parliamentarism）原则，即只要反对票未过半数，被提名者即可当选首相。安德松再次被议会选举为首相，并于 11 月 30 日重组政府，瑞典政局暂时归于稳定。历史上，瑞典政局一向稳定，很少有政府无法完成任期，但近年来多次出现这种"反复无常"的状况，其中最重要的原因在于，瑞典政治版图中的左右翼平衡发生了根本变化，特别是极右翼政党瑞典民主党在 2010 年进入议会后导致瑞典政治进一步右转[1]，同时，瑞典议会中有多达 8 个政党，极易发生政局不稳的情况。瑞典政府当前面临诸多挑战，政局是否将再次出现新的动荡也未可知。

2021 年 10 月，奥地利总理塞巴斯蒂安·库尔茨（Sebastian Kurz）因涉嫌腐败宣布辞职，外长沙伦贝格（Alexander Schallenberg）成为新总理。但是，在不到两个月之后，库尔茨发表声明，宣布辞去人民党领袖与议会党团领袖职务，彻底退出政治舞台，专心关注家庭。就在同一天，沙伦贝格和财政部长布吕梅尔（Gernot Blümel）也宣布辞职。这不仅对于奥地利人民党，而且对于整个奥地利政坛都无疑具有重要影响。在库尔茨于 2017 年成为人民党领袖后，他的领导地位从未受到质疑，即使在他辞职后，该党也仍在"等待他回归"，沙伦贝格仅仅是在"替他看守这一职位"，奥地利人民也普

---

① Magnus Blomgren, "Sweden's Political Crisis: How We Got Here and What's Next", 2 July 2021, https://blogs.lse.ac.uk/europpblog/2021/07/02/swedens-political-crisis-how-we-got-here-and-whats-next/.

遍认为他将执政很久。① 因此，库尔茨的突然声明导致奥地利政府一时陷入危机，特别是，一方面，人民党民调支持率下降；另一方面，人民党与绿党的执政联盟本就很脆弱，两党的意识形态基础一直存在较大分歧，从而为奥地利政局带来了变数。

爱沙尼亚、斯洛伐克和罗马尼亚等中东欧国家也出现了总理或政府提前下台的情况。

2021 年 1 月，爱沙尼亚总理拉塔斯（Juri Ratas）由于腐败丑闻辞职，改革党和中间党组成新政府，改革党主席卡拉斯（Kaja Kallas）任总理，她是爱沙尼亚首位女总理。改革党和中间党在议会中的席位没有达到 2/3 多数，以致在 8 月的总统选举中，两党支持的唯一总统候选人阿拉尔·卡里斯（Alar Karis）经过两轮投票才当选。更重要的是，改革党和中间党一个属于中右政党，一个属于民粹政党，两党在意识形态上分歧明显，很有可能影响到政府的稳定。

2021 年 3 月，斯洛伐克总理马托维奇（Igor Matovič）因没有征得执政伙伴同意便订购未经欧洲药品管理局批准的俄罗斯疫苗，引起执政伙伴不满，宣布辞职。财政部原部长爱德华·黑格尔（Eduard Heger）出任新一届政府总理，马托维奇任副总理兼财政部长。但政府改组后组成执政联盟的各个政党之间关系依旧紧张。再加上反对党频频向政府发起"攻势"，包括以涉嫌非法活动为由弹劾司法部长科利科娃（Mária Kolíková），并就提前选举发起公投，尽管均未成功，但这无疑给政府的稳定性造成极大威胁。

2021 年 9 月，罗马尼亚第三大党"拯救罗马尼亚自由统一团结联盟"退出执政联盟，第一大党社会民主党向议会下院提交的对克楚（Florin-Vasile Cîțu）政府的不信任案获得通过，执政不到 10 个月的克楚政府下台，罗马尼亚不得不重新组阁，但总统约翰尼斯（Klaus Iohannis）先后提名的两位总理候选人都未能组阁成功。直到 11 月 25 日，由国家自由党、社会民

---

① DW, "Austrian Chancellor Resigns after Sebastian Kurtz Withdraws from Politics", 2 December 2021, https://www.dw.com/en/austrian-chancellor-resigns-after-sebastian-kurz-withdraws-from-politics/a-59993547.

主党和匈牙利族民主联盟党组建的三党联合政府才最终通过议会信任投票，由国家自由党和社会民主党成员轮流出任总理，每届任期为 18 个月。但是，国家自由党和社会民主党向来不和，2012~2014 年两党组成的联合政府就曾不欢而散。2021 年 10 月 13 日，国家自由党前主席奥尔班（Ludovic Orban）辞去众议院议长一职，又在 11 月 22 日因不满国家自由党与社会民主党合作而宣布退党，此举有可能导致国家自由党分裂，新政府的前景因此并不乐观。

（四）部分国家的原执政党在选举中继续连任，保持了政局稳定

无论是否在 2021 年举行大选，大多数欧洲国家都出现了程度不等的政局波动，但也有部分国家原来的执政党在选举中获胜，继续连任，从而保持了政局稳定和政策延续。

2021 年 5 月，塞浦路斯执政党民主大会党在议会选举中获胜，继续保持议会第一大党地位。2021 年 9 月，冰岛举行议会选举，独立党、进步党和左翼绿色运动党组成的原执政联盟再次获得多数席位。其中独立党仍是最大政党，获得 16 个席位。11 月，冰岛新一届政府正式组建，执政联盟成员仍为组成上届政府的三个政党，总理也仍由来自左翼绿色运动党的卡特琳·雅各布斯多蒂尔（Katrín Jakobsdóttir）担任。新政府致力于巩固和加强冰岛作为北极国家的地位和形象，加强北欧国家之间的合作，但仍不会加入欧盟。2022 年 1 月 30 日，葡萄牙举行议会选举，中左政党社会党获得 41.7% 的选票，117 个议席，超过半数（共 230 个议席），这是其自 2015 年以来连续三次在议会选举中成为第一大党，也是其历史上第二次赢得过半数议席。选举结束后，社会党单独组成多数政府。但由于葡萄牙宪法法院于 2022 年 2 月初判定有超过 15 万张邮寄选票无效，需要重新投票，新政府正式就职的时间推迟到 3 月。①

在中东欧，阿尔巴尼亚政局一直较为稳定，这与多数国家政局波动的情

---

① Euronews, "Portugal's New Government Delayed by 157000 Invalid Votes from Abroad", 16 February 2022, https：//www. euronews. com/2022/02/16/portugal-s-new-government-delayed-by-157-000-invalid-votes-from-abroad.

况形成了比较鲜明的对比。2021 年 4 月，社会党在议会选举中赢得超过半数席位，得以单独组阁，这也是社会党自 2013 年以来第三次连续执政。相较之下，阿尔巴尼亚反对党力量较弱，且最大的反对党民主党内部分歧严重，因此，社会党政府的地位比较稳固。但是，社会党与总统梅塔（Ilir Meta）就部长任命问题多次发生冲突。2021 年 6 月，社会党主导的议会以梅塔违反宪法第 16 条规定的中立原则为由对其进行弹劾，尽管弹劾动议在议会高票通过，但宪法法院在 2022 年 2 月裁定梅塔的行为不构成对宪法的严重违反。

综上所述，2021 年，多个欧洲国家都出现了一定程度的政局波动，有数个国家或者在组阁时遇到了越来越大的困难，或者政府变动频繁，政局不稳。究其根本，还是在于越来越碎片化的政党政治格局，尤其是在一些中东欧国家，不仅执政党与反对党势均力敌，而且不断出现新的政党"搅动"政局。

二 政党政治格局：碎片化与不均衡状况更加明显

政党在欧洲国家的政治生活中发挥核心作用，政局的变动在很大程度上源于政党政治发生的变化。2021 年，无论是传统左右翼政党的力量对比，还是近年来上升势头较快的绿党和民粹政党等政治力量，都出现了一些重要的变化。

（一）中左翼政党实现部分"回归"

近年来，受到包括民粹主义力量兴起在内的多重因素的影响，相较于中右翼政党，中左翼政党的影响力不断下滑，这在 2017 年的欧洲"超级大选年"表现得尤其明显，有人甚至发出了中左翼政党已"死"的感叹。[1] 但

---

[1] "The Death of the European Centre-Left", 4 April 2020, *Harvard International Review*, https://hir.harvard.edu/death-of-center-left/.

是，最近一两年，特别是 2021 年，这一趋势似乎发生了某种程度的逆转。在德国，中左翼政党社会民主党击败中右翼联盟党，终结了后者长达 16 年的执政期；在北欧，随着挪威和冰岛的议会选举尘埃落定，五个国家均有中左翼政党进入执政联盟，特别是挪威工党在议会选举中成为第一大党，并领导中左翼联盟以较大优势获胜，结束了中右翼联盟长达 8 年的连续执政期；在南欧，葡萄牙社会党在 2022 年 1 月的议会选举中再次获得议会多数席位，此前，西班牙于 2020 年组建了其实行民主制度以来的首个左翼联合政府，而在意大利于 2021 年 10 月举行的市镇选举中，中左翼政党赢得了罗马、都灵等城市的市长职位，对右翼构成了不小的冲击。

欧洲中左翼政党之所以能够实现部分"回归"，并在一定程度上扭转颓势，除了"政治钟摆"的自然作用之外，新冠疫情是一个十分重要的原因。金融危机之后，大多数欧洲国家多年来一直实施紧缩政策，但疫情的暴发导致选民的偏好发生了变化，人们认识到需要有更强大、更能发挥保护作用的国家，以及高福利支出和社会团结，[①] 而不是中右翼政党宣传的"大社会，小政府"，特别是需要政府增加支出以应对疫情防控对经济造成的冲击。与此同时，疫情更加凸显了社会和种族的不平等，尤其让人们更加关注下层劳动人民的就业与生活状况，而中左翼政党向来强调社会公平，主张增加公共服务支出、提高最低工资、为工人提供更多公共住房、改善工人的就业权利等，这些理念和主张与疫情这一特定背景下的民众诉求有很多契合之处，从而赢得了选民的支持。另外，多数中左翼政党也在一定程度上改变了竞选或联盟策略，不仅开始接受环境保护主义、生态主义或绿色理念，而且开始选择与绿党合作或结盟，也取得了一定的成效。

但是，欧洲中左翼政党的"回归"无法同其昔日的辉煌（20 世纪 90 年代末的"高光时刻"）相提并论。首先，不管是在德国还是在北欧，中左翼政党的优势地位并不明显：德国社民党虽战胜了联盟党，但被认为是"惨

---

① Jon Henley, "After SPD Win in Germany, Is Europe's Centre Left on the Rise?", 28 September 2021, https://www.theguardian.com/world/2021/sep/28/after-spd-win-in-germany-is-europes-centre-left-on-the-rise.

胜"，因为它的得票率仅领先联盟党 1.6 个百分点，而且 2021 年大选是其二战后最差的选举结果之一；北欧在二战后曾经是社会民主党的长期"堡垒"，但如今，中左翼政党的地位受到了很大程度的动摇：无论是挪威工党、丹麦社会民主党、芬兰社会民主党还是瑞典社会民主党，都仅仅以微弱优势战胜中右翼政党，得票率均不尽如人意，有的甚至创下历史最差成绩，因此，其目前的地位仍然十分脆弱，依旧面临中右翼政党的严峻挑战。因此，有评论认为，北欧中左翼政党的获胜并非源自选民对这些政党本身的支持，或者说，其获胜并不等同于其支持率上升，而是得益于选民对其执政伙伴的认可，包括绿党、自由党，或者是支持农民利益的政党，如挪威中左政党联盟的获胜就在很大程度上得益于支持农民利益的中间党和绿党的良好表现。其次，中左翼政党的"回归"只限于少数欧洲国家，远非普遍现象。在法国，社会党依旧分崩离析，甚至濒临消亡的边缘；在英国，工党自 2010 年大选落败后在多次民调中的支持率均落后于执政的保守党，在 2021 年 5 月的英格兰地方选举中与保守党的差距甚至进一步拉大；在荷兰，工党以及绿色左翼（Green Left）和社会党等中左翼政党在 2021 年选举中仍然一蹶不振，议席甚至有所减少；而在中东欧，中左翼政党也没有明显起色，如在捷克 2021 年的议会选举中，传统左翼政党社会民主党（ČSSD）与捷克和摩拉维亚共产党（KSČM）均未能达到 5% 的门槛，这也是 1993 年捷克斯洛伐克解体以来这两个政党首次未能进入议会，而社会民主党在过去的六次选举中曾四次获胜，还有一次位居第二。

因此，欧洲的中左翼政党并未实现真正意义上的回归，而且未来仍将面临不小的挑战。鉴于欧洲政党政治格局日益碎片化，再加上中左翼政党自身的一些原因，如：传统支持力量，即产业工人与公共部门雇员的数量不断萎缩；没有彻底解决身份定位的危机，导致内部不同派系之间的分歧越来越大；① 政治理念与执政现实之间的鸿沟也未能得到弥合；等等。今后也许很难再看到欧洲整体"向左转"的现象。

① Paul Taylor, "How Coronavirus Saved the European Left", 22 September 2021, https：//www.politico.eu/article/coronavirus-european-left-elections/.

（二）"绿色政治"兴起，绿党影响力上升

近年来，随着气候与环境等问题受到的关注持续升温，"绿色政治"在欧洲的影响与日俱增。早在2019年的欧洲议会选举中，欧洲绿党阵营就一举成为第四大党团。而在国家层面，绿党也不再是原来无足轻重的边缘政党，越来越多国家的绿党开始进入议会甚至政府，发挥越来越重要的作用。2021年，这一趋势得到了加强。

在2021年的德国联邦议院选举中，绿党获得14.8%的选票，118个议席，比2017年增加了51个，成为第三大党，这是德国绿党有史以来取得的最好成绩。而在大选之前，其支持率甚至一度位列第一。在德国多个州的议会选举中，绿党也取得了多项突破。若非绿党领导人贝尔伯克在大选前被曝出经济和剽窃丑闻，绿党的得票率和议席数还有可能增加。经过谈判，绿党最终成功进入联合政府，其政策主张也被纳入联合政府的执政纲领之中。

德国绿党在2021年的"出色"表现在一定程度上被视为绿党在欧洲兴起的重要标志。除德国以外，冰岛左翼绿色运动党在2021年的议会选举后也再次进入执政联盟，其领袖卡特琳·雅各布斯多蒂尔连任总理；挪威绿党（Miljøpartiet De Grønne，MDG）在2021年议会选举中创下了得票率3.8%的历史纪录。另外，在其他多个国家的地方选举中，例如法国和英国，绿党都取得了前所未有的成绩。法国的"欧洲生态绿党"（Europe Ecologie les Verts）延续了2020年的势头，在2021年5月30日安德尔-卢瓦尔省第三区和巴黎第十五区的国民议会补选中有史以来第一次获得了超过15%的得票率。而在英国2021年5月的地方议会选举中（北爱尔兰未举行议会选举），绿党在英格兰、威尔士和苏格兰都取得了前所未有的成绩，特别是在英格兰，无论是当选的绿党议员数量还是有绿党议员的议会数量都创历史新高。绿党领导人乔纳森·巴特利（Jonathan Bartley）在选举结束后声称绿党即将成为英国政治中的重要力量。① 苏格兰绿党获得了历史

---

① Josh Martin, "Will the Greens Become England's Third Largest Party?", 13 May 2021, https://www.politicshome.com/thehouse/article/will-the-greens-become-englands-third-largest-party.

性的 8 个议席，并且与苏格兰民族党组成联合政府，这也是其首次进入英国地方政府。而在一些中东欧国家，绿党也取得了历史性突破。在保加利亚 2021 年 4 月举行的议会选举中，"绿色运动"（Zeleno dvizhenie）与"民主保加利亚"结成竞选联盟，在该国历史上首次进入议会。而在 7 月和 11 月举行的两次议会选举中，绿色运动也均赢得了议席，并最终进入联合政府，其创始人之一、领袖桑多夫（Borislav Sandov）任副总理兼环境与水利部长。

绿党影响力的增强表明，生态问题和环境气候因素越来越成为备受关注的议题，特别是当前随着诸如难民危机等 2017 年选举时的热点问题的热度消退，多个国家的政党在竞选中纷纷选择了"绿色"这一话题，特别是将气候变化和生态保护提升到议程的首要位置，这无疑是绿党兴起的最重要原因。另外，新冠疫情的暴发让人们认识到了环境与公共卫生之间的关系，例如在德国大选前的多次民调中，气候变化都被认为是德国面临的最严峻的问题。这也在一定程度上增强了人们的环境保护意识，而作为"绿色"主题倡导者的绿党自然是最大的受益者。最后，一些选民对欧洲中左翼政党近年来的表现不满，又由于中右翼政党与自己的理念不同而不愿意投票支持中右翼政党，因而转而支持政治光谱偏左的绿党。

当然，需要客观地看待绿党的兴起。第一，绿党在欧洲的发展并不均衡。总体上看，绿党在北欧和西欧一些相对富裕的国家的影响力更大，特别是它已经进入德国、奥地利、比利时、芬兰、爱尔兰、卢森堡、瑞典（2021 年 11 月绿党退出联合政府）和冰岛等国的政府，但在南欧和中东欧的影响力仍然较弱。有民调显示，在波兰、捷克和立陶宛等国，气候变化远非人们最关注的问题，相较之下，选民和政党更关心经济发展和移民等问题①。第二，即使在西欧和北欧的一些国家，绿党的支持率也出现了一定程度的下滑，例如在 2021 年的荷兰议会选举中，绿党（GroenLinks）仅获得 5.2%的选票，比 2017 年选举时减少了一半。第三，绿党的支持群体比较单

---

① "Bittersweet Victories: The European Greens and the Elections of 2021", https://eu.boell.org/en/greens-elections-2021.

一，多为青年人。例如，在德国，相较于以中年男性为主要支持群体的社民党和以中上层精英为主要支持群体的自由党，绿党更受青年群体的欢迎，在25岁以下的青年人中，有23%投票支持绿党，而在70岁以上的选民中，这一比例仅为7%；[①] 在挪威的所有政党中，绿党是18~29岁的候选人所占比例最高的政党。[②] 但这对绿党而言有可能是一把"双刃剑"：一方面可能使其具有较大的发展潜力和持续性，另一方面这部分人是否能够长期支持绿党尚未可知，特别是当前年轻人对政治普遍不感兴趣。第四，不可否认，绿党在政策主张方面有一些"天然"的缺陷，特别是其原本议题单一，尽管近年来其议题范围不断扩大，但仍主打"环保"和"人权"这两张牌，尤其是在经济理念方面，绿党不认同传统政党强调持续增长的模式，而是认为应将繁荣与更低的增长率和消费程度特别是更少的能源消耗结合起来。[③] 但这种模式是否能够得到大众的认同尚难预料，而且，已经有一些人开始质疑绿党在新冠疫情后是否有能力带领国家恢复经济。第五，在英国以及中东欧等一些国家，绿党根基尚浅，没有稳定的支持群体，因此，绿党想成为一支具有长久性影响的重要政治力量还有漫长的道路要走。

（三）民粹政党的支持率有所下降，但对欧洲政治生态的影响仍不容忽视

2008年金融危机之后，民粹政党在欧洲政坛似乎成为一支"势不可挡"的力量，搅动了欧洲的政党政治格局，而且影响欧洲各国的政策走向，特别是在移民政策、欧洲一体化政策等方面。一两年来，民粹政党的支持率有所

---

① Erika Solomon, "'Our Government Forgot Young People': German Youth Flock to Greens and FDP", 2 October 2021, *Financial Times*, https：//www.ft.com/content/91090a03-5ba9-41f7-9cd5-846f07d72fa2.

② Statista, "Share of Candidates by Age and Party in the Parliamentary Elections in Norway in 2021", https：//www.statista.com/statistics/1261819/share-of-candidates-by-age-and-party-in-norway/.

③ Tasos Kokkinidis, "Will Green Party's Success in Germany Ever Spread to Greece?", 28 September 2021, https：//greekreporter.com/2021/09/28/greens-success-germany-spread-greece/.

下降，但它的发展情况并不均衡，在有些国家，民粹政党的影响力仍很强大，对欧洲政治生态的影响仍不容忽视。

多项研究表明，从欧洲整体来看，民粹政党的影响力非但没有因新冠疫情而表现出明显的上升趋势，反而在有些国家的支持率有所下降，特别是，原来比较强大的某些民粹政党的影响力有所减弱。例如，剑桥大学民主未来研究中心对全球 109 个国家的将近 50 万人进行的一项民调表明，从 2020 年第二季度到 2021 年底，新冠疫情遏制了民粹政党的兴起势头，其中，对民粹政党领导人的支持率平均下降了 10 个百分点。而在欧洲，有意向投票给民粹政党的民众的比例同期下降了 11 个百分点，仅为 27%。① 再如，舆观（YouGov）与剑桥大学、《卫报》于 2021 年 11 月在全球 22 个国家进行的一次联合民调表明，在参与民调的 10 个欧洲国家中，民众对民粹政党的支持率都呈下降趋势，特别是在德国、法国和英国等国。② 2021 年的德国大选也证明了这一点。另类选择党在德国联邦议院选举中表现不佳，获得了 10.3% 的选票、93 个议席，比上一届减少 11 个，从第三位滑落至第五位，让位于绿党和自由民主党。而在中东欧，也有一些国家的民粹政党失去了执政地位。在捷克 2021 年的议会选举中，"不满公民行动党"失去了长达 8 年的执政党地位；再加上在斯洛伐克 2020 年的议会选举中，执政十年之久的罗伯特·菲佐（Robert Fico）被迫下台，中间派和右翼政党组成的联盟取得胜利，从而对中东欧的民粹政党总体上造成了一定的打击，有学者甚至认为"不满公民行动党"的落选标志着民粹力量和"非自由"力量的失败。③

民粹政党的影响力之所以出现一定程度的下降，其原因有多种。第一，作为民粹政党主要议题之一的移民问题不再像几年前那样吸引眼球，相反，

① Centre for the Future of Democracy, "The Great Reset: Public Opinion, Populism, and the Pandemic", January 2022, https://www.bennettinstitute.cam.ac.uk/media/uploads/files/The_ Great_ Reset.pdf.

② Jon Henley, "Support for Populist Sentiment Falls across Europe, Survey Finds", 18 November 2021, https://www.theguardian.com/politics/2021/nov/18/support-for-populist-sentiment-falls-across-europe-survey-finds.

③ Tim Gosling, "Czech Election Offers Europe an Anti-populist Boost", 14 October 2021, https://www.aljazeera.com/news/2021/10/14/czech-election-offers-europe-an-anti-populist-boost.

经济发展和生态保护等问题更受关注，但这些议题并不是民粹政党所擅长的。第二，新冠疫情的暴发对民粹政党不利。民粹政党大多采取反封控、反隔离和反疫苗等策略，尽管获得了少部分人的支持和追随，但并未像反移民一样得到大多数人民的支持，在一些国家甚至起到了负面效果。特别是，在危机时期，民众更加认识到成熟的执政经验和专业知识的重要性，换言之，传统主流政党比缺少执政经验的民粹政党更适合治国理政。有研究发现，2020年3月是一个关键节点，在那之后，包括意大利五星运动和匈牙利青年民主主义者联盟在内的民粹政党的支持率都曾出现大幅度下降，而这个关键点恰恰是新冠疫情暴发的时间。① 第三，为了阻止民粹政党上台执政，越来越多国家的左翼或右翼政党联合起来组成竞选联盟，共同应对民粹政党崛起，并在实践中起到了较好的效果，例如在保加利亚和捷克等国。当前，在匈牙利，一些左翼政党和自由派政党也联合起来在2022年的大选中对抗现执政党青民盟主席欧尔班。第四，民粹政党自身存在一些难以克服的缺陷，一是过于依赖"有魅力"的领导者个人，一旦不再拥有极具凝聚力和号召力的领袖，其吸引力就将大打折扣；二是对于自身未来发展方向存在程度不等的"内斗"，特别是温和派与激进派之间存在根本分歧；三是一旦进入政府，民粹政党的政策主张就不可能再像作为反对党时一样极端，这也导致其失去原有的"特性"，从而失去了部分选民的支持。例如，意大利五星运动和联盟党在加入政府后总体上都出现了转向中间立场的迹象，例如支持政府的亲欧洲政策，同时也在一定程度上远离了其反建制根基。因此，意大利民粹政党自2021年2月新政府重组后便进入了"休眠期"。②

但是，上述动态并不表明民粹政党实力的绝对下降，更不能证明其影响力不复存在。第一，尽管某些民粹政党的支持率有所下降，但已经确立了稳

① Brett Meyer, "A Playbook against Populist Leadership in Decline in 2021", 6 January 2022, https：//institute. global/sites/default/files/articles/A - Playbook - Against - Populism - Populist - Leadership-in-Decline-in-2021. pdf.

② Marino De Luca, "The New Draghi Government and the Fate of Populism in Italy", 24 February 2021, https：//blogs. lse. ac. uk/europpblog/2021/02/24/the-new-draghi-government-and-the-fate-of-populism-in-italy/.

固的选民基础。例如在德国，尽管另类选择党在全国范围内的得票率下降，但在德国东部的表现仍很抢眼，更重要的是，它已经在某些选区拥有了稳固的选民基础，特别是在萨克森州、萨克森-安哈特州和图林根州赢得了 16个单议员选区的议席，此外，它在萨克森州和图林根州分别获得了高达24.6%和24%的选票，原因在于德国东部部分民众与德国西部民众之间的分歧仍很严重。[①] 第二，在有些国家，民粹政党的支持率仍保持高位。例如，在荷兰2021年3月的议会选举中，尽管维尔德领导的极右翼政党自由党的得票率有所下降，但另外一个极右翼政党民主论坛（Forum for Democracy, FvD）的议席数增加了6个，再加上2020年12月才成立的民粹政党"正确的答案"（JA21）获得了3个议席，荷兰极右翼政党获得的议席总和超过了中左翼政党。而在捷克和保加利亚等中东欧国家，民粹政党的影响力仍很强大："不满公民行动党"仍然是捷克最大的单一政党，而"有这样的人民"曾在保加利亚2021年7月的选举中获得65个议席，一度成为议会第一大党，虽然它在当年11月的第三次选举中仅获得25个议席，但仍进入了政府。此外，法国国民联盟、意大利五星运动和兄弟党、奥地利自由党、丹麦人民党、西班牙声音党（Vox）、芬兰人党、瑞典民主党、斯洛伐克自由与团结党等多个民粹政党在本国也都拥有稳定的支持选民和较高的支持率。在意大利，民调显示仍有至少40%的选民支持民粹政党[②]。鉴于当前多个欧洲国家的执政联盟都由数个存在意见分歧的政党组成，那么，一旦成功上台执政，击败民粹政党这一目的完成，执政联盟内部的分歧就会浮出水面，导致政局不稳甚至政府下台，从而极有可能导致民粹政党再次"回潮"，斯洛伐克的情况就是如此。第三，新的民粹力量仍在不断出现，并且很快就获得了不少民众的支持。相较于其他国家，葡萄牙的民粹力量向来比较薄弱，但在

---

① Emily Schultheis, "Germany's Far-right AfD Loses Nationally, But Wins in the East", 28 September 2021, https：//www. politico. eu/article/german - election - far - right - afd - loses - nationally - but - wins-in-east/.

② Valerio Alfonso Bruno, "Does Italy's Center-Right Coalition Have a Political Future?", 2 August 2021, https：//www. fairobserver. com/politics/valerio - alfonso - bruno - far - right - league - fratelli - ditalia-matteo-salvini-giorgia-meloni-silvio-berlusconi-italy-politics-news-18881/.

2022年1月的议会选举中，刚刚成立三年的民粹政党"足够了"（Chega！）一举获得7%的选票、12个议席，而它在上一届议会中仅有1个议席。在法国，除传统极右翼政党国民联盟以外，极右翼"政治素人"泽穆尔在2021年异军突起，一度获得18%的支持率，曾被认为甚至有可能进入总统选举第二轮。

当前，民粹政党也在采取各种策略壮大力量、挽回民众的支持。有些民粹政党试图通过选举更有影响力的领导人来为本党赢得更多支持，如意大利五星运动于2021年8月选举前总理孔特担任新领袖，从而结束了该党长达数月的不确定性和内部分歧。还有些民粹政党试图通过联合壮大自己的力量。2021年10月，法国国民联盟领袖勒庞先后与波兰总统莫拉维茨基（Morawiecki）和匈牙利总理欧尔班会面，以期建立民粹政党之间的联盟；12月，勒庞、欧尔班和西班牙声音党、奥地利自由党等欧洲一些主要民粹政党的领导人在波兰首都华沙召开峰会，以期"在欧洲议会实现更紧密的团结，捍卫各自国家的主权"。① 与会各政党同意至少每两个月在欧洲议会召开一次会议。但由于存在多种分歧，会后并未形成共同声明，且德国另类选择党和意大利联盟党等政党并未参加此次会议。有评论认为，尽管从当前看不必过度夸大民粹政党的重要性，因为它们并未改变欧洲政治中的权力平衡，但从长远看，如果它们到2024年欧洲议会选举时能够形成一致看法，则有可能成为一支重要的反对力量。② 特别是，从整个欧洲的情况来看，民粹政党支持率的下降并不意味着民众更加信任欧洲传统主流政党所宣扬的"自由民主"，尽管在新冠疫情期间民众对民主国家政府的支持率有所上升，但仍远低于长期以来的平均值。特别是在老年人口占比较大的国家，如德国

---

① "Le Pen：The Right Takes Steps to Build 'Big European Force'"，4 December 2021，https：//www.usnews.com/news/world/articles/2021-12-04/populist-leaders-meet-in-warsaw-to-discuss-european-union.

② Sandor Zsiros，"European Right-wing Populists Join Forces to Rally against EU's Direction"，5 July 2021，https：//www.euronews.com/my-europe/2021/07/05/european-right-wing-populists-join-forces-to-rally-against-eu-s-direction.

和西班牙，民众对民主的支持程度的下降幅度最大。① 因此，一旦有合适的"土壤"和"气候"，民粹主义仍会卷土重来。

（四）政治生态稳定性下的碎片化与政治分化

在 2017 年德国大选结束后，另类选择党领袖曾信心百倍地提出要重新塑造德国的政治版图，但今天看来，不仅在德国，而且在整个欧洲，"政治还是老样子"。2021 年，欧洲整体的政治生态呈现总体的稳定性，在绝大多数国家，特别是在西欧，仍然是传统中左或中右或中间派政党执掌政权，尽管在多个国家出现了组阁困难甚至政府频繁更迭的情况，但并未出现大规模政局动荡。

然而，在政治生态总体稳定的表象下，欧洲当前依然面临多重挑战，尤其是以下两个方面。首先，政治碎片化趋势有增无减。原来的边缘政党越来越强大（如绿党），再加上新成立的政党层出不穷，在很大程度上挤压了传统大党的支持率，导致后者的空间不断萎缩。典型如德国。在 2021 年 10 月的联邦议院选举中，社民党与联盟党的得票率加起来还不到一半（49.8%），而作为执政党的社会民主党得票率仅是其 20 世纪七八十年代的一半，这在从前几乎不可想象。有学者评论称，德国的政党体制已经发生了变化，进入了更多元化的时代，单个政党得票率超过 40% 的时代一去不复返。② 再如，2021 年，挪威工党在野八年后终于上台执政，但无论是它还是排名第二的保守党获得的议席都比上一届有所减少。而荷兰 2021 年议会选举有 37 个政党参选，几近创纪录，进入议会的政党多达 17 个。在这种情况下，组建执政联盟所需的政党数量越来越多，执政联盟多由 3~4 个政党组成，2020 年组建的比利时执政联盟甚至多达 7 个政党。由于执政联盟的碎片化，政府行动能力下降，执政效力受限，更不要提推行具有根本性的改革

① Centre for the Future of Democracy, "The Great Reset: Public Opinion, Populism, and the Pandemic", January 2022, https://www.bennettinstitute.cam.ac.uk/media/uploads/files/The_Great_Reset.pdf.

② Martin Sandbu, "Europe's Social Democrats Are Back—But for How Long?", 5 October 2021, *Financial Times*, https://www.ft.com/content/80f91196-4c42-44f7-abc4-e4deba92e160.

措施，而改革正是当前欧洲急需的。此外，政府很容易由于政党数量过多、意见分歧严重而解体，正因如此，政治碎片化被视为西方民主国家当今面临的最具根本性和最持久的挑战。[①] 其次，新冠疫情继续影响欧洲政治生态，特别是疫情进一步加剧了本已存在的政治分化和社会分裂，这种分化尤其体现在不同代际。年轻人对政府严格的防控措施和疫苗政策持反对立场的比例较大，而年龄较大的人则相对持支持立场。欧洲外交关系委员会（European Council on Foreign Relations）的一次民调表明，在 30 岁以下的年轻人中，有 57%认为自己的生活受到了疫情的影响，而在超过 60 岁的被调查者中，这一比例仅为 35%。另外，在 30 岁以下的年轻人中，有 43%对政府采取封控措施的动机持怀疑态度，但在超过 60 岁的被调查者中这一比例仅为 28%。[②] 因此，在一些国家，反对政府相关措施的游行示威活动的参与者多为青年人，他们也因此更支持反建制派而不是执政党。特别是在中东欧国家，年轻人对民粹政党的支持率仍然居高不下。[③] 这背后反映的是不同年龄层次的人在政治观念方面的分歧。除代际分歧之外，不同国家之间，甚至同一个国家的不同地区之间、不同党派之间和不同群体之间都出现了严重的政治和社会分化现象。[④] 这对稳定的政治生态是一个重要的潜在威胁因素。

三　欧洲一体化：机遇与挑战并存

欧洲一体化的发展与欧洲国家政治生态的演进同频变化，欧洲政治生态

① Richard H. Pildes, "Political Fragmentation in Democracies of the West", 11 August 2021, https：//www. aljazeera. com/opinions/2021/8/11/future-generations-will-not-bridge-europes-divides.

② Sam Jones, James Shotter, Guy Chazan, "Covid Backlash: Europe's Populists Eye Opportunity in Never-ending Pandemic", 1 December 2021, *Financial Times*, https：//www. ft. com/content/7ef50a97-c12d-4905-b6da-75c3c7bb4f16.

③ Luka Ivan Jukic, "European Youth Will Not Bridge Europe's Divides", 11 August 2021, https：//www. aljazeera. com/opinions/2021/8/11/future-generations-will-not-bridge-europes-divides.

④ Davide Vampa, "COVID - 19 and Territorial Policy Dynamics in Western Europe: Comparing France, Spain, Italy, Germany, and the United Kingdom", *The Journal of Federalism*, Vol. 51, Issue 4, Fall 2021, pp. 601-626, https：//doi. org/10. 1093/publius/pjab017.

的变化外溢到欧洲一体化进程，反过来，欧洲一体化又框定了欧盟成员国政治生态变化的范围和程度。此外，新冠疫情的持续影响和大国博弈加剧成为欧洲一体化发展的新外部变量。在上述背景下，2021年，欧洲一体化尽管有所深化和发展，但面临的挑战更为深刻，继续呈现机遇与挑战并存的特点。

（一）欧洲一体化在危机中有所深化

新冠疫情和国际格局的变迁在一定程度上倒逼欧盟国家更注重协调立场，各国之间的利益纽带更加紧密，欧洲一体化在危机中有所深化，尤其是财政和防务安全等议题的一体化进程进展明显。

1. 多年度财政框架助推欧洲一体化

2021年1月7日，欧盟理事会正式批准"欧盟多年度财政框架（2021~2027年）"，总额为1.8243万亿欧元，其中，欧盟七年长期预算为1.0743万亿欧元，"下一代欧盟"复苏基金为7500亿欧元。这是迄今为止欧盟规模最大的财政方案。一方面，"下一代欧盟"复苏基金在一定程度上扭转了欧盟货币和财政政策不对等的局面，扩展了欧盟的财政自主权，这意味着欧盟财政一体化进程取得新突破，因此被称为欧洲的"汉密尔顿时刻"。另一方面，欧盟七年长期预算避免了资金短缺对欧盟政治和经济造成的双重打击，不仅确立了中长期欧盟政策的优先领域，还有望提升欧盟整体市场竞争力，缩小成员国间的发展差距。

2021年11月，欧盟理事会与欧洲议会就2022年财政预算达成协议，重点支持经济复苏、应对气候变化以及绿色和数字化转型。正如欧盟委员会所说，2022年是欧洲从应对危机转向公平复苏（fair recovery）的一年，[①] 多年度财政框架将为其提供战略指引和资金支持，在未来七年将为七个支出领域的近40个项目提供资金。当然，对于该基金的资金分配方案和管理方式

---

① European Commission, "European Semester Autumn Package: Rebounding Stronger from the Crisis and Making Europe Greener and More Digital", 24 November 2021, https://ec.europa.eu/commission/presscorner/detail/en/ip_ 21_ 6105.

等仍存在不同声音，是否能够真正推进欧洲财政一体化也仍存在疑问。不管如何，"下一代欧盟"复苏基金表明欧盟成员国以化解疫情为契机，旨在克服嫌隙，寻求解决方案，助推欧洲一体化，彰显了欧盟的团结与合作。正如冯德莱恩在2021年"盟情咨文"中所称，"下一代欧盟"复苏基金致力于短期复苏和长期繁荣。[1] 尤其是绿色和数字化转型将实现欧洲内部市场的现代化，重塑欧洲社会、经济和政治架构。

2. 欧洲防务自主有所进展

防务自主是欧盟战略自主能力的核心。当欧盟承担更多防务责任并强化成员国的防务合作时，欧盟才能更有效地保护自己的利益并采取更具战略性的行动。自2016年以来，欧洲在防务领域推出了三项重要举措——批准并建立"永久结构性合作"机制、建立"年度防务评估协调机制"（CARD）以及批准设立欧洲防务基金。2021年，"欧盟多年度财政框架（2021~2027年）"中首次出现了关于安全和防务的章节（第五章），预算金额达132亿欧元。[2] 欧洲防务基金（EDF）预算金额为80亿欧元，[3] 致力于加强欧洲防务技术和工业基础。

鉴于美国战略重心的转移，以及美欧在防务领域的嫌隙，尤其是美国仓促从阿富汗撤军和美英澳组建三边安全伙伴关系（AUKUS），欧洲不得不进一步加快构建防务自主体系的步伐。2021年9月，欧盟委员会主席冯德莱恩在"盟情咨文"中强调欧盟要建设"欧洲防务联盟"。2021年10月，欧洲理事会主席米歇尔将2022年称为"欧洲防务年"。在法国和德国的倡议下，欧盟于2021年11月通过"战略指南针"（Strategic Compass）草案，该文件在2022年3月正式通过，这将为欧盟安全和防务政策确立统一的"战略文化"。根据"战略指南针"的规划，到2025年，欧盟计划建立一支由

---

① Ursula von der Leyen, "State of the Union Address 2021", 15 September 2021, https：// ec. europa. eu/info/sites/default/files/soteu_ 2021_ address_ en_ 0. pdf.

② European Council, "Long-term EU Budget 2021 - 2027 and Recovery Package", https：// www. consilium. europa. eu/en/policies/the-eu-budget/long-term-eu-budget-2021-2027/.

③ Paolo D'Alesio, "European Defence Fund：Time to Shine", FINABEL, 9 March 2021, https：// finabel. org/european-defence-fund-time-to-shine/.

陆海空三军组成的"欧盟快速部署能力"部队，规模大约为5000人。除了军力部署之外，"战略指南针"还关注网络、海洋和空间安全。

尽管如此，"战略指南针"仍强调北约是欧洲防御的核心，并且致力于欧盟与美国之间关于安全和防务的对话。这是因为在地缘政治和安全议题上，欧盟的权限受到多种因素的制约，尤其是美国对欧盟成员国的影响巨大。同时，欧盟成员国对欧盟独立防务能力存在不同看法。中东欧国家并不看好欧盟的军事实力和行动能力，希望依赖美国和北约，热盼美国更长久更稳定地为其领土提供保护，以抵御来自俄罗斯的威胁。德国强调欧洲在北约框架内拥有更多的军事行动能力，而法国期望通过战略自主提升自身防务能力，同时认为建立欧洲的集体安全离不开俄罗斯。

（二）欧洲一体化深入发展面临诸多障碍

新冠疫情并未缓和欧洲一体化内在的深层矛盾。欧洲领导人在危机期间经常使用"欧盟团结"的概念来回应和支持欧盟成员国之间要求合作的呼声，并证明共同决策的合理性。但是，欧盟成员国之间的团结、欧洲民众之间的团结以及欧洲民众与欧盟机构之间的团结在成员国巨大的利益分歧和外部利益干扰下变得无足轻重。缺乏跨国团结可能会威胁到欧洲的结构和社会凝聚力，从而威胁到欧洲的长期一体化。[①]

1. 新冠疫情与难民危机继续困扰欧洲一体化

应对新冠疫情及其衍生的种种问题对欧盟及其成员国来说是一场压力测试，一方面暴露了欧盟内部决策程序复杂、协调成本较高等问题，另一方面展现了欧盟面对危机的应对能力和抗压性。其中最明显的例子是，在疫情暴发之后，欧盟国家采取了"巴甫洛夫式"的反应，通过单方面关闭边界和制定医药用品出口禁令而不是统一协调的方式来应对疫情。为应对这一状况，鉴于欧盟尚无法组建卫生联盟，欧盟委员会于2021年9月组建欧盟卫

---

① Sophie Pornschlegel，"Solidarity in the EU：More Hype Than Substance?"，European Policy Centre，28 July 2021，https：//www.epc.eu/en/publications/Solidarity-in-the-EU-More-hype-than-substance~412d8c.

生应急准备和响应机构（HERA），以预防和发现卫生紧急情况，并更快地调动应急资源。

除疫情之外，近些年来，难民危机一直困扰欧洲一体化。为有效和共同处理难民问题，欧盟希望建立一个综合、可持续的移民和难民管理系统，以整体思路综合应对难民和非法移民问题，加快难民申请处理和安置速度，平衡成员国在难民接收问题上的权利和义务。[①] 2021 年 12 月，欧盟理事会通过了建立欧盟庇护机构的条例，将当时的欧盟庇护支援办公室（EASO）转变为更加成熟的欧盟庇护机构（EUAA），这被视为出台欧盟共同庇护政策的重要一步。[②] 作为 2020 年 9 月"移民与难民庇护新协议"（New Pact for Migration and Asylum）提案的一部分，欧盟委员会维持其在 2016 年关于欧盟庇护机构监管的提案，并重启了该提案的讨论。2021 年 6 月，欧盟理事会和欧洲议会达成临时协议，欧洲议会于 2021 年 11 月正式通过该协议，但该协议还需要经过欧洲理事会批准之后才能生效。此外，该协议并未真正触及《都柏林公约》，因为评估庇护申请的责任仍由难民第一个到达的国家来承担。因此，欧盟难民分配政策的改革仍然面临不小的难度。2021 年，除了北非经地中海到达意大利、北非经地中海到达希腊以及土耳其经西巴尔干进入欧盟等路线外，白俄罗斯—波兰边境成为难民涌入欧洲的新通道，欧盟东部边境的移民危机也更多地折射出俄罗斯与欧盟的地缘政治博弈。根据欧盟边境管理部门（Frontex）2021 年 11 月的数据，欧盟东部边境已成为当年进入欧盟的移民数量增长最快的通道，与 2020 年相比，无证过境人数增加了 15 倍。[③] 欧洲难民问题的解决仍需要从根源上遏制难

---

① 《欧盟寻求综合改革难民接收体系》，人民网，http://world.people.com.cn/n1/2021/0126/c1002-32011544.html。

② European Council, "Migration and Asylum Pact: Council Adopts EU Asylum Agency Regulation", 9 December 2021, https://www.consilium.europa.eu/en/press/press-releases/2021/12/09/migration-and-asylum-pact-council-adopts-eu-asylum-agency-regulation/.

③ "Migratory Situation in October: Persisting Pressure on Eastern Border", Frontex, 22 November 2021, https://frontex.europa.eu/media-centre/news/news-release/migratory-situation-in-october-persisting-pressure-on-eastern-border-flfAwy.

民数量增长，保证欧洲与难民来源国加强合作，以稳定地区局势。然而，欧盟"在技术层面取得了良好进展，但在一些关键要素上仍远未达成政治共识"。①

2. 欧洲一体化扩大进程遇阻

西巴尔干国家的经济和政治前景及其在欧洲框架内的未来仍然是欧洲一体化的重要议题之一。2021 年 10 月 6 日，欧盟-西巴尔干峰会在斯洛文尼亚举行，会议通过了《布尔多宣言》。欧盟将继续努力推进其扩大进程，冯德莱恩称"西巴尔干国家的入盟进程是欧洲一体化不可或缺的一部分"，旨在推动西巴尔干国家的政治、经济和社会转型。欧盟委员会负责睦邻扩大事务的沃尔海伊（Olivér Várhelyi）重申，在其任期内至少要让一个西巴尔干国家成为欧盟成员国。② 2021 年 10 月 19 日，欧盟委员会通过了 2021 年扩大一揽子计划，详细评估西巴尔干地区和土耳其等国在入盟方面的进展情况，尤其侧重于进行基本改革，并为改革提供明确指导。欧盟拟在未来 7 年向西巴尔干国家投入约 300 亿欧元，包括 90 亿欧元援助和 200 亿欧元投资。但欧盟也强调西巴尔干国家要满足附加条件，遵守欧盟价值观和原则，进行必要的改革。③ 这在一定程度上是因为西巴尔干国家在入盟改革进程中出现了停滞甚至倒退的局面。

2021 年下半年，作为欧盟轮值主席国，斯洛文尼亚试图推动将 2030 年设为西巴尔干国家加入欧盟的时间点。但是，欧盟并未对塞尔维亚、阿尔巴尼亚、北马其顿的入盟设立时间表，这无疑将打击这些国家的积极性。自 2004 年以来，欧盟委员会不断调整和完善其扩大战略，但欧盟在西巴尔干国家入盟问题上一直缺乏有效的解决方案，这导致欧盟向该地区的扩大没有

---

① European Commission, "Report on Migration and Asylum", 29 September 2021, https://ec. europa. eu/info/sites/default/files/report-migration-asylum. pdf.

② European Commission, "Remarks by Commissioner Várhelyi in AFET to Present the 2021 Enlargement Package", 19 October 2021, https://ec. europa. eu/neighbourhood - enlargement/news/remarks-commissioner-varhelyi-afet-present-2021-enlargement-package-2021-10-19_ en.

③ 《欧盟-西巴尔干峰会聚焦欧盟东扩等问题》，新华网，http://www.news.cn/2021-10/07/c_1127933571. htm.

取得真正进展。① 其中有一个重要的原因是，只要有一个欧盟成员国反对西巴尔干国家入盟，那么后者的入盟谈判就将陷入僵局，从而导致其入盟过程异常艰难。

3.欧洲"民主"制度面临挑战

尽管新冠疫情期间，成员国民众对欧盟的支持率和认同度相对较高，如欧盟晴雨表 2021 年 3 月的民调显示，疫情期间，成员国的公众舆论比以往任何时候都更亲欧洲。② 但是，一个不争的事实是，民众对欧洲"民主"制度的信心在普遍下降，这是相对疫情对欧盟及其成员国的治理能力和治理体系带来的冲击而言的，欧盟面临更大的危机。欧盟外交与安全政策高级代表博雷利曾经指出，无论作为一种价值观还是作为一种政府模式，欧洲民主都面临极大挑战。因此，作为应对措施之一，欧盟试图加大打击虚假信息的力度，以期重新树立公众对民主的信仰、捍卫民主赖以存在的欧洲机构。③ 马克龙于 2022 年 1 月 19 日在欧洲议会的发言中指出："近年来，政治意义上的自由民主已经疲惫不堪，无法面对 21 世纪的巨大挑战。"④ 剑桥大学民主未来研究中心 2020 年的研究表明，目前，欧洲年轻人是对民主政府的表现最不满意的一代，对民主的优点持更加怀疑的态度。⑤ 对民主和政治改革的态度部分取决于对经济、新冠疫情的影响以及社会和政治分歧的

---

① Corina Stratulat, "EU Enlargement to the Western Balkans—Three Observations", European Policy Centre, 8 November 2021, https://epc.eu/en/Publications/EU-enlargement-to-the-Western-Balkans-Three-observations~4392d4.

② Eurobarometer, "Future of Europe Survey", March 2021, https://www.europarl.europa.eu/at-your-service/en/be-heard/eurobarometer/future-of-europe.

③ Josep Borrell, "The Events in Washington and What It Means for Europe", 10 January 2021, https://eeas.europa.eu/headquarters/headquarters-homepage/91278/events-washington-and-what-it-means-europe_en.

④ "French President Emmanuel Macron's Speech at the European Parliament-Strasbourg", 19 January 2022, https://onu-rome.delegfrance.org/French-President-Emmanuel-Macron-s-Speech-at-the-European-Parliament-Strasbourg.

⑤ Foa, R. S., Klassen, A., Slade, M., Rand, A., R. Collins, "The Global Satisfaction with Democracy Report 2020", Cambridge, United Kingdom: Centre for the Future of Democracy, 2020, https://www.cam.ac.uk/system/files/report2020_003.pdf.

看法。① 超过 80% 的意大利、西班牙和希腊受访者认为，需要加大本国经济体系的变革力度或彻底改革。

4. 欧盟与部分成员国的司法争端不断

近年来，欧盟与部分成员国因司法改革、民主、人权等问题摩擦不断，其中最为突出的是波兰与欧盟的争端。2021 年，这一争端进一步升级，尤其是在司法独立与"法治"等问题上。3 月，欧洲法院就波兰最高法院的法官任命做出的一项判决再次强调，欧盟法的优先性原则对成员国的所有机构均具有约束力。② 7 月，欧洲法院以波兰司法改革违反"法治"原则、不具有独立性与公正性为由，要求波兰暂停新设立的一个专门针对法官的纪律审查机构（即设在最高法院下的纪律庭）。波兰总理向本国宪法法院提出请求，寻求对《欧洲联盟条约》第 1 条、第 2 条、第 4 条和第 19 条做出解释。10 月 7 日，波兰宪法法院裁定："欧洲法院干涉波兰司法改革、违背波兰宪法，波兰国内法律相比欧盟法律具有优先权。"

针对波兰宪法法院的裁决，欧盟表现强硬。欧盟外交与安全政策高级代表博雷利指责波兰宪法法院"直接挑战欧盟法律秩序"。欧洲议会议长萨索利呼吁欧盟委员会对波兰采取必要措施。在 2021 年 10 月举行的欧盟峰会上，欧盟委员会主席冯德莱恩指责波兰"挑战欧洲法律秩序的统一"，并列出三项欧盟可能采取的制裁措施，包括就波兰宪法法院的裁决采取法律行动、扣留对波兰的数百亿欧元拨款和低息贷款、中止波兰作为欧盟成员国的部分权利等。③ 根据《里斯本条约》第 7 条的规定，"经 1/3 成员国，或欧洲议会或委员会的合理动议，理事会可在得到欧洲议会同意后，以其 4/5 成

---

① Richard Wike, Janell Fetterolf, Shannon Schumacher, J. J. Moncus, "Citizens in Advanced Economies Want Significant Changes to Their Political Systems", Pew Research Center, 21 October 2021, https：//www. pewresearch. org/global/2021/10/21/citizens－in－advanced－economies－want-significant-changes-to-their-political-systems/.

② Case C-824/18, A. B. and Others v Krajowa Rada Sądownictwa and Others, Judgment of the Court (Grand Chamber), 2 March 2021, ECLI：EU：C：2021：153.

③ European Commission, "Speech by President von der Leyen at the European Parliament Plenary on the Rule of Law Crisis in Poland and the Primacy of EU Law", 19 October 2021, https：//ec. europa. eu/commission/presscorner/detail/en/speech_ 21_ 5361.

员的多数采取行动，认定存在某一个成员国严重违反欧盟价值观的显著风险"。据此，欧盟理事会"可按照特定多数原则采取行动，中止当事成员国因欧盟条约对其适用而产生的某些权利"①。2021 年 12 月 22 日，欧盟委员会针对波兰宪法法院违反欧盟法的行为向欧洲法院提起诉讼。2022 年 2 月，欧洲法院对匈牙利和波兰针对第 2020/2092 号条例（该条例将财政拨款与尊重法治原则联系起来）提起的诉讼做出判决，认定该条例有效。有评论认为，此项判决为欧盟取消对违反法治原则的成员国予以资助扫清了障碍。②

当然，波兰与欧盟的司法争端不仅是法律问题，还是一个政治问题，折射出的是欧盟新老成员国之间的深层矛盾，特别是关于价值观的固有矛盾。欧盟与波兰在法治领域的冲突也转变为关于欧盟机构权限和法律约束力的辩论。

（三）"欧洲未来大会"为欧洲一体化发展提供讨论平台

欧洲未来大会是欧盟民众主导的一系列辩论和讨论，欧盟首次发起这一类型的活动。作为一项重要的泛欧洲民主活动，它的目的是提供一个新的公共论坛，让民众围绕许多关键优先事项和挑战进行公开和透明的辩论，以帮助塑造欧洲的共同愿景与未来。

1. 欧洲未来大会的组织运作方式值得关注

2019 年 11 月底，法国和德国联手制订召开为期两年的欧洲未来大会的计划，旨在推进全面改革欧盟运作方式，"不排除对欧盟条约进行修改和变更"，以使欧盟"更团结、更有力量"。对欧洲未来大会的讨论原计划于德国担任轮值主席国（2020 年）期间开始，并在法国担任轮值主席国（2022 年）期间结束，以作为德法引擎驱动和协调欧洲一体化向前发展的一个体

---

① 《欧洲联盟基础条约——经〈里斯本条约〉修订》，程卫东、李靖堃译，社会科学文献出版社，2010，第 35 页。

② "EU Court Ruling Opens Way for Brussels to Act against Hungary and Poland", *Financial Times*, 16 February 2022, https：//www.ft.com/content/65a3f391-6e6c-4d2e-a17e-2e27fb86bd38.

现。在新冠疫情冲击下，欧洲未来大会的启动一再拖延。2021 年 4 月 19日，欧盟启动了欧洲未来大会多语言数字平台（futureu. europa. eu），其成为本轮泛欧讨论的中心枢纽，遵循自下而上的方式。① 欧洲未来大会网站列出了大约九个讨论主题：气候变化与环境；健康；更强大的经济、社会公平和就业；欧盟在世界的角色；价值观和权利、法治、安全；数字化转型；欧洲民主；移民；教育、文化、青年和体育等。欧洲未来大会的目的是讨论和收集欧盟公民对欧盟发展的重要意见，比如欧盟的绿色协议和数字化转型、欧洲选举的设计方式等。欧洲未来大会试图通过大讨论、大改革来减少内部矛盾，通过可持续的转型重构一个强大的欧洲，以在大国博弈中成为一个平等的合作者或竞争者。但疫情下，欧盟成员国及其公民对欧洲未来大会的态度分歧进一步加深。支持欧洲一体化的力量认为欧盟需要改革的新动力，但怀疑欧洲一体化的力量则认为欧洲未来大会可能无法产生有意义的结果。

欧洲未来大会的领导者包括联合主席（Joint Presidency）与执行委员会（Executive Board），前者由欧盟委员会主席和欧洲议会主席以及欧盟轮值主席国国家元首或政府首脑组成；后者由欧洲议会、欧盟委员会、欧盟理事会的 9 名代表以及（最多）4 名观察员组成，成员国议会与其他机构（特别是地区委员会和经济与社会委员会）密切参与。他们将在"共同秘书处"的协助下依据共识做出决定。《联合声明》明确指出，执行委员会是欧洲未来大会的主要机构。联合主席是盖伊·韦尔霍夫施塔特（Guy Verhofstadt）、安娜·保拉·扎卡里亚斯（Ana Paula Zacarias）、杜布拉夫卡·苏伊卡（Dubravka Šuica），他们分别作为欧洲议会、欧盟理事会和欧盟委员会的代表。尽管欧盟三大机构在欧洲未来大会的组织结构中强调平等参与、协商一致，但这也意味着欧盟机构间的博弈竞争被带入了欧洲未来大会。

"全体会议"（Conference Plenary）将"至少每六个月"举行一次，以确保对公民的建议进行辩论，欧盟三大机构的代表、成员国议会代表、民众及其他利益相关者的代表均参加全体会议。全体会议成员来自欧洲议会的 108 名

① Conference on the Future of Europe，https：//futureu. europa. eu/？ locale=en.

代表、各国议会的 108 名代表、欧盟理事会的 54 名代表（每个成员国 2 名代表）、欧盟委员会的 3 名代表和 108 名民众代表（80 名来自欧洲公民小组、27 名来自国家公民小组、1 名欧洲青年论坛主席）。此外，全体会议成员还来自欧洲地区委员会的 18 名代表、欧洲经济和社会委员会的 18 名代表、地方当局的 6 名代表、社会伙伴的 12 名代表、民间社会的 8 名代表。在讨论欧盟的国际角色时，欧盟共同外交和安全事务高级代表受邀参加，利益攸关方的代表也可受邀参加。[①] 全体会议还将致力于实现性别均衡，并且青年人需要发挥核心作用。执行委员会将定期向联合主席报告，以协商一致的方式，决定在大会框架内开展相关活动，发布全体会议的结论。欧洲未来大会的最终结果将在给联合主席的报告中提出。欧盟三大机构将在各自的职权范围内迅速审查如何有效地就相关报告采取后续行动，比如通过立法等。

2. 欧盟机构间持有不同立场

但是，不同成员国、不同机构之间对于欧洲未来大会持有不同立场。欧洲理事会是欧盟主要的政府间机构，但各成员国在大多数议题上无法达成共识，尤其是中东欧成员国与欧盟其他成员国之间的裂痕加深。[②] 与此同时，欧盟不同机构也持有不同立场。

在 2019 年 7 月的竞选演讲中，冯德莱恩强调通过欧洲未来大会为欧洲议会提供欧洲民主新动力，比如改革"主要候选人"原则以及欧洲议会的倡议权。但是，欧盟委员会的政治动力大大减弱，反而是欧洲议会通过了几项决议（如 2020 年 1 月和 2020 年 6 月通过的决议），这些决议不仅强调通过民众参与来增强决策合法性，而且提出欧洲未来大会是扩大欧盟权能和赋予欧洲议会更大权力的机会。对于欧洲理事会而言，部分成员国政府对欧洲未来大会持保留意见，并试图限制其活动范围，将条约变更排除在外。欧洲

---

① Conference Plenary, Conference on the Future of Europe, https：//futureu.europa.eu/en/pages/plenary.

② Julina Mintel, Nicolai von Ondarza, "Consensus Per Video? Decision-making in the Council of the EU during the Covid-19 Pandemic", SWP, 5 December 2021, https：//www.swp-berlin.org/publications/products/arbeitspapiere/WP_2021_vonOndarza_Mintel_Consensus_per_video.pdf.

理事会希望大会遵循欧洲理事会的战略议程（A New Strategic Agenda 2019-2024）。在经过 2020 年 6 月 24 日和 2021 年 2 月 3 日的欧洲理事会立场修订之后，欧洲未来大会的"联合宣言"（joint declaration）于 2021 年 3 月 5 日获得欧洲理事会批准。①

欧洲议会、欧盟委员会、欧洲理事会对欧洲未来大会的一般事宜（包括时间节点、目标、内容和范围、沟通工具和资源）、结构与组成（包括组织结构与阶段、大会成员与机构组成、观察员与候选国）、治理（包括领导者、欧盟机构责任、组织与治理、会晤频率）、民众参与、决策（包括决策过程、最终结果）等五个方面存在不同偏好。这意味着欧洲未来大会将面临欧盟机构间的博弈。总的来看，欧盟委员会期望在部分议题领域不断深化一体化进程，欧洲议会希望欧洲一体化进程走深走实，欧洲理事会的怀疑色彩则更加浓重。因此，欧洲未来大会建立在相互冲突的愿景与冲突的机构利益之间的妥协基础之上，不太可能对欧盟面临的许多挑战提供必要的回应，容易出现承诺过多与效果不足之间的差距。

3. 欧洲未来大会能否推进欧洲一体化需要进一步观察

欧盟成员国之间的经济相互依赖度以及成员国与欧盟的权限让渡是未来欧洲治理的重心，成员国应更好地思考如何在欧盟框架内团结协作，这将影响欧洲一体化的未来及欧盟在全球中的战略角色。决策结构、政策议题的包容程度、成员国参与的标准化程度、普通民众与代表之间的联系紧密度、信息反馈的顺畅程度、巴尔干国家的参与度等因素将决定欧洲未来大会的前景。② 为了创造持久改革的动力，欧洲未来大会需要克服四个障碍：成员国的怀疑主义态度、条约变更的禁忌、制度间的竞争、欧盟民众参与的困

---

① European Commission, "Joint Declaration on the Conference on the Future of Europe", March 2021, https://ec. europa. eu/info/files/joint-declaration-conference-future-europe_ en.

② Corina Stratulat, Janis A. Emmanouilidis, "The Conference on the Future of Europe: Mind the Gaps!", EPC, 12 March 2021, https://www. epc. eu/en/Publications/The - Conference - on - the-Future-of-Europe-Mind-the-gaps~3c8fe8.

难。① 目前来看，欧洲未来大会的时间有限且资源不足，虽然是代议制民主与协商民主的一种尝试，但其效果取决于欧洲民众、欧盟机构和欧盟成员国的态度及博弈结果。面对此前的多重危机以及疫情冲击，围绕欧洲一体化进程能走多远，以及欧洲未来大会能在多大程度上引导欧洲一体化走深走实，仍存在不确定性。

如果一个政治行为体的治理制度与进程不够成熟或规范，过多的政治参与就会影响到政治制度的稳定性。例如，如果欧洲民粹力量在欧洲未来大会召开期间能够进行有效的社会动员，公民参与可能会削弱而不是增强欧盟民主合法性。鉴于欧洲公民的语言障碍和高度多样化的文化背景，欧洲永远不会是一个同质的实体，观点也会有所不同。因此，欧盟层面很难真正实现协商民主，欧盟需要提供一种更具代表性的标准来选择公民参与，以消除年龄、性别、地理位置、社会经济标准和政治派别方面的差异，使公民参与的过程更为连贯，更有针对性。鉴于民众对欧洲未来大会有着较高期望，如果不能在欧洲共同发展愿景方面取得一些进展，就将挫伤欧洲民众的期望，失去欧洲一体化进程中的一个重大良机。

欧盟成员国并不总是朝着与欧洲一体化相同的方向发展。欧洲一体化目前呈现较大程度的多向多速发展趋势。② 欧洲未来大会的任何倡议或构想都需要成员国的支持。③ 如果没有成员国的支持，欧洲未来大会就将无法有效运转，毕竟成员国仍然是欧盟的主体。部分欧洲国家政府失去了公众的信任，正在寻求新形式的基层参与决策，并试图缩小政府政策与公民期望之间的距离。作为欧洲一体化的引擎和核心主导国，法德经常为维护欧洲共同利益而调整相关战略。马克龙曾说："法德在为未来和欧洲的重建做准备方面

① Nicolai von Ondarza, Minna Ålander, "The Conference on the Future of Europe", SWP, 17 March 2021, https://www.swp-berlin.org/10.18449/2021C19/.

② 贺之杲、巩潇泫：《经济收益、规范认同与欧洲差异性一体化路径》，《世界经济与政治》2021年第2期。

③ Minna Ålander, Nicolai von Ondarza, Sophia Russack, eds, "Managed Expectations: EU Member States' Views on the Conference on the Future of Europe", SWP, June 2021, https://www.swp-berlin.org/publications/products/arbeitspapiere/WP_03-2021_EPIN-Report_CoFoE_01.pdf.

拥有责任，这一责任意味着建立一个真正的主权欧洲。"① 马克龙对欧洲未来的看法与他对参与性民主的看法是一致的，即公民是欧盟未来的核心。德国新政府的三个执政党均认为欧洲未来大会是欧盟改革的契机，并期望赋予欧洲议会更大权力。德国新政府的欧洲政策重点从关注欧盟的凝聚力转向改革欧盟和深化一体化。但是，法国和德国关于欧洲未来、一体化和扩大方面存在实用主义和理想主义的分歧。因此，欧洲未来大会可能会出现两种截然不同的发展道路。一种道路是维持现状。欧洲未来大会不能有效地解决机构间的分歧，而且成员国仍然缺乏进行彻底改革的意愿。欧洲未来大会以最低程度的妥协为基础，取得程度不一的结果，但成员国和民众对欧盟进一步改革的可行性持怀疑态度。一方面，欧盟民主合法性继续受到质疑，欧盟民众与机构之间的鸿沟无法在短期内弥合；另一方面，欧盟将继续遵循危机驱动的一体化改革逻辑，但这将加重对欧盟行动能力的怀疑。另一种道路是深化改革。欧洲未来大会是欧盟改革的催化剂。欧盟机构、民众及成员国通过民众的积极参与成功制定结构改革的路线图，欧盟对次级法进行改革，以及必要时对条约进行修改，这将为 2024 年欧洲大选及欧盟机构改革奠定基础。

① Ronja Kempin, "France's Foreign and Security Policy under President Macron: The Consequences for Franco-German Cooperation", SWP, May 2021, https://www.swp-berlin.org/en/publication/frances-foreign-and-security-policy-under-president-macron/.

B.3

欧洲经济：疫情背景下的
复苏与结构转型

孙彦红　杨成玉　胡　琨　孙雅雯*

摘　要： 2021 年，随着欧洲本土疫情整体上有所缓解，加之新冠疫苗接种全面推进、全球供应链逐步恢复以及"下一代欧盟"复苏计划开始落实等积极因素的推动，欧洲经济实现了较强劲的复苏。受到供应链紧张和能源价格飙升等因素影响，2021 年，欧盟及欧洲主要国家的经济增长均呈现"前高后低"的趋势。通货膨胀率大幅攀升成为欧洲经济遇到的新问题，或将推动欧洲中央银行在 2022 年温和调整其货币政策。持续宽松的财政政策造成欧盟及欧洲主要国家的公共财政赤字和债务居高不下，未来如何遵守财政纪律将成为长期挑战。"下一代欧盟"复苏基金是欧盟推动疫后复苏的创新举措，整体而言，其资金筹集和使用正在按原计划稳步推进。在货币金融体系方面，2021 年，欧盟促进资本市场发展和加强金融体系监管的新举措以及英国脱欧后金融体系的新动向值得关注。最后，本报告还对 2021 年欧盟推进绿色和数字化"双转型"的重要进展做了梳理与评析。

---

* 孙彦红，经济学博士，中国社会科学院欧洲研究所研究员、欧洲经济研究室主任，主要研究领域为欧洲经济、欧盟及其主要国家产业政策、意大利研究、中欧/中意经贸关系；杨成玉，经济学博士，中国社会科学院欧洲研究所副研究员，主要研究领域为欧洲经济、中欧经贸关系及法国研究；胡琨，理学博士，中国社会科学院欧洲研究所副研究员、国别研究室副主任（主持工作），主要研究领域为德国经济、欧洲金融与货币体系、欧洲经济治理；孙雅雯，经济学博士，中国社会科学院欧洲研究所助理研究员，主要研究领域为欧洲绿色经济、中欧经贸关系。本报告写作分工如下：引言、第一小节（欧洲宏观经济形势与政策）、第五小节（欧盟数字化转型进展及评析）以及结语与展望部分由孙彦红撰写，第二小节（"下一代欧盟"复苏基金落实进展）由杨成玉撰写，第三小节（欧洲货币金融体系新发展）由胡琨撰写，第四小节（欧盟绿色转型进展及评析）由孙雅雯撰写，全文由孙彦红统稿。

关键词： 经济增长　通货膨胀率　"下一代欧盟"复苏基金　金融监管　欧洲转型

引　言

2021 年，新冠疫情仍在全球蔓延。虽然欧洲是疫情的重灾区，但是其本土疫情整体上较 2020 年有所缓解，加之新冠疫苗接种全面推进、全球供应链逐步恢复以及"下一代欧盟"复苏基金开始落实等积极因素的推动，欧洲经济实现了较强劲的复苏。与此同时，通货膨胀率持续走高成为欧洲经济遇到的一个新问题，而未来如何遵守财政纪律将成为长期挑战。此外，2021 年欧洲货币金融体系的新发展以及欧盟在推进绿色和数字化"双转型"方面的新举措也颇为值得关注。本报告拟对 2021 年欧洲经济形势及经济领域的重要进展做一盘点，包括宏观经济形势、宏观经济政策、"下一代欧盟"复苏基金落实情况、货币金融体系新发展、欧盟推进"双转型"的重要进展等，最后对 2022 年欧洲经济前景做一展望。

需要说明的是，从经济角度看，欧洲涵盖的范围以欧盟为主但不止于欧盟，为了在有限的篇幅内突出重点，本报告的关注对象为欧盟以及经济规模和（或）国际经济影响力较大的英国与瑞士，其他国家暂不做分析。

一　欧洲宏观经济形势与政策

（一）欧洲宏观经济形势

2020 年，欧洲遭受新冠疫情重创，陷入严重的经济衰退。根据欧盟统计局（Eurostat）公布的数据，2020 年，欧盟 27 国经济衰退了 5.9%，欧元区 19 国衰退了 6.4%，欧元区大国中德国、法国、意大利、西班牙的经济衰退幅度分别为 4.6%、7.9%、8.9% 和 11.0%（见图 1）。就欧盟内部而言，由于疫情的严重程度、防疫措施的严格程度、产业结构的特征以及自身的经济活力不同，各成员国的经济表现也存在差异。然而，除了爱尔兰得益于IT业和出口的快速复苏实现了正增长之外，欧盟其他26个成员国均陷入经济衰退，衰退幅度为0.1%（立陶宛）至11.0%（西班牙）不等。欧盟之外的欧洲国家的经济也陷入衰退。英国是疫情最为严重的欧洲国家之一，同时其经济高度依赖金融业等服务业，因此受生产活动停滞及防疫措施影响较大，2020年，其经济衰退幅度高达9.9%，与欧盟成员国相比仅略低于西班牙，高于疫情更严重的意大利和希腊。瑞士的疫情影响程度相对较轻，而制造业发达使其出口恢复较快，经济衰退幅度相对较小，为2.4%。

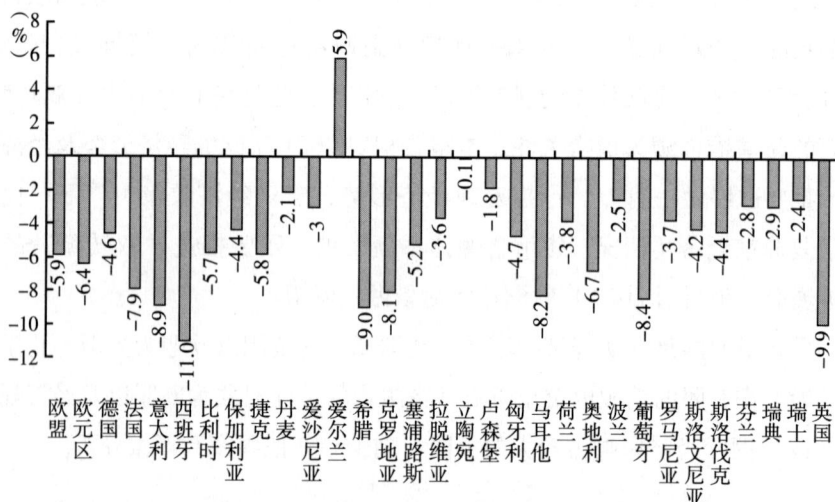

图1　2020年欧元区、欧盟及其成员国与英国、瑞士经济增长率

注：图中欧盟指欧盟27国，欧元区指欧元区19国。
资料来源：笔者根据Eurostat数据制作。

图2给出了2008年第一季度至2021年第四季度欧盟、欧元区和美国经济的季度同比增长率趋势。不难发现，无论是欧盟、欧元区还是美国，在新冠疫情冲击下的经济衰退都比2008年国际金融危机爆发后更为严重。一个值得注意的现象是，无论是国际金融危机爆发后，还是此次新冠疫情冲击下，与美国相比，欧盟与欧元区的经济衰退程度都更深，复苏也相对滞后，经济波动的幅度更大。

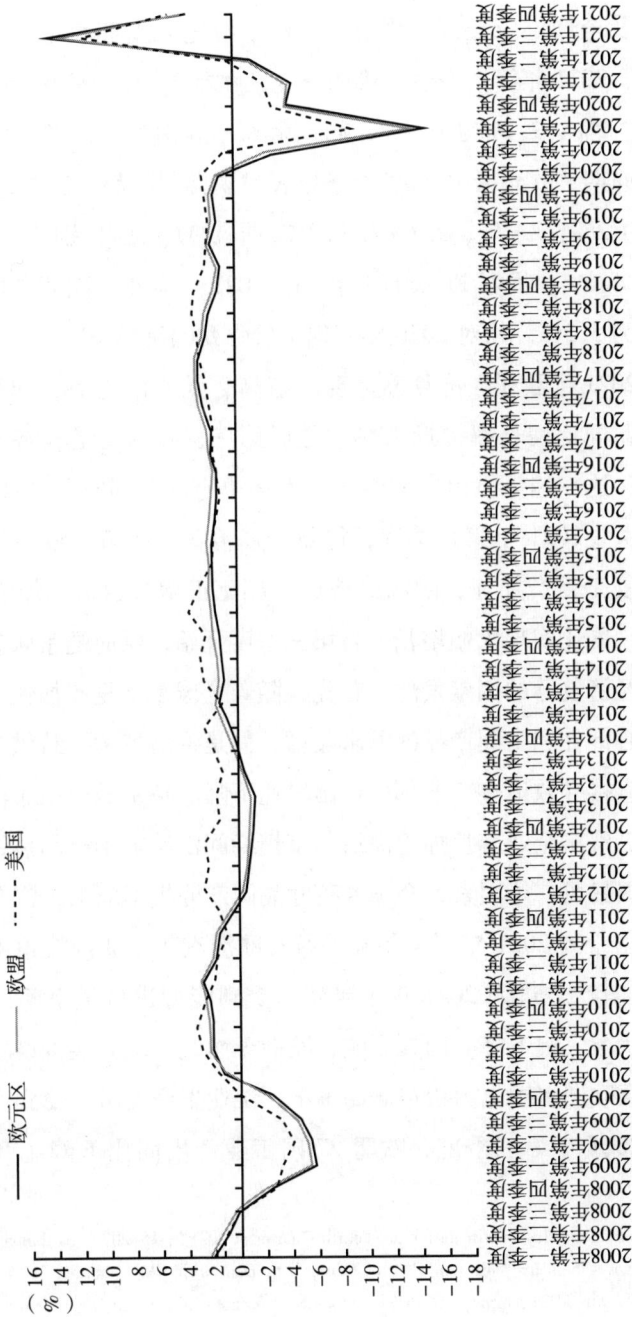

图 2 欧盟、欧元区与美国经济的季度同比增长率

注：数据经季节调整。

资料来源：Eurostat，"GDP and Employment Flash Estimates for the Third Quarter of 2021"，130/2021，16 November 2021。

进入 2021 年，随着欧洲本土疫情整体上有所缓解，特别是新冠疫苗接种加快推进，以及全球供应链逐步恢复，欧洲经济进入复苏轨道。Eurostat 公布的数据显示，2021 年第一季度至第四季度，欧盟 27 国 GDP 的环比增长率分别为 -0.1%、2%、2.1% 和 0.4%，同比增长率分别为 -1.2%、13.7%、3.9% 和 4.8%。同期，欧元区 19 国的经济增长呈现类似趋势，其 GDP 环比增长率分别为 -0.2%、2.2%、2.3% 和 0.3%，同比增长率分别为 -1.1%、14.4%、3.9% 和 4.6%。根据 Eurostat 的预估，2021 年全年，欧盟与欧元区的经济增长率均为 5.2%，相对 2020 年实现了较强劲的反弹。[1]

总体而言，2021 年欧洲经济复苏呈现 "前高后低" 的走势，即第二季度实现强劲反弹，同比增长率接近 15%，之后第三、四季度增长势头明显减弱。总体而言，这一趋势是由宏观经济基本面决定的，同时与 2020 年的基数效应密切相关。2021 年第二季度，得益于疫情普遍缓解、疫苗接种速度加快以及全球复工复产加速，欧洲经济进入环比正增长通道，加之 2020 年的低基数效应，同比实现大幅增长。自第三季度开始，供应链紧张和能源价格飙升等抑制经济复苏的因素发酵。首先，随着全球复工复产加快，各国对各类原料、核心部件和中间产品的需求猛增，但是疫情持续导致供应链紧张不断加剧，这直接导致诸多工业部门产出增速下降。特别是，由于汽车销量恢复超过预期、汽车企业芯片加单滞后、疫情期间消费电子产品热销，加之日本地震和美国暴风雪等因素，全球 8 英寸晶圆产能供不应求，汽车芯片短缺问题日益突出，到 2021 年下半年几乎所有欧洲汽车企业都被迫不同程度地减产停工。[2] 其次，进入 2021 年下半年，受到能源进口量下降以及风力发电量因天气状况大幅下降等因素影响，欧洲天然气、动力煤价格和碳价一路飙升，这导致欧洲多国电力价格居高不下，工业生产受阻。受到上述两个因素的拖累，2021 年第三季度，欧盟 27 国工业产出同比下降了 0.2%，

---

① Eurostat, "Preliminary Flash Estimate for the Fourth Quarter of 2021", 15/2022, 31 January 2022.
② "Jaguar Land Rover Sets up 'Mission Control Center' to Deal with Chip Shortage", *Automotive News Europe*, 27 July 2021, https://europe.autonews.com/automakers/jaguar-land-rover-sets-mission-control-center-deal-chip-shortage，最后访问日期：2021 年 12 月 31 日。

得益于住宿业、餐饮业、旅游业等此前受疫情冲击最严重的传统服务业复苏较快，整个季度，欧盟 27 国经济仍实现了同比正增长。2021 年第四季度，受到新一波新冠疫情的冲击，欧洲经济环比增长率已接近于 0，但是由于 2020 年第四季度基数较低，仍实现了超过 4% 的同比增长。实际上，2021 年，美国和中国等全球其他主要经济体的增速也呈现前高后低的趋势，这表明供应链紧张等因素的影响具有普遍性。

应该看到的是，虽然 2021 年下半年欧洲经济复苏势头有所减弱，但是根据 Eurostat 的数据，2021 年第三季度，欧盟及其主要国家的 GDP 已接近疫情暴发前 2019 年第四季度的水平，总体而言，欧洲经济已大体上挽回了 2020 年衰退造成的损失。具体到主要国家，法国、意大利、英国均实现了较强劲的经济复苏。根据各成员国的官方数据，2021 年，法国、意大利与英国的经济增长率分别为 7%、6.5% 和 7.5%。德国出口高度依赖汽车及其零部件而受全球供应链瓶颈影响较大，加之 2020 年经济衰退程度较低（4.6%）的基数效应，其 2021 年经济增长率偏低，为 2.7%。西班牙经济高度依赖旅游业，小企业占绝对主导地位，工业结构比较单一，这造成该国经济复苏相对乏力，2021 年，经济增长率为 5%。据欧盟委员会预测，2022 年底或 2023 年初，西班牙 GDP 才可能恢复至疫情前水平。①

2021 年，通胀率大幅攀升成为欧洲经济遇到的新问题。在新冠疫情暴发前的近十年里，欧盟和欧元区的通胀率〔以消费者价格调和指数（HICP）衡量〕长期保持在欧洲中央银行（ECB，以下简称欧洲央行）确定的 2% 的目标上限之内。2020 年新冠疫情期间，欧元区的通胀率甚至连续数月为负值。进入 2021 年，随着全球经济复苏，欧盟和欧元区的通胀率开始走高，在年中时突破 2%，之后继续迅速攀升。至 2021 年 12 月，欧盟和欧元区通胀率分别飙升至 5.3% 和 5%（见图 3）。

---

① "Spain Economy Grows by 5% in 2021", *The Jordan Times*, 30 January 2022, https://www.jordantimes.com/news/business/spain-economy-grows-5-2021, 最后访问日期：2022 年 2 月 9 日。

　　归结起来，2021年欧洲通胀率大幅走高主要受到三个方面因素的推动。第一，能源价格飙升是主因。进入2021年下半年，全球经济复苏和秋冬季节来临导致欧洲各国对能源需求猛增，但是欧洲能源供给受到上年库存减少、产能恢复较慢、运输受阻等因素限制而未能跟上，特别是俄罗斯输欧天然气因"北溪-2号"迟迟未能运营使得供需之间存在较大缺口，此外，2021年全年欧洲风力较弱造成风能发电量大幅下降，供需不平衡使能源价格变化由2020年通胀率走低的主因转变为2021年通胀率飙升的主因。Eurostat的数据显示，2020年12月，欧元区通胀率为-0.3%，其中能源价格变化造成的通胀率为-0.68%；相比之下，2021年12月，欧元区通胀率升至5%，其中能源价格变化造成的通胀率为2.46%。第二，与能源供给短缺相关，全球经济复苏以及供应链瓶颈导致大宗原料与中间品的价格持续攀升，并体现在最终产品与服务的价格上。例如，欧元区非能源工业品的通胀率由2020年12月的-0.5%升至2021年12月的2.9%，同期，服务业的通胀率由0.7%升至2.4%。第三，从统计角度看，2020年的低基数效应也是2021年通胀率攀升的一个重要原因。

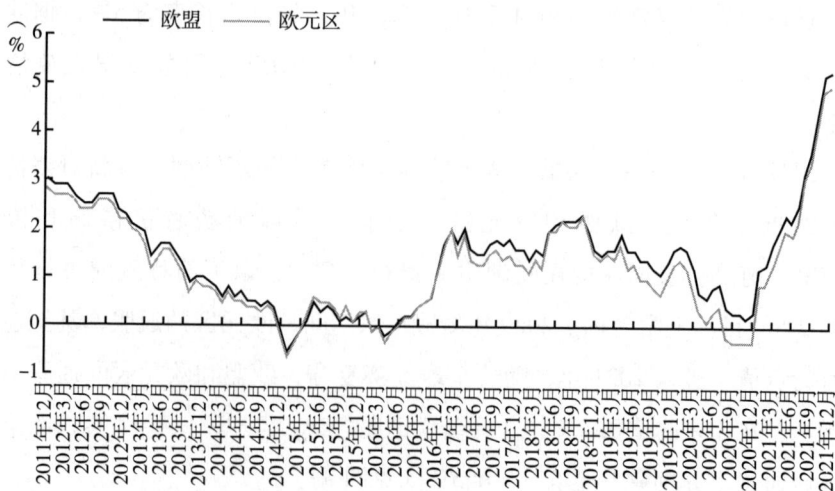

图3　欧盟与欧元区月度同比通胀率（2011~2021年）

资料来源：笔者根据Eurostat数据制作。

具体到国家层面，由于上述三个因素的影响程度不同，各国通胀率水平也存在差异。2021 年 12 月，欧盟成员国通胀率由 2.6%（马耳他）到 12.0%（爱沙尼亚）不等。此外，2021 年英国通胀率也持续攀升，至 12 月已高达 5.3%，为自 1992 年英国央行设定通胀率目标以来的最高值。瑞士通胀率也有所提高，但是由于瑞士法郎作为危机中避险货币持续升值抑制了进口价格，该国整体通胀率相对较低，由 2021 年 1 月的 -1% 升至 12 月 1.3%（见图 4）。总体而言，虽然欧洲央行认为欧盟和欧元区的通胀率上升是暂时性的，有望在中期回归到 2% 的目标之下，但是不可否认，高通胀率必然会在一定程度上拖累经济复苏。

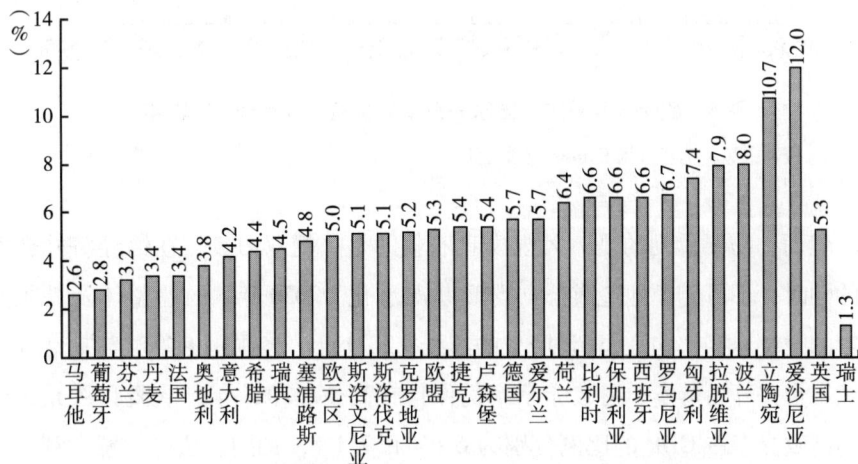

图 4　2021 年 12 月欧盟、欧元区及欧洲主要国家通胀率

资料来源：笔者根据 Eurostat 数据制作。

再看一下失业率。为尽量减弱疫情造成的社会冲击，避免大规模社会动荡，欧盟及其主要国家出台诸多社会救助政策，以直接限制解雇、补贴企业和雇员等方式保护就业。在此背景下，虽然 2020 年欧盟国家的失业率有所提高，但是并未大幅飙升，进入 2021 年后开始小幅下降。在欧盟大国中，德国失业率仅由 3% 升至 4%，整个欧元区和法国、意大利的失业率也远低于欧债危机期间的高位（见图 5）。这表明，欧盟在弱化新冠疫情造成的社会冲击方面比应对欧债危机时更有成效。英国失业率变化趋势与欧盟类似，从 2020 年的 4.5% 升至 2021 年的 5.6%。

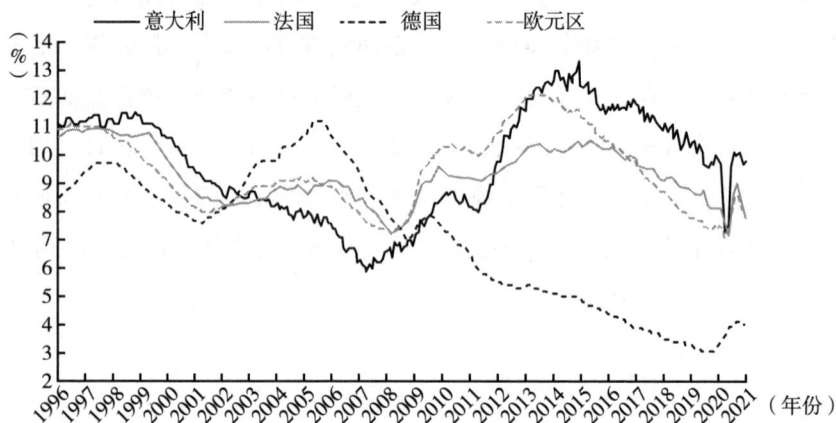

图 5　欧元区及其主要国家失业率变化趋势（1996~2021 年）

资料来源：笔者根据 Eurostat 数据制作。

　　然而，需要看到的是，大规模政府救助是一把双刃剑，在给经济社会兜底的同时，不可避免地造成公共财政状况恶化。2020 年，欧盟整体及其主要国家的财政赤字率均大幅超过 3% 的红线，2021 年，各国国家复苏与韧性计划陆续出台并开始落实，财政赤字率仍保持在高位。2021 年，欧盟和欧元区整体的财政赤字占 GDP 的比例分别为 6.6% 和 7.1%，德国、法国、意大利、西班牙分别为 6.5%、8.1%、9.4% 和 8.1%，英国高达 13%。相应的，各国公债规模也大幅飙升。欧盟整体的公债占 GDP 的比例由 2019 年的 77.2% 升至 2020 年的 91.8% 和 2021 年的 92.1%。作为公共财政"优等生"的德国，其公债比重也打破了 60% 的红线，由 2019 年的 58.9% 升至 2020 年的 68.7% 和 2021 年的 71.4%。法国、意大利、西班牙、英国的公债比重也大幅飙升，其中法国与意大利的公债比重在 2021 年有所回落，但是幅度很小（见图 6）。考虑到疫情何时终结尚未可知，各国经济复苏前景并不乐观，宽松财政政策仍将持续较长一段时间，预计欧洲主要国家的公共财政状况短期内难以改善。换言之，在新冠疫情后如何遵守财政纪律将是欧盟以及欧洲主要国家需要应对的长期挑战。

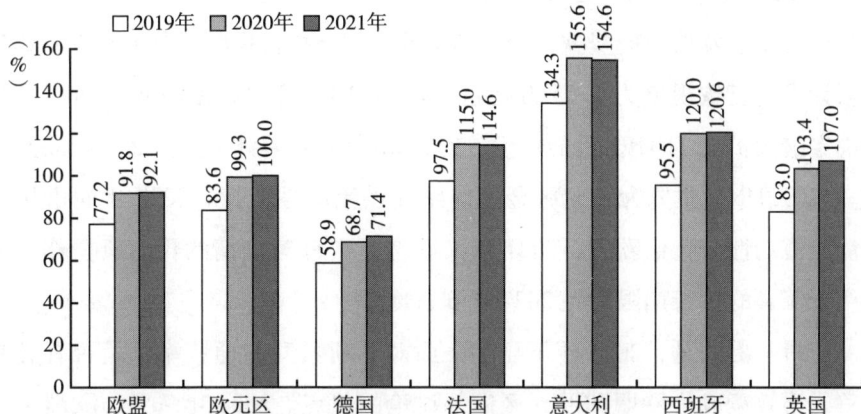

图 6 欧盟、欧元区及欧洲主要国家公债占 GDP 比例的变化（2019~2021 年）

注：2021 年数据为欧盟委员会 2021 年 12 月预测值。

资料来源：笔者根据 Eurostat 数据制作。

（二）欧洲宏观经济政策

2021 年新冠疫情仍在持续，促进经济复苏是欧盟及欧洲主要国家的首要任务，宽松货币政策与财政政策仍是其宏观经济政策的主基调，两者密切配合共同为欧洲经济复苏提供了有力支持。

宽松货币政策主要体现在三个方面。首先，在利率政策方面，由于欧元区基准利率在新冠疫情暴发前已为负值，与美国和英国央行在疫情期间下调基准利率的做法不同，欧洲央行并未调整基准利率。2021 年 4 月 22 日，欧洲央行发表声明称将维持三大关键利率不变，即存款便利利率为-0.5%、再融资利率为 0 和边际贷款利率为 0.25%不变。其次，在资产购买方面，欧洲央行决定继续实施紧急抗疫购债计划（PEPP）至 2022 年 3 月。该计划始于 2020 年，购债类别包括私人和公共部门债券，初始规模为 7500 亿欧元，2020 年 12 月规模扩大至 1.85 万亿欧元，同时规定该计划回收的本金再投资延长至 2023 年底。最后，在信贷宽松工具方面，欧洲央行的政策工具主要包括长期再融资操作第三期（TLTRO Ⅲ）和疫情应对紧急长期再融资操作（PELTROs）。TLTRO Ⅲ支持欧元区商业银行向家庭（不含房贷）和私人非金融企业发放定向贷款，贷款利率低于欧洲央行再融资基准利率，2020年累计发放贷款规模为1.65万亿欧元。2020年12月，欧洲央行执行委员会决定继续扩大TLTRO Ⅲ的规模，到2021年6月累计发放2.2万亿欧元贷款。[①] PELTROs主要为欧元区金融体系提供流动性支持，2020年向市场合计注入流动性267亿欧元，2021年又新增4次针对疫情的再融资操作。上述两个工具的执行期限均到2022年6月底。

值得一提的是，2021年下半年，面对不断攀升的通胀率，是否有必要调整货币政策成为欧盟和欧元区内部讨论的热点。2021年7月，欧洲央行在新一轮政策审查中将中期通胀目标从"低于但接近2%"修改为"2%的对称目标"，并允许必要时通胀率适度高于2%，这一表述变化表达了欧洲央行对通胀率将走高的预期和耐心。2021年11月19日，欧洲央行行长拉加德强调，面对高通胀率，欧洲央行的货币政策必须保持耐心和持久性，并对任何可能出现的不确定情况保持警惕。[②] 总体而言，至2021年底，欧洲央行对通胀率走高的政策反应始终比较温和。值得注意的是，欧洲央行执行委员会在2021年12月的货币政策会议后表示，"经济复苏和中期通胀预期允许在未来几个季度逐步放缓资产购买步伐"，同时表示"仍需要货币宽松以便使通胀率在中期内稳定在2%"，这意味着2022年欧洲央行货币政策或将迎来温和调整。[③] 实际上，在高通胀压力下，英国央行已率先于2021年12月宣布将基准利率从0.1%的历史低位上调至0.25%，同时国际市场对2022年美联储将多次加息的预期也越来越强烈。

在财政政策领域，依照"下一代欧盟"复苏计划的要求，欧盟各成员国纷纷出台以投资和改革为主的国家复苏与韧性计划，其中的投资计划由欧

① ECB, *Monetary Policy Decision*, press release, 10 December 2020.

② Christine Lagarde, "Commitment and Persistence: Monetary Policy in the Economic Recovery", Keynote Speech at the 31st Frankfurt European Banking Congress 2021 "From Recovery to Strength", Frankfurt am Main, 19 November 2021.

③ ECB, *Monetary Policy Decision*, press release, 16 December 2021.

盟资金和成员国公共财政共同提供支持。如前文所述，2021 年，欧盟和欧洲主要国家的财政赤字与 2020 年的水平大体相当。鉴于疫情前景尚不明朗，而各国的复苏与韧性计划须按时推进，预计各国最早要到 2022 年之后才可能开始削减政府支出，宽松财政政策仍将持续一段时间。

二 "下一代欧盟"复苏基金落实进展

新冠疫情对欧盟经济造成严重冲击。为帮助各成员国尽快走出疫情阴霾，强化对疫后复苏的协调引导并完成既定经济转型目标，欧盟委员会于 2020 年 5 月提出复苏基金倡议，同年 7 月，在欧盟特别峰会上，27 国领导人就设立 7500 亿欧元 "下一代欧盟" 复苏基金（Next Generation EU，简称 "复苏基金"）达成共识，并于 11 月由欧洲议会和欧盟理事会批准通过。在复苏基金项下，欧盟首次以借款主体身份，发行主权债券在金融市场公开筹集资金，以帮助成员国实施符合欧盟优先事项的改革和投资。复苏基金是欧盟以疫后复苏为契机，推进绿色转型和数字化转型、产业战略、共同债务、欧元国际化的 "突破性" 举措，亦是欧洲一体化发展进程中的重要里程碑。2021 年，复苏基金的资金筹集与使用均已进入落实阶段，密切关注其进展有助于把握疫后欧盟经济复苏的总体趋势。

（一）复苏基金的资金筹集情况

为解决复苏基金 "融资信用从哪里来" 的问题，欧盟将从各成员国征收的 "自有资源" 占成员国国民总收入比例的上限提高 0.6 个百分点并以此为担保，计划至 2026 年底前以发行主权债券等金融产品的方式向金融市场筹集 7500 亿欧元资金。[①] 为顺利进行复苏基金的资金筹集，2021 年 4 月，欧盟发起 "复苏基金多元化筹资战略"，设计不同品种、不同基准期限的中

---

① 欧盟确定的 7500 亿欧元是以 2018 年欧元价格确定的。一些文献中以欧元现价水平计算，因而在规模上有差异。为规范表述，本小节统一采用以 2018 年欧元价格计价的方式。

长期欧盟债券（EU-Bond）和短期欧盟票据（EU-Bill）等多种筹资工具。①在"复苏基金多元化筹资战略"项下，欧盟将定期公布"年度借款决议"（Annual borrowing decision）和"半年筹资计划"（Semi-annual funding plans），②以提高财务管理和市场透明度。筹资主要以标售拍卖和银团交易相结合的方式在一级交易商网络进行，标售拍卖使用法兰西银行的专用计算机系统TELSAT（债券标售投标电子传输系统），银团由43家金融机构组成，它们来自欧盟、英国、挪威、瑞士、亚洲、美洲等国家或地区。③

从2021年6月1日起，复苏基金正式进入资金筹集阶段。依据第一个"半年筹资计划"（2021年6~12月），④半年间，欧盟共计发行800亿欧元的长期债券和短期票据，并在欧洲金融稳定机制（EFSM）和宏观金融援助项目（MFA）项下分别筹资50亿欧元和18亿欧元。按照2021年12月欧盟委员会披露的第二个"半年筹资计划"（2022年1~6月），欧盟计划在2022年上半年发行约500亿欧元的长期债券和短期票据，并通过其他金融项目筹资约55亿欧元。⑤

欧盟发行的长期债券涵盖了相当规模的环境、社会和公司治理标签债券（ESG labelled bonds），其中带有环境标签的"绿色债券"（Green Bond）和

---

① European Commission，"NextGenerationEU Diversified Funding Strategy in a Nutshell"，https：//ec. europa. eu/info/strategy/eu - budget/eu - borrower - investor - relations/nextgenerationeu - diversified-funding-strategy_ en，最后访问日期：2022年1月10日。
② "年度借款决议"主要为年度筹资额度设置上限，规定主权债券的最大发行量、平均期限、每次发行的额度上限等内容；"半年筹资计划"主要对未来6个月的筹资进行安排，包括对融资产品发行额度与日期、银团交易的额度与日期等内容的披露，该计划定期向市场通报相关情况，以确保筹资的可预期性。
③ European Commission，"EU Investor Presentation Investing in EU-Bonds & EU-Bills"，Brussels，1 February 2022，https：//ec. europa. eu/info/sites/default/files/about_ the_ european_ commission/eu_ budget/ip_ update_ 24012022_ final. pdf，最后访问日期：2022年2月2日。
④ European Commission，"NextGenerationEU—Funding Plan June-December 2021"，4 June 2021，https：//ec. europa. eu/info/sites/default/files/about_ the_ european_ commission/eu_ budget/factsheet_ funding_ plan_ v5. pdf，最后访问日期：2022年1月18日。
⑤ European Commission，"NextGenerationEU—Funding Plan January-June 2022"，14 December 2021，https：//ec. europa. eu/info/sites/default/files/about_ the_ european_ commission/eu_ budget/factsheet_ funding_ plan_ jan-jun-2022. pdf，最后访问日期：2022年1月18日。

带有社会标签的"紧急状态下减轻失业风险援助计划债券"（EU SURE Bond）① 规模最大，预期最终发行规模将分别达 2500 亿欧元和 1000 亿欧元。2021 年 10 月 12 日，欧盟成功发行了首只 15 年期 120 亿欧元的绿色债券，市场认购规模超过 1350 亿欧元，超额认购达 10 倍以上，表明国际资本市场对欧盟绿色债券的强烈偏好和积极认购意愿。根据安排，接下来，欧盟计划每月发行数额不等的绿色债券，预计年均发行规模为 350 亿~450 亿欧元，直至 2026 年底实现 2500 亿欧元的预期发行规模（占复苏基金规模的30%），进而顺利完成复苏基金的筹资计划。

（二）复苏基金的使用情况

在复苏基金的资金分配方案中，复苏和韧性工具（RRF）是核心内容，该工具由欧盟向成员国复苏阶段的改革与投资提供资金支持，包括 3600 亿欧元贷款和 3125 亿欧元赠款，约占复苏基金规模的 90%（见表1）。RRF 旨在减轻疫情对欧洲造成的社会经济影响，促使欧洲经济更具弹性和韧性，并引导经济向绿色和数字化转型。欧盟以帮助成员国实施符合欧盟优先事项的改革和投资、在"欧洲学期"经济和社会政策框架下向成员国提出改革建议为原则，在 RRF 项下设立绿色转型、数字化转型、可持续增长、社会与领土协调、健康经济社会与治理韧性、下一代政策等六个支柱目标。

表1 "下一代欧盟"复苏基金的资金分配方案

中文名称	英文名称	规模(亿欧元)	内容
复苏和韧性工具	Recovery and Resilience Facility（RRF）	6725	用于成员国经济复苏及救助措施的资金
贷款	loan	3600	
赠款	grant	3125	

---

① SURE 为 Support to mitigate Unemployment Risks in an Emergency 的缩写，以背对背贷款（back-to-back loans）方式用于支持成员国保护就业和雇员收入。参见 European Commission，"European Commission to Issue EU SURE Bonds of Up to €100 Billion as Social Bonds"，Brussels，7 October 2020。

中文名称	英文名称	规模(亿欧元)	内容
"欧盟反应"计划	ReactEU	475	支持受新冠疫情打击最严重的国家
地平线欧洲	Horizon Europe	50	科研项目资助预算
"投资欧盟"计划	InvestEU	56	促进新一代创新型企业和中小企业的发展,打造未来的"独角兽"企业
农村发展计划	Rural Development	75	向欧盟农村农业发展基金(EAFRD)追加资金
正义过渡基金	Just Transition Fund (JTF)	100	致力于帮助成员国实现绿色经济转型
"拯救欧盟"计划	RescEU	19	建设医疗设备储备库,帮助成员国应对危机
总　　计		7500	

资料来源:European Council, *Special Meeting of the European Council* (*17, 18, 19, 20 and 21 July 2020*) *-Conclusions*, Brussels, 21 July 2020。

　　RRF 于 2021 年 2 月 19 日正式实施,开始为成员国的改革和投资提供资金,预期到 2026 年底完成全部拨款。为得到拨款,成员国必须向欧盟委员会提供本国的国家复苏与韧性计划(以下简称"国家计划"),各成员国国家计划必须包含 2026 年底前要实施的详细的改革和投资计划,并且必须符合至少将 37%的资金用于绿色转型和 20%的资金用于数字化转型的要求。欧盟在总秘书处成立复苏与韧性工作组(RECOVER),审定各成员国国家计划的内容,确定拨款金额并负责 RRF 的具体协调与实施。值得注意的是,拨款并非一蹴而就,而是按照绩效考核的方式分批进行。欧盟建立记分牌(Scoreboard)制度,定期评估 RRF 与成员国国家计划的进展情况,并视国家计划中"里程碑目标"的完成情况分批拨款,所有国家计划中的投资和改革措施都必须在 2026 年底以前完成。① 复苏基金拨款流程见图 7。

---

① European Commission, "Recovery and Resilience Scoreboard", https://ec.europa.eu/economy_finance/recovery-and-resilience-scoreboard/index.html? lang=en,最后访问日期:2022 年 2 月 4 日。

```
┌─────────────────────────────────────────┐
│              成员国                      │
│     成员国提交包含详细目标的国家计划       │
└─────────────────────────────────────────┘
                    │
                    ▼
┌─────────────────────────────────────────┐
│             欧盟委员会                    │
│        欧盟委员会审定国家计划             │
└─────────────────────────────────────────┘
                    │
                    ▼
┌─────────────────────────────────────────┐
│             欧盟理事会                    │
│        欧盟理事会批准国家计划             │
└─────────────────────────────────────────┘
                    │
                    ▼
┌─────────────────────────────────────────┐
│             欧盟委员会                    │
│  欧盟委员会拨付13%的预付款，支持国家计划的先期执行 │
└─────────────────────────────────────────┘
```

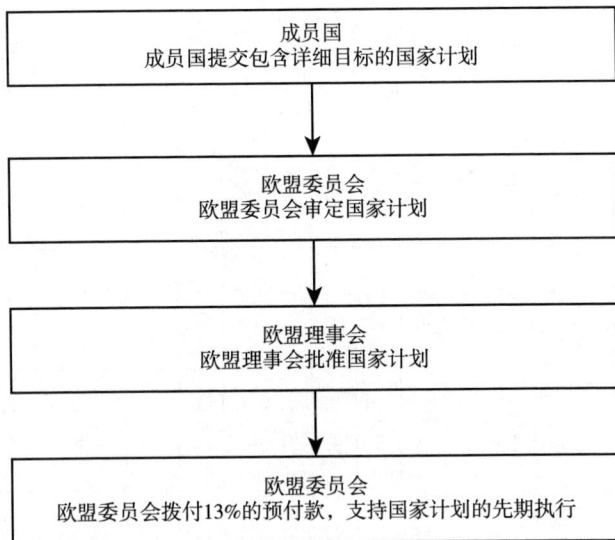

图 7　复苏基金拨款流程

资料来源：笔者根据欧盟官方网站信息自制。

截至 2021 年底，荷兰未向欧盟委员会提交国家计划，保加利亚、匈牙利、波兰、瑞典等国的国家计划尚未得到欧盟委员会通过，其他 22 个成员国的国家计划均被审定通过，除罗马尼亚之外的 21 个国家计划均得到欧盟理事会批准（见表 2）。欧盟已将批准拨付规模的 13% 作为预付款拨付给各国，用于支持国家计划的启动。根据欧盟委员会测算，在其已经批准的 22 个国家计划中，平均用于绿色转型的支出比例为 40%，用于数字化转型的支出比例超过了 26%，远高于 37% 和 20% 的目标要求。

（三）复苏基金落实情况评估与展望

整体而言，复苏基金的资金筹集和使用均按照原计划稳步开展。作为一项在后疫情时代推动欧盟经济复苏的创新举措，复苏基金在实现诸多制度性突破的同时，也在引导欧盟经济的绿色和数字化转型。

表2 欧盟成员国国家计划审批情况

成员国	提交日期	欧盟委员会通过日期	欧盟理事会通过日期	拨付规模	国家计划			
					投资数量	改革数量	绿色转型比例	数字化转型比例
奥地利	2021年4月30日	2021年6月21日	2021年7月13日	34.6亿欧元赠款	32项	27项	59%	53%
比利时	2021年4月30日	2021年6月23日	2021年7月13日	59亿欧元赠款	105项	35项	50%	27%
克罗地亚	2021年5月14日	2021年7月8日	2021年7月28日	63亿欧元赠款	146项	76项	40.3%	20.4%
塞浦路斯	2021年5月17日	2021年7月8日	2021年7月28日	10.06亿欧元赠款	75项	58项	41%	23%
捷克	2021年6月1日	2021年7月19日	2021年9月8日	70亿欧元赠款	91项	33项	42%	22%
丹麦	2021年4月30日	2021年6月17日	2021年7月13日	15亿欧元赠款	33项	6项	59%	25%
爱沙尼亚	2021年6月18日	2021年10月5日	2021年10月29日	9.693亿欧元赠款	25项	16项	41.5%	21.5%
芬兰	2021年5月27日	2021年10月4日	2021年10月29日	21亿欧元赠款	38项	18项	50%	27%
法国	2021年4月28日	2021年6月23日	2021年7月13日	394亿欧元赠款	71项	20项	46%	21%
德国	2021年4月28日	2021年6月22日	2021年7月13日	256亿欧元赠款	共40项		42%	52%
希腊	2021年4月27日	2021年6月17日	2021年7月13日	177.7亿欧元赠款、127.3亿欧元贷款	106项	68项	37.5%	23.3%
爱尔兰	2021年5月28日	2021年7月16日	2021年9月8日	9.89亿欧元赠款	16项	9项	42%	32%
意大利	2021年4月30日	2021年6月22日	2021年7月13日	689亿欧元赠款、1226亿欧元贷款	132项	58项	37.5%	25.1%

续表

成员国	提交日期	欧盟委员会通过日期	欧盟理事会通过日期	拨付规模	国家计划				
					投资数量	改革数量	绿色转型比例	数字化转型比例	
拉脱维亚	2021年4月30日	2021年6月22日	2021年7月13日	18亿欧元赠款	60项	25项	38%	21%
立陶宛	2021年5月14日	2021年7月2日	2021年7月20日	22.2亿欧元赠款	共30项		37.8%	31.5%
卢森堡	2021年4月30日	2021年6月18日	2021年7月13日	0.93亿欧元赠款	12项	8项	61%	32%
马耳他	2021年7月13日	2021年9月16日	2021年10月5日	3.164亿欧元赠款	17项	30项	53.8%	25.5%
葡萄牙	2021年4月22日	2021年6月16日	2021年7月13日	139亿欧元赠款、27亿欧元贷款	83项	32项	38%	22%
罗马尼亚	2021年5月31日	2021年9月27日	未通过	142亿欧元赠款、149亿欧元贷款	不详		41%	21%
斯洛伐克	2021年4月29日	2021年6月21日	2021年7月13日	63亿欧元赠款	共196项		43%	21%
斯洛文尼亚	2021年4月30日	2021年7月1日	2021年7月28日	18亿欧元赠款、7亿欧元贷款	55项	33项	42%	21%
西班牙	2021年4月30日	2021年6月16日	2021年7月13日	695亿欧元赠款	112项	102项	40%	28%

资料来源：笔者根据欧盟委员会官网信息汇总制作，https：//ec.europa.eu/info/business-economy-euro/recovery/recovery-coronavirus/recovery-and-resilience-facility_en#national-recovery-and-resilience-plans，最后访问日期：2022年2月3日。

从复苏基金的资金筹集情况看，得益于"复苏基金多元化筹资战略"，欧盟所发行的长期债券和短期票据均按既定计划在金融市场顺利发行，在为复苏基金顺利筹资的同时，也在其他方面取得了不小的突破。一方面，欧盟发行的主权绿色债券"绿色溢价"高，信用评级优，吸引了国际金融机构广泛参与。① 借助此次大规模主权绿色债券的发行，欧盟在全球绿色金融领域的引领地位进一步强化。另一方面，欧盟通过发行 7500 亿欧元的共同债券成功推出持续的全球性欧元资产，迈出了突破欧元国际化"瓶颈"的关键一步，对降低美元资产国际市场权重、打破美元霸权具有重要意义。

从复苏基金的使用情况看，其落实对欧盟具有多重意义。首先，为成员国的国家计划顺利实施提供支持。观察目前成员国国家计划的提交、审批进展以及欧盟对复苏和韧性工具的拨付使用情况不难发现，除少数成员国的国家计划未提交或未获批之外，已有 21 个成员国的国家计划获得欧盟委员会和欧盟理事会批准，它们已先期得到批准拨付金额 13% 的预付款，这对于疫情中财政状况堪忧的成员国可谓"雪中送炭"，使其国家计划得以正式实施。其次，欧盟借此扩大了财权。欧盟以成员国国民收入为担保发行共同债券，并设定分配资金的条件，成员国则需按照欧盟要求制订国家计划，这无疑使欧盟的财政权力得以扩大，向"债务一体化"和"财政一体化"迈出了第一步。最后，助力欧盟经济的绿色和数字化转型。鉴于各成员国的国家计划用于绿色和数字化转型的支出比例均高于欧盟要求的 37% 和 20%，各国投资与改革措施均将绿色和数字化转型置于首位，并且按规定将于 2026 年底前落实，这必将释放出强大的转型动力。

作为"新事物"，复苏基金既是欧盟在经济衰退下的一大"创举"，也将对欧盟经济前景产生深远影响。2021 年是复苏基金开始实施的第一年，

① A. Lehmann, "The EU Green Bond Standard: Sensible Implementation Could Define a New Asset Class", Bruegel, 13 July 2021, https://www.bruegel.org/2021/07/the-eu-green-bond-standard-sensible-implementation-could-define-a-new-asset-class/, 最后访问日期：2022 年 1 月 20 日。

虽然整体进展顺利，但是当前欧洲经济的下行风险和复苏前景仍不容乐观。复苏基金的后续筹资、使用及成效还需持续观察。

三 欧洲货币金融体系新发展

国际金融危机冲击下欧洲金融体系的动荡表明，欧盟银行主导的金融体系并不完美。因此，欧盟一方面借助各类金融监管改革确保金融体系稳定，另一方面启动资本市场联盟建设，推动境内资本市场发展。资本市场联盟的建设，开启了欧盟金融体系从银行主导向银行与市场并重的深刻结构转型，在英国脱欧的背景下，也将逐渐减少欧盟金融体系对英国的依赖。而对于英国来说，脱欧虽然对英欧金融联系带来深远的负面影响，但摆脱欧盟各类规则束缚的英国金融体系，也因此获得更大的空间来提升竞争力，稳定其全球金融中心地位。本小节将对 2021 年欧盟完善金融体系的新进展以及英国脱欧后金融体系的新动向做一梳理分析。

（一）欧盟促进资本市场发展的新举措

为推动资本市场发展，欧盟拟从促进企业融资、增强投资者信心以及破除国界壁垒等方面入手，促进欧盟企业与投资者建立联系，从而在改善企业获得资金渠道的同时，增加散户投资者的投资机会。[①]

加强投资者投资的安全与便利，是推动资本市场发展的重要推手。为了提高个人的金融知识水平，欧盟委员会在 2021 年 4 月公布进行欧盟金融能力框架（financial competence frameworks）的可行性评估，旨在为与经合组织合作创建欧盟范围的金融能力框架奠定基础。建立金融能力框架的目的是

---

① European Commission, "A Capital Markets Union for People and Businesses—New Action Plan", COM（2020）590 final, Brussels, 24 September 2021.

致力于提供一个欧盟层面的通用术语和框架，为制定金融扫盲政策和计划提供信息，确定培训领域的短板，并创建相应评估工具。① 同时，为培育散户对金融市场的信任、支持资本市场建立，其还于 2021 年 5 月 11 日至 8 月 3 日开展零售投资策略公共对话。另外，为降低跨境投资者的税务相关成本，防止税务欺诈，欧盟委员会计划通过立法引入一个通用的、标准化的、欧盟范围内的共同股息或利息支付预扣税制度，并于 2021 年 9 月 28 日发表对该提案的影响评估，有关该提案的公开对话也于同年 12 月启动。② 最后，欧盟委员会还于 2021 年 11 月 25 日递交建立欧洲单一接入点（ESAP）的提案，以期借助欧洲单一接入点向公众提供欧盟范围内与金融服务、资本市场和可持续金融相关的实体的活动与产品信息，从而降低跨境投资的交易成本，促进企业更为便利地融资。③

中小企业的融资问题是资本市场发展的重要关切。2020 年 10 月，欧盟成立中小企业技术专家利益相关者小组（TESG），该小组于 2021 年 5 月向欧盟委员会提交报告，就如何促进中小企业上市融资提出 12 条具体建议，以为下一步立法打下基础，从而确保欧洲公司在各个发展阶段都具有通过市场融资的渠道。④ 为帮助被融资机构拒绝资金申请的中小企业寻找其他资金提供者，欧盟委员会于 2021 年 3 月 12 日至 4 月 30 日发起与银行、融资平台、中小企业、相关协会、国家和欧盟机构以及监管机构等利益相关方的对话，以期分析出是否有可能设立一个转介计划（referral scheme），进而帮助

---

① European Commission, "Financial Literacy: Commission and OECD-INFE Publish Joint Framework to Improve Individuals' Financial Skills", press release, Brussels, 11 January 2022.

② 参见欧盟委员会网站，https://ec.europa.eu/info/business-economy-euro/growth-and-investment/capital-markets-union/capital-markets-union-2020-action-plan/action-10-alleviating-tax-associated-burden-cross-border-investment_ de，最后访问日期：2022 年 2 月 8 日。

③ European Commission, "Proposal for a Regulation of the European Parliament and of the Council—Establishing a European Single Access Point Providing Centralised Access to Publicly Available Information of Relevance to Financial Services, Capital Markets and Sustainability", COM (2021) 723 final, Brussels, 25 November 2021.

④ Technical Expert Stakeholder Group (TESG) on SMEs, "Empowering EU Capital Markets for SMEs-Making Listing Cool Again", Final Report of the Technical Expert Stakeholder Group (TESG) on SMEs, May 2021.

中小企业获得更广泛的融资选择。①

跨境结算服务的便利化有助于欧盟形成更加一体化的交易格局。2020 年 12 月 8 日至 2021 年 2 月 2 日，欧盟委员会就改善欧盟证券结算条例和中央证券存管机构条例（CSDR）的审查发起主要针对结算过程参与者的公开对话，以期获得针对 CSDR 的实施意见，更高效地实现 CSDR 的目标，即提高结算效率、确保欧盟中央证券存管机构的安全。② 2021 年 3 月，欧盟委员会发布了欧盟 CSDR 运作情况的初始评估结果；③ 同年 7 月发布了 CSDR 审查报告，报告结论是 CSDR 提高了欧盟结算效率和中央证券存管机构的健全性。④

欧盟各成员国实质性破产法（substantive insolvency law）中的诸多差异被认为是限制资本市场联盟良好运转的障碍。欧盟委员会于 2020 年 12 月 18 日至 2021 年 3 月 26 日就破产法的一系列问题与各类债权人（包括雇员）、债务人、破产行业从业人员、法官或其他所有可能受到破产程序影响的人开展公众对话，公众对话通过收集欧洲民众对一系列问题的看法和观点来促进这一进程，问题包括：濒临破产的公司董事的责任和义务、破产从业人员的地位和职责、索赔的排序、回避行动（avoidance actions）、识别和保全属于破产财产的资产、核心程序概念等。⑤

---

① 参见欧盟委员会网站，https：//ec. europa. eu/info/publications/finance － consultations － 2021 － eu-referral-scheme_ de，最后访问日期：2022 年 2 月 12 日。

② 参见欧盟委员会网站，https：//ec. europa. eu/info/consultations/finance － 2020 － csdr － review_ de，最后访问日期：2022 年 2 月 12 日。

③ 参见欧盟委员会网站，https：//ec. europa. eu/info/law/better － regulation/have － your － say/ initiatives/12649-Financial-markets-central-securities-depositories-review-of-EU-rules-_ en，最后访问日期：2022 年 2 月 12 日。

④ European Commission，"Report from the Commission to the European Parliament and the Council under Article 75 of Regulation（EU）No 909/2014 of the European Parliament and of the Council of 23 July 2014 on Improving Securities Settlement in the European Union and on Central Securities Depositories and Amending Directives 98/26/EC and 2014/65/EU and Regulation（EU）No 236/ 2012"，COM（2021）348 final，Brussels，1 July 2021.

⑤ 参见欧盟委员会网站，https：//ec. europa. eu/info/business － economy － euro/growth － and － investment/capital-markets-union/capital-markets-union-2020-action-plan/action-11-making-outcome-cross-border-investment-more-predictable-regards-insolvency-proceedings_ de，最后访问日期：2022 年 2 月 12 日。

针对银行和保险等行业的各类法规也在逐步完善中。就银行证券化可行性及其问题，欧盟委员会于 2021 年 7 月 23 日至 9 月 17 日发起与包括数据存储供应商、评级机构、行业协会和监管机构在内的市场参与者对话，以期更好地优化欧盟证券化政策框架。① 2021 年 9 月 22 日，欧盟委员会通过了《偿付能力 II 规则》（Solvency II rules）的全面审查程序，目标在于确保欧盟的保险人和再保险人能够持续投资，并以此支持欧盟的政治优先事项，特别是为新冠疫情后的经济复苏融资、完善资本市场联盟、引导资金实施《欧洲绿色协议》三项。这项审查还填补了现行规则的空白，使保险和再保险行业更具弹性，从而能够抵御未来危机，保护投保人。② 欧洲保险和职业养老金管理局（EIOPA）则在 2021 年 12 月分别发布推动养老金仪表板（pension dashboard）和养老金跟踪系统（pension tracking systems）发展的技术建议，以期更好地追踪和分析老龄化下欧盟人口未来退休收入的概况。具体而言，EIOPA 建议开发一个可视化养老金仪表板，尤其建议借用欧盟委员会《2021 年老龄化报告》中的指标对成员国养老金发展情况进行监控，以便于分析比较和理解。③ EIOPA 对养老金跟踪系统发展的技术建议则旨在通过促进数字接入（digital access），为公民了解未来退休后的个人财务状况提供便利。④

（二）欧盟加强金融体系监管的新进展

欧盟委员会在 2021 年 3 月 12 日至 5 月 21 日发起与包括国家监管机构、

---

① 参见欧盟委员会网站，https：//ec. europa. eu/info/consultations/finance－2021－eu－securitisation－framework_ de，最后访问日期：2022 年 2 月 12 日。

② 参见欧盟委员会网站，https：//ec. europa. eu/info/publications/210922－solvency－2－communication_ de，最后访问日期：2022 年 2 月 12 日。

③ 参见欧盟委员会网站，https：//ec. europa. eu/info/business － economy － euro/growth － and － investment/capital－markets － union/capital － markets － union － 2020 － action － plan/action － 9 － supporting-people-their-retirement_ de，最后访问日期：2022 年 2 月 12 日。

④ 参见欧洲保险和职业养老金管理局网站，https：//www. eiopa. europa. eu/document－library/advice/technical-advice-development-of-pension-tracking-systems_ en，最后访问日期：2022 年 2 月 12 日。

国家部委、金融机构和其他市场参与者、欧洲三大监管机构（European Supervisory Authorities，ESAs）、欧盟机构、非政府组织、智库、消费者、金融服务用户和学者在内的利益相关者的对话，以期在 2022 年第一季度之前发布一份报告，分析进一步协调欧盟规则的必要性，评估欧洲三大监管机构成立以来监管趋同的进展，制定完善资本市场的单一规则手册，并提出加强欧洲三大监管机构监管协调或直接监管的措施。[①]

要形成真正的单一市场，须对欧盟整体交易信息有更全面的把握。2020年 2 月，欧盟委员会对《欧盟金融工具市场指令 2》（MiFID II）和《金融工具市场条例》（MiFIR）监管框架审查发表初始影响评估。评估后设想的改善措施是创建一个综合磁带（Consolidated tape），以提供欧盟证券交易价格和交易量的合并数据，提高交易场所的整体价格透明度，并于同年春季发起了围绕此设想的公众对话。[②] 2021 年 11 月 25 日，欧盟委员会通过了修订MiFIR 的立法提案，其中就包括创建综合磁带的内容。同时，对于与欧洲资本市场联盟息息相关的欧洲长期投资基金（ELTIFs）条例、另类投资基金经理指令（AIFMD）等法律规定的审查也已完成。[③]

2021 年 10 月 27 日，欧盟委员会通过了资本要求条例（CRR）和资本要求指令（CRD IV）等欧盟银行业相关规则的审查，这些新规则将确保欧盟银行业在面对未来潜在的经济冲击时更具弹性，同时有助于欧洲从新冠疫情中复苏并逐渐向气候中性过渡。

此外，作为资本市场融资方的企业，其报告的质量和可靠性对于资本市场的发展而言至关重要，Wirecard 财务造假事件更是将这一问题的重要性进一步凸显。欧盟委员会于 2021 年 11 月 12 日启动了关于公司报告质量及其

---

① 参见欧盟委员会网站，https：//ec. europa. eu/info/consultations/finance－2021－esas－review_ de，最后访问日期：2022 年 2 月 12 日。

② 参见欧盟委员会网站，https：//ec. europa. eu/info/business － economy － euro/growth － and － investment/capital－markets－union/capital－markets－union－2020－action－plan/action－14－ consolidated%20tape_ de，最后访问日期：2022 年 2 月 12 日。

③ 参见欧盟委员会网站，https：//ec. europa. eu/info/publications/211125 － capital － markets － union－package_ de#eltifs，最后访问日期：2022 年 2 月 12 日。

落实的公众对话。公众对话主要就欧盟现行框架下保障高质量和可靠企业报告的三大支柱（企业治理、法定审计和监管）的整体影响向公众征求意见，并在此基础上寻求公众对三大支柱之间相互作用的看法，征询其中存在的问题以及相应的解决办法。①

（三）英国金融体系新动向

2020 年，英国金融服务业增加值为 1648 亿英镑，占经济总产出的比重为 8.6%，其中金融服务出口额为 620 亿英镑，进口额为 160 亿英镑。至 2021 年第一季度，英国有 110 万人就业于金融服务业，占该国总就业人数的 3.3%。伦敦和爱丁堡是英国最重要的金融中心，在 2021 年 9 月发布的第 30 期《全球金融中心指数》中，伦敦和爱丁堡分列全球金融中心第 2 位和第 22 位。②

英国与欧盟金融联系紧密。2020 年，35% 的英国金融服务出口的目的地为欧盟其他国家，而金融服务的进口也有 31% 来自欧盟其他国家。2020 年 12 月 31 日，英国脱欧过渡期结束，正式脱离欧盟单一市场和关税同盟，也因此自动丧失可在欧盟自由运营金融服务业务的"金融通行证"。2020 年 12 月 24 日签署生效的英欧贸易协议对双方金融服务往来并未做出实质性制度安排，只是重申要尊重双方"等同（equivalence）原则"架构的完整性，会继续讨论如何推进"等同原则"，承诺制定相应的监管合作框架等。鉴于脱欧后英国金融监管安排尚不明确，欧盟要在短期内完成相应评估进而在金融领域普遍承认英国具有"等同"地位，恐不现实。③ 因此，与英国方面借助"临时许可制度"④ 和给

---

① 参见欧盟委员会网站，https：//ec. europa. eu/info/law/better – regulation/have – your – say/initiatives/13128 – Corporate – reporting – improving – its – quality – and – enforcement/public – consultation_ en，最后访问日期：2022 年 2 月 12 日。

② Mike Wardle, Michael Mainelli, "The Global Financial Centres Index 30", Financial Centre Futures, September 2021, p. 4.

③ Agreement between the European Union and the European Atomic Energy Community, of the one part, and the United Kingdom of Great Britain and Northern Ireland, of the other part, L 149/10 *Official Journal of the European Union*, 30 April 2021.

④ 参见英国金融行为监管局网站，https：//www. fca. org. uk/brexit/temporary – permissions – regime-tpr，最后访问日期：2022 年 2 月 12 日。

予欧盟金融服务大量"等同"权利等手段来稳定英欧双边金融关系不同，欧盟并没有出台相应的互惠安排，只在"中央对手方"（CCP）等少数领域认可英国金融服务的"等同"地位。①

脱欧无疑使英国金融服务业面临巨大挑战。在过渡期后的 2021 年第一季度，英国金融服务业从业人员同比减少 8000 人。然而，脱欧也使英国金融服务业得以摆脱欧盟各类规则的束缚，进一步发展与欧盟国家之外其他金融市场的业务关系。2020 年 10 月以来，英国先后与日本、瑞士、澳大利亚、新加坡、挪威、冰岛和列支敦士登等国签订各类形式的贸易或金融服务协议，以加强双方在金融服务领域的合作。2021 年 7 月 1 日，英国财政大臣里希·苏纳克（Rishi Sunak）公开宣布要深化与美国在金融服务领域的监管合作，并利用英国在金融服务领域的创新和专业知识挖掘中国金融服务市场快速增长的潜力。②

2021 年第一季度和第二季度，美国均超过欧盟成为英国金融服务出口的最大目的地。2021 年上半年，英国对美国金融服务出口占其金融服务出口的比重上升至 34.2%，同期对欧盟国家金融出口的比重则下降至 32.1%。2021 年 1~9 月，英国对欧盟和美国金融服务出口规模基本相当，对欧盟出口规模（149.96 亿英镑）略高于对美国出口规模（149.85 亿英镑）；对华（不含香港）金融服务出口规模为 6.7 亿英镑，占金融服务出口规模的比重为 1.5%，无论规模还是占比均较 2020 年同期有所上升。③

为提升金融体系竞争力，强化英国全球金融中心的地位，英国还希冀借助监管改革，为公司上市、投资基金与养老基金入市提供便利，吸引海外公

---

① European Commission, "Capital Markets Union: Commission Extends Time-limited Equivalence for UK Central Counterparties and Launches Consultation to Expand Central Clearing Activities in the EU", press release, Brussels, 8 February 2022.

② Georgina Hutton, Ali Shalchi, "Financial Services: Contribution to the UK Economy", House of Commons Library, 8 December 2021, pp. 24-26.

③ 参见英国国家统计局网站，https://www.ons.gov.uk/businessindustryandtrade/internationaltrade/datasets/uktradeinservicesservicetypebypartnercountrynonseasonallyadjusted，最后访问日期：2022 年 2 月 12 日。

司进入英国金融市场。同时，英国将金融科技和科技金融视为金融体系未来发展的重要支撑，并于 2021 年 2 月发布金融科技审查报告。[1] 此外，英国还在积极为金融服务业的绿色转型做准备，致力于打造全球最环保的金融体系。[2] 从 2022 年 4 月 6 日起，1300 多家在英国注册的最大的公司和金融机构须按照气候相关财务信息披露工作组的建议强制披露气候相关的财务信息。[3]

四 欧盟绿色转型进展及评析

2019 年欧盟提出《欧洲绿色协议》，[4] 开启新一阶段的绿色转型进程，2020 年进一步将 2030 年温室气体减排目标更新为 55%，[5] 并将其写入《欧洲气候法》。[6] 在此基础上，欧盟于 2021 年 7 月 14 日和 12 月 15 日先后提出两套"适应 55"（Fit for 55）一揽子立法与政策提案，这既是落实《欧洲绿色协议》的重要举措，也是加速绿色转型的关键节点。此外，欧盟还在诸多领域出台新的绿色转型举措，以对"适应 55"一揽子提案形成补充。例如，在交通领域，欧盟委员会于 2021 年 12 月 14 日发布"可持续和智能交通战略"框架下的第二套提案，旨在提升欧盟交通运输系统的现代化水平。[7] 在金融领

---

① Ron Kalifa, "Kalifa Review of UK Fintech", London, 26 Feburay 2021.

② Georgina Hutton, Ali Shalchi, "Financial Services: Contribution to the UK Economy", House of Commons Library, 8 December 2021, pp. 21–23.

③ 参见英国政府网站，https://www.gov.uk/government/news/uk‐to‐enshrine‐mandatory‐climate‐disclosures‐for‐largest‐companies‐in‐law，最后访问日期：2022 年 2 月 12 日。

④ European Commission, "The European Green Deal", COM (2019) 640 final, Brussels, 11 December 2019.

⑤ 欧盟 2030 年气候目标为欧盟区域内的温室气体排放量较 1990 年水平降低至少 55%，与之前 40%的目标相比显著提高。

⑥ Regulation (EU) 2021/1119 of the European Parliament and of the Council of 30 June 2021 Establishing the Framework for Achieving Climate Neutrality and Amending Regulations (EC) No 401/2009 and (EU) 2018/1999 ("European Climate Law"), L 243/1 *Official Journal of the European Union*, 9 July 2021.

⑦ 参见欧盟委员会网站，https://ec.europa.eu/commission/presscorner/detail/en/ip_21_6776，最后访问日期：2022 年 1 月 31 日。

域，欧盟委员会于 2021 年 7 月 6 日发布题为"向可持续经济转型的融资战略"通报，提出转型金融、包容性、金融体系韧性和贡献、全球雄心等四个领域的行动计划；① 通过了《〈欧盟分类条例〉关于环境可持续经济活动的补充授权法案》，规定金融和非金融企业应披露的环境可持续经济活动的相关信息；② 公布了"欧洲绿色债券标准提案"。③ 在农业领域，欧盟委员会于 2021 年 3 月 25 日发布"关于发展有机生产的行动计划"，④ 旨在促进有机产品的生产和消费，后于 12 月 2 日正式通过《新共同农业政策条例》，要求农村发展资金中至少 35% 用于改善农业环境、支持向更可持续的农业转型。⑤ 在环境部门，欧盟委员会于 2021 年 5 月 17 日发布"欧盟可持续蓝色经济新途径"通报，建议通过开发海上可再生能源、海上运输脱碳和港口绿化等发展可持续蓝色经济。⑥ 综合来看，欧盟绿色转型涉及多个行业和领域，对内在工业、交通、建筑、能源等碳密集部门设定绿色转型的细化目标和具体措施，对外积极采取多样化举措促进贸易伙伴节能减排、巩固自身在全球气候治理中的国际领导力。

---

① European Commission, "Strategy for Financing the Transition to a Sustainable Economy", COM (2021) 390 final, Strasbourg, 6 July 2021.

② Commission Delegated Regulation (EU) 2021/2178 of 6 July 2021 Supplementing Regulation (EU) 2020/852 of the European Parliament and of the Council by Specifying the Content and Presentation of Information to Be Disclosed by Undertakings Subject to Articles 19a or 29a of Directive 2013/34/EU Concerning Environmentally Sustainable Economic Activities, and Specifying the Methodology to Comply with that Disclosure Obligation, L 443/9 *Official Journal of the European Union*, 10 December 2021.

③ European Commission, "Proposal for a Regulation of the European Parliament and of the Council on European Green Bonds", 2021/0191 (COD), COM (2021) 391 final, Strasbourg, 6 July 2021.

④ European Commission, "On an Action Plan for the Development of Organic Production", COM (2021) 141 final, Brussels, 25 March 2021.

⑤ Regulation (EU) 2021/2115 of the European Parliament and of the Council of 2 December 2021 Establishing Rules on Support for Strategic Plans to Be Drawn up by Member States under the Common Agricultural Policy (CAP Strategic Plans) and Financed by the European Agricultural Guarantee Fund (EAGF) and by the European Agricultural Fund for Rural Development (EAFRD) and Repealing Regulations (EU) No 1305/2013 and (EU) No 1307/2013, L 435/1 *Official Journal of the European Union*, 6 December 2021.

⑥ European Commission, "On a New Approach for a Sustainable Blue Economy in the EU Transforming the EU's Blue Economy for a Sustainable Future", COM (2021) 240 final, Brussels, 17 May 2021.

鉴于篇幅所限，本小节主要梳理欧盟"适应55"一揽子提案的内容，分析其体现出来的欧盟推动绿色转型的新趋势，并选取能源和贸易领域的绿色转型重点措施进行详细剖析。

（一）"适应55"一揽子提案及其体现的新趋势

2021年7月14日，欧盟委员会发布题为"'适应55'：在实现气候中立的道路上实现欧盟2030年气候目标"的通报，提出第一套"适应55"一揽子提案，囊括能源、交通、建筑等领域的12项举措。[①] 具体包括以下内容。改革欧盟碳排放交易体系（Emission Trading System，ETS），通过一次性缩减免费配额总量、提高线性折减系数、扩大覆盖范围、取消航空业等部分行业免费配额等措施，以更严格、稳定、有效的市场机制推动碳减排。修订成员国努力分担条例，确保各国公平公正地采取国家行动以为碳中和做出贡献。[②] 修订土地利用、土地利用变化和农林业条例，提出林业部门通过自然碳汇实现至少3.1亿吨固碳量、在欧洲范围内种植30亿棵树的"2030新森林战略目标"。[③] 修订可再生能源指令，将2030年可再生能源使用份额目标由32%提升至40%。[④] 修订能源产

① European Commission, "'Fit for 55': Delivering the EU's 2030 Climate Target on the Way to Climate Neutrality", COM（2021）550 final, Brussels, 14 July 2021.

② European Commission, "Proposal for a Regulation of the European Parliament and of the Council Amending Regulation（EU）2018/842 on Binding Annual Greenhouse Gas Emission Reductions by Member States from 2021 to 2030 Contributing to Climate Action to Meet Commitments under the Paris Agreement", 2021/0200（COD）, COM（2021）555 final, Brussels, 4 July 2021.

③ European Commission, "Proposal for a Regulation of the European Parliament and of the Council Amending Regulations（EU）2018/841 as Regards the Scope, Simplifying the Compliance Rules, Setting out the Targets of the Member States for 2030 and Committing to the Collective Achievement of Climate Neutrality by 2035 in the Land Use, Forestry and Agriculture Sector, and（EU）2018/1999 as Regards Improvement in Monitoring, Reporting, Tracking of Progress and Review", 2021/0201（COD）, COM（2021）554 final, Brussels, 4 July 2021.

④ European Commission, "Proposal for a Directive of the European Parliament and of the Council Amending Directive（EU）2018/2001 of the European Parliament and of the Council, Regulation（EU）2018/1999 of the European Parliament and of the Council and Directive 98/70/EC of the European Parliament and of the Council as Regards the Promotion of Energy from Renewable Sources, and Repealing Council Directive（EU）2015/652", 2021/0218（COD）, COM（2021）557 final, Brussels, 4 July 2021.

品和电力税收指令，逐步取消对航空、海运、家庭取暖使用化石燃料的免税政策，激励并支持清洁绿色能源的使用。① 修订能源效率指令，提高欧盟和成员国的最终能耗、一次能耗的能效目标。② 修订可替代燃料基础设施条例，加强道路运输、航运和水运部门可替代燃料的基础设施建设。③ 发布《关于确保可持续航空运输公平竞争环境条例的提案》，要求航空燃料供应商在欧盟机场逐步增加可持续航空燃料和合成航空燃料的使用比例。④ 发布《关于在海运中使用可再生和低碳燃料条例的提案》，启动可持续海运燃料计划，促进海运部门燃料脱碳。⑤ 设立 1444 亿欧元的社会气候基金，解决弱势群体因绿色转型可能面临的贫困问题，促进社会公平转型。修订乘用车和轻型商用车二氧化碳排放标准条例，提出欧盟市场自 2035 年起不再销售燃油汽车，促进零排放和低排放车的研发创新和生产销售。⑥ 设立碳边境调节机制（Carbon Border Adjustment Mechanism，CBAM），计划对欧盟以外国家（地区）进口产品征收碳边境税，以规避碳泄漏风险，促进贸易伙伴碳减排。⑦

---

① European Commission, "Proposal for a Council Directive Restructuring the Union Framework for the Taxation of Energy Products and Electricity (Recast)", 2021/0213 (CNS), COM (2021) 563 final, Brussels, 4 July 2021.

② European Commission, "Proposal for a Directive of the European Parliament and of the Council on Energy Efficiency (Recast)", 2021/0203 (COD), COM (2021) 558 final, Brussels, 4 July 2021.

③ European Commission, "Proposal for a Regulation of the European Parliament and of the Council on the Deployment of Alternative Fuels Infrastructure, and Repealing Directive 2014/94/EU of the European Parliament and of the Council", 2021/0223 (COD), COM (2021) 559 final, Brussels, 4 July 2021.

④ European Commission, "Proposal for a Regulation of the European Parliament and of the Council on Ensuring a Level Playing Field for Sustainable Air Transport", 2021/0205 (COD), COM (2021) 561 final, Brussels, 14 July 2021.

⑤ European Commission, "Proposal for a Regulation of the European Parliament and of the Council on the Use of Renewable and Low-Carbon Fuels in Maritime Transport and Amending Directive 2009/16/EC", 2021/0210 (COD), COM (2021) 562 final, Brussels, 4 July 2021.

⑥ European Commission, "Proposal for a Regulation of the European Parliament and of the Council Amending Regulation (EU) 2019/631 as Regards Strengthening the CO_2 Emission Performance Standards for New Passenger Cars and New Light Commercial Vehicles in Line with the Union's Increased Climate Ambition", 2021/0197 (COD), COM (2021) 556 final, Brussels, 4 July 2021.

⑦ European Commission, "Proposal for a Regulation of the European Parliament and of the Council Establishing a Carbon Border Adjustment Mechanism", 2021/0214 (COD), COM (2021) 564 final, Brussels, 4 July 2021.

2021 年 12 月 15 日，欧盟又提出第二套"适应 55"一揽子提案，重点针对能源和建筑部门提出相关立法及政策建议。这些提案包括《关于修订可再生气体、天然气和氢气内部市场共同规则指令的提案》[①] 和《关于修订可再生气体、天然气和氢气内部市场条例的提案》[②]，引入可再生气体、低碳气体、低碳氢、低碳燃料等法律定义并建立相应的认证框架，设立欧洲氢网络运营商网络（European Network for Network Operators of Hydrogen，ENNOH），促进专用氢气基础设施的跨境协调和互联建设，要求成员国在 2049 年底前终止长期化石天然气合同。这些提案还包括《关于能源部门甲烷减排条例的提案》，建立甲烷排放的测量、报告和核实规则体系。[③] 此外，欧盟还发布了《关于修订建筑物能源性能指令的提案》，设定 2030 年所有新建筑零排放、2027 年所有新公共建筑零排放的目标，加快建筑部门脱碳进程。[④]

综合来看，两套"适应 55"一揽子提案体现出当前欧盟推进绿色转型的几个新趋势。第一，更新气候政策和立法，使之与更大减排力度的气候雄心相契合。欧盟此前的气候相关政策及立法是在 2030 年温室气体减排 40% 的目标框架下制定的。随着这一目标更新为 55%，相关政策法案也需要完善，以为保障气候目标如期实现提供一个连贯协调的政策框架。第二，更加注重通过能源供给端和需求端的同步脱碳来推进绿色转型。针对能源供给端，欧盟设定了更严格的整体能效目标和可再生能源使用份额目标，加速供给端节能减排。针对交通、工业、建筑等能源需求密集型产业，欧盟进一步

---

① European Commission, "Proposal for a Directive of the European Parliament and of the Council on Common Rules for the Internal Markets in Renewable and Natural Gases and in Hydrogen", 2021/0425 (COD), COM (2021) 803 final, Brussels, 15 December 2021.

② European Commission, "Proposal for a Regulation of the European Parliament and of the Council on the Internal Markets for Renewable and Natural Gases and for Hydrogen (Recast)", 2021/0424 (COD), COM (2021) 804 final, Brussels, 15 December 2021.

③ European Commission, "Proposal for a Regulation of the European Parliament and of the Council on Methane Emissions Reduction in the Energy Sector and Amending Regulation (EU) 2019/942", 2021/0423 (COD), COM (2021) 805 final, Brussels, 15 December 2021.

④ European Commission, "Proposal for a Directive of the European Parliament and of the Council on the Energy Performance of Buildings (Recast)", 2021/0426 (COD), COM (2021) 802 final, Brussels, 15 December 2021.

设定强制性目标，完善相应基础设施，促进其同步脱碳。例如，针对航空运输业，欧盟通过改革 ETS 取消免费配额、设定减排目标，还要求采用可持续航空燃料规则、加强可持续燃料基础设施建设、提升可持续航空燃料使用比例。第三，欧盟将 CBAM 作为其主导国际绿色贸易规则、强化全球气候治理领导力的新战略工具。CBAM 脱胎于碳关税，其概念最早由法国于2007 年提出，欧盟此番率先推动 CBAM 落地引起广泛的国际关注。CBAM作为欧盟敦促贸易伙伴加大减排力度的规则壁垒，将对未采取适当减排措施的贸易伙伴形成利益挤压，这也是欧盟以贸易政策强化其全球气候治理领导力的新的关键举措。

欧盟通过雄心勃勃的气候目标和全面系统的政策举措勾勒出其气候中和愿景，但是不容回避的是，其绿色转型之路面临巨大挑战。尤其是，欧盟相对激进的能源转型政策恐加剧当前的能源危机，进而冲击经济增长。受限于可再生能源发电储能技术尚不完备，同时化石能源对外依赖度仍较高，欧洲整体能源结构仍较为脆弱。在此背景下，相对激进的能源脱碳目标、对化石燃料投资的严格限制、地缘政治冲突和严寒天气影响等多重因素叠加助推2021 年第三、四季度欧洲能源价格飞涨。当前欧盟内部的能源成本压力正在传导至其他经济部门，加剧了市场对通胀率走高的预期，进而增加了经济的系统性风险。总之，以能源转型为抓手的欧盟绿色转型能否顺利推进仍面临较大的不确定性。

（二）低碳氢能发展措施的内容及其影响分析

氢能技术是欧盟促进能源转型的关键抓手。在着力发展全生命周期零排放的可再生氢的同时，中短期内低碳氢对于促进氢能整体脱碳扮演的过渡性角色也不容忽视。此前欧盟氢能战略尚未就过渡阶段的低碳氢发展建立框架，也未针对氢网络（包括可再生氢和低碳氢）建设给出具体建议。2021年 12 月，欧盟修订了氢气和天然气内部市场的法规和指令，不仅明晰了低碳氢在欧盟能源框架内的法律概念和重要作用，还为氢网络建设、氢能发展及监管框架构建奠定了法律基础。

第一，欧盟首次给出了低碳氢的明确法律定义，并将为其建立认证框架。将低碳氢定义为来源于不可再生能源且满足70%的温室气体减排阈值的氢气，并要求按照相应授权法案中的方法来认证低碳氢，但目前尚未给出计算、测定和认证的具体方法。

第二，建立氢网络的专有基础设施、技术及监管框架，并将其与现有的天然气系统完全分离。一方面，给出氢系统、储氢设施、氢管路组件、氢终端等专业术语的明确定义，并规定上述定义仅适用于未与天然气混合的高纯度氢，相当于从法律角度将氢气专有基础设施及技术框架与天然气系统完全分开。另一方面，增加了"氢网络运营商"（Hydrogen Network Operator，HNO）的新概念，建立 ENNOH 实体以促进氢气专用基础设施的建设、跨境协调和网络互联，并负责制定技术规则和氢网络发展计划。

第三，完善市场规则，促进包括低碳氢在内的所有气体燃料的市场准入和跨境市场开放。具体措施包括：实现非歧视性访问，要求所有氢网络的相关运营商在无歧视原则上向所有网络用户提供服务；降低关税，对可再生气体（包括可再生氢）和低碳气体（包括低碳氢）给予75%的接入网络关税折扣，并自2031年起取消成员国间传输的跨境关税；完善投资决定，要求HNO 定期评估新基础设施投资的市场需求；在安全认证方面，欧盟委员会或成员国须对所有 HNO 的能源供应进行安全认证；防范供应中断风险，建议成员国可在共同风险评估的基础上采取最低储存义务、天然气储存预订激励等自愿措施以防范风险。

2021年底，欧洲能源价格高企助推通胀加剧，工业生产成本攀升，引发了欧盟内部有关其能源转型是否过于激进的反思和讨论。尽管氢能灵活高效、绿色低碳，被认为是重要的可再生能源，但是短期内可再生氢的电解槽产能提升速度缓慢、制取成本居高不下，如何平衡成本效益、在技术资源限制范围内尽快实现氢能脱碳仍面临不少困难。在此背景下，尽管部分专家指出低碳氢的温室气体排放量仍较高、可能延缓气候目标如期实现，但是为了防范能源转型风险，兼顾技术成本与产能约束，欧盟开始关注低碳氢的过渡作用，并且积极构建和完善低碳氢的相关技术及监管框架。以可再生能源替代传统化石能源是一项长期动态系统工程，不可能一蹴而就。中短期内，低碳氢仍是通往氢能完全脱碳道路上的可行的替代方案。

（三）碳边境调节机制的内容及其影响分析

在贸易领域，欧盟碳边境调节机制（CBAM）旨在应对碳泄漏风险，维持欧盟本土产品的价格优势，同时敦促贸易伙伴国制定积极的减排政策，促进全球碳减排。

CBAM 主要包括五个方面的内容。第一，针对从欧盟以外的国家（地区）进口的水泥、电力、化肥、钢铁和铝五个行业的产品征税，加入 ETS 的国家（地区）或与 ETS 挂钩的冰岛、列支敦士登、挪威、瑞士等国除外。第二，CBAM 以注册—申报制度为基础，进口商需向成员国主管机关注册、申报并购买足额 CBAM 凭证，每单位凭证对应 1 吨 CO_2 排放量，价格为 ETS 每周平均收盘价，此外还设置凭证存量、回购和清零政策以防止套利行为。第三，CBAM 使用碳足迹方法核算碳排放量。进口商需计算并证明产品碳排放量（包括直接碳排放及在 CBAM 规定界限内的原料碳排放），并扣除 ETS 免费配额和进口产品在生产国已支付的碳价。第四，CBAM 计划分阶段完成：2023~2025 年为过渡期，进口商仅需注册申报、无须付费；第一阶段为2026~2034 年，其间每年减少 10% 的 ETS 免费配额；第二阶段为 2035 年及以后，届时将完全取消五个行业的免费配额，CBAM 完全替代 ETS 免费配额制度以应对碳泄漏风险。第五，CBAM 的执行、审查和处罚权限下放到成员国。成员国设立主管机构以负责进口商注册批准、排放量核查以及 CBAM 凭证的出售、回购和清零。欧盟委员会负责监测成员国和进口商交易。进口商若未按期足额缴纳凭证，需补足凭证并被处以每凭证单位 100 欧元的罚款。

欧盟提出 CBAM 体现出其推进绿色转型过程中始终将"促发展"与"强规制"并重的思路。一方面，设定 CBAM 可有效降低本土企业因严格执行减排政策而承担的成本压力，保护其产品价格竞争力。另一方面，欧盟在全球范围内率先推动 CBAM 落地意欲抢占制定国际绿色经贸规则的先机，因为这一规则的实施意味着其贸易伙伴国不得不采取相应减排措施，否则将面临高额出口成本。欧盟此举不仅有利于直接增加自身财政收入，还可通过"长臂管辖"推动别国加快减排，进一步强化欧盟在全球气候治理中的领导地位。尽管欧盟一再强调 CBAM 仅是应对气候变化的政策工具，但是仍引起国际社会的质疑乃至批评，认为欧盟是以应对气候变化之名行贸易保护主义之实。批评者认为，欧盟以生产方式区别对待同类产品、区别对待进口产品与欧盟产品不符合 WTO 最惠国待遇原则和国民待遇原则，此外，欧盟此举将迫使贸易伙伴国与欧盟以同等力度减排，不符合《巴黎协定》框架下的"共同但有区别的责任"原则。基于此，中国、美国、印度、巴西等国纷纷呼吁欧盟充分考虑 CBAM 与 WTO 规则的兼容性，以确保不会造成贸易壁垒。

就中欧贸易而言，CBAM 在短期内可能会在一定程度上提升中国钢铁和铝产品的对欧出口成本，但是由于涉及贸易份额较小，整体影响有限。长期来看，欧盟未来可能扩大 CBAM 覆盖的产品范围，这无疑将增加中国机械设备、汽车、电子、纺织、金属、化工等碳密集行业对欧出口的成本压力。不过，目前，中国正加快出台碳达峰与碳中和的具体工作方案，全国碳市场也已在电力部门开始运转，未来将逐步扩大覆盖范围，并且将逐步与国际对接，推动碳价趋同。未来中国可利用国内碳价抵消并缓解部分出口成本压力。

值得注意的是，2021 年 11 月 21 日，欧洲议会国际贸易委员会发布的《CBAM 意见草案》将 CBAM 的过渡期缩短为两年，这意味着欧盟可能于 2025 年起正式执行该机制。① 意见草案还提出，对贸易伙伴国而言，除碳定价机制之外，也应考虑能够达到同等效率的其他碳减排措施所产生的隐性碳价。这意味着贸易伙伴国可与欧盟就其国内隐性碳价达成协议，并在购买 CBAM 凭证时予以抵扣。换言之，随着未来欧盟 CBAM 落地，不排除会出现

---

① European Parliament Committee on International Trade, "Draft Opinion of the Committee on International Trade for the Committee on Environment, Public Health and Food Safety on the Proposal for a Regulation of the European Parliament and of the Council Establishing a Carbon Border Adjustment Mechanism", 2021/0214 （COD）, 22 November 2021.

基于碳排放标准的"碳关税同盟"或"碳俱乐部"等形式的双边或多边优惠贸易协定。欧盟 CBAM 的落地将如何影响全球贸易规则和格局仍有待继续跟踪观察。

五　欧盟数字化转型进展及评析

近年来，随着新产业革命快速推进，数字技术及其应用越来越成为世界主要经济体竞相发展的关键领域。考虑到自身在数字技术与数字产业领域的竞争力相对落后的状况，欧盟开始在这一领域持续发力。2019 年底，由冯德莱恩任主席的欧盟委员会更是前所未有地高度重视数字技术及其应用，于 2020 年 2 月发布题为《塑造欧洲的数字化未来》的数字战略①，同时发布了《欧洲数据战略》② 和《人工智能白皮书》③，此后又于 2020 年 12 月公布《数字市场法案》和《数字服务法案》提案。其中，《塑造欧洲的数字化未来》是欧盟数字战略的总体框架，其他则是欧盟针对具体数字领域提出的发展战略或规制措施。应该说，这些政策文件指明了未来若干年欧盟实现数字化转型、维护数字主权的大方向和总体目标，但是并未给出具体目标和路径，这就难免存在可行性不够清晰、难以客观地评估进展等问题。此外，新冠疫情暴发后，欧洲各界对数字技术的重要性以及欧盟内部成员国之间、群体之间、地区之间存在的"数字鸿沟"有了更真切的认识，尽快出台细化的推进数字化转型的战略和政策成为共识。2020 年 9 月，欧盟委员会主席冯德莱恩在"盟情咨文"中呼吁欧盟尽快出台一个基于明确目标和清晰原则的面向 2030 年的数字化愿景。在此背景下，2021 年 3 月 9 日，欧盟委员会发布题为《2030 数字罗盘计划：数字化十年的欧洲道路》的政策通报，

---

① European Commission，"Shaping Europe's Digital Future"，19 February 2020.

② European Commission，"The European Data Strategy"，20 February 2020.

③ European Commission，" On Artificial Intelligence—A European Approach to Excellence and Trust"，White Paper，COM（2020）65 final，20 February 2020.

即"数字罗盘计划"。① 该计划正式提出了未来近十年欧洲进行数字化转型的具体目标与实施路径，其出台标志着欧盟在推进数字战略上又向前迈出了关键的一步，也是2021年欧盟数字化转型最为重要的政策进展。

（一）"数字罗盘计划"的目标与主要内容

具体而言，"数字罗盘计划"确定了欧盟到2030年要实现的四个方面的目标。第一，提升整体人口的数字技能，扩大数字专业化人才规模。到2030年，欧盟至少要有80%的成年人掌握基本的数字技能，此外，欧盟拥有的在职ICT专家应由2019年的780万人大幅提升至2000万人，而且要提升其中女性占比。第二，构建安全、高性能和可持续的数字基础设施。到2030年，欧盟所有家庭实现千兆比特的网络连接，所有人口密集地区实现5G网络覆盖（2021年为14%）；在欧盟境内部署1万个高度安全而又不增加温室气体排放的网络边缘节点，确保用户可以低延迟地获取数据；欧盟生产的尖端、可持续半导体（包括处理器）的产值占全球总产值的比例翻番，由10%提升至20%；研制出欧洲第一台具有世界最先进水平的量子加速计算机。第三，加速推动企业的数字化转型。到2030年，欧盟75%的企业应使用云计算服务、大数据和人工智能；90%以上的中小企业应至少达到基本的数字化水平；数字领域的独角兽企业（产值达10亿欧元的初创企业）达到250家，企业数量与2021年相比增长100%。第四，加速公共服务的数字化转型。到2030年，欧盟范围内所有核心公共服务都应提供在线服务；所有欧盟公民都应拥有并能访问个人电子医疗档案；80%的公民能使用电子身份证。相对于欧盟数字领域的发展现状，这些目标可谓"雄心勃勃"。

实现上述目标，需要大量的资金投入，同时也离不开一系列重要项目的启动。为此，欧盟一方面在"欧盟多年度财政框架（2021~2027年）"下通过"地平线欧洲"（Horizon Europe）计划等渠道大力支持数字技术研发

---

① European Commission, "2030 Digital Compass: The European Way for the Digital Decade", COM (2021) 118 final, 9 March 2021.

与应用；另一方面特别规定，获得"下一代欧盟"复苏计划资助的成员国在制订国家复苏与韧性计划时，至少要将其中 20% 的资金用于推进数字化转型。为切实应对欧盟内部研发力量与投资分散造成的弊端，尽可能发挥成员国行动的协同效应，同时也为了缩小成员国之间存在的"数字鸿沟"，确保整个欧盟成功实现数字化转型，"数字罗盘计划"专门提出了一种新的实施方式，即"多国项目"（multi-country projects）。所谓"多国项目"，是指在对欧盟数字化转型具有关键意义而单独依靠某个成员国的力量又不足以取得实效的领域，由欧盟委员会牵头，动员和协调欧盟预算、成员国政府与私人部门投资。当前欧盟正在讨论的"多国项目"的重点覆盖领域包括部署泛欧 5G 走廊、构建泛欧数据处理基础设施、构建泛欧区块链服务基础设施、构建超级安全的量子通信基础设施、设计和部署下一代低功耗可靠的处理器、研制超级计算机和量子计算机等。此外，欧盟正在讨论开展"多国项目"的具体方式，很可能会专设一项财政工具。值得一提的是，"数字罗盘计划"在治理上较之以往也有所突破，提出将建立一套全面可行的进展监测评估体系。具体而言，欧盟将发布《欧洲数字十年年度报告》，专门评估欧盟整体及其成员国在实现 2030 年数字化转型目标方面取得的进展与存在的差距，发布欧盟数字化记分牌，并基于此提出调整相关政策措施的建议。考虑到欧盟在进入 21 世纪以来提出的"里斯本战略"和"欧洲 2020 战略"在诸多领域都未取得预期成效，此次"数字罗盘计划"专设监测体系的确体现了欧盟落实数字战略的决心。

（二）"数字罗盘计划"落实前景展望

虽然"数字罗盘计划"确立了具体目标和实施方式，也正在构建监测体系，但是要切实推进该计划仍有诸多有待克服的难题。[①]

首先，从主导技术上看，欧盟要在中短期内取得一系列突破并不容易。

---

① 孙彦红、吕成达：《试析欧盟数字战略及其落实前景——一个技术进步驱动劳动生产率变化的视角》，《欧洲研究》2021 年第 1 期，第 28~48 页。

当前欧盟的数字技术在发达经济体中总体上处于劣势。除芬兰的诺基亚和瑞典的爱立信外，欧盟拥有突出创新能力的大型数字企业寥寥无几，至今无一家市值达千亿美元的互联网企业。与此密切相关，近年来，欧盟及其主要成员国制造业内部结构演变表现出明显的"路径依赖"，中等和中高技术部门的优势不断强化，而信息技术部门和依托信息技术的新兴部门却难以扩张，这也使数字技术创新缺乏人才和投资等关键要素的支撑。① 以德国为例，2018 年，德国在机械元件、机床、微结构和纳米技术等工程领域拥有的专利数接近全球总量的 1/5，但是在计算机技术、数字通信、人工智能、电信、光学、半导体领域的专利数占全球的比重不足 4%。② 基于此，欧盟一方面强调自身在基础研究领域的优势，另一方面开始在关键技术上发力。2020 年底，欧盟 17 个成员国发布"欧洲处理器和半导体科技计划联合声明"，宣布未来三年内将投入 1450 亿欧元用于联合投资和研发先进处理器及其他半导体技术。③ 然而，鉴于在诸多前沿技术上与美国的差距较大、数字技术人才相对欠缺、风险资本市场欠发达等现实约束，欧盟欲在中短期内打破"路径依赖"、实现关键领域重大技术突破的难度较大。

其次，欧盟数字市场高度割裂的状况不易改善，限制了内部数字企业发展壮大的空间。与用户规模直接相关的网络效应在数字技术创新与应用过程中发挥关键作用。可以说，近年来，美国和中国数字经济发展取得显著成就并涌现出一批数字巨头企业，与两国都拥有用户规模庞大的内部市场密不可分，而欧盟在市场规模方面的短板使其数字企业无法在发展初期享受网络效应红利，进而难以发展壮大。具体而言，成员国间的语言差异、跨境经营限制、数字领域的法律与规制差异、数据标准远未统一等因素的存在，导致欧

---

① 孙彦红、吕成达：《欧盟离"再工业化"还有多远？——欧盟"再工业化"战略进展与成效评估》，《经济社会体制比较》2020 年第 4 期。
② 此处专利数占比数据来自德国联邦统计局网站，https：//www.destatis.de/EN/Themes/Society-Environment/Education-Research-Culture/Research-Development/_node.html，最后访问日期：2021 年 12 月 30 日。
③ European Commission，"Member States Join Forces for a European Initiative on Processors and Semiconductor Technologies"，press release，7 Dec. 2020.

盟数字市场始终严重割裂。欧盟于 2015 年发布"数字单一市场战略"，但是整体落实进展较为缓慢。特别是，在打破在线服务平台的地域限制、推动跨境电子商务发展、建立电子医疗和交通规划等领域的统一标准和数据互通功能等方面阻力较大。

再次，欧盟数字人才严重不足的状况在中短期内难以改善，"数字鸿沟"也不易跨越。无论从高等教育机构的专业设置还是劳动力结构看，欧盟国家的人才优势主要体现在基础科学和工程领域，自动化、计算机与信息技术人才严重短缺。2018 年，欧盟 27 国仅在大数据分析领域就有近 50 万个职位空缺。[①] 在专业化人才短缺的同时，欧盟人口的整体数字素养和技能水平也相对较低，而且提升缓慢。Eurostat 的数据显示，2012～2018 年，欧盟 27 国掌握基本数字技能人口的比例仅由 55% 微弱提升至 57%。特别是，老年群体的数字参与率一直偏低。从企业层面看，2018 年，欧盟 27 国企业中曾向雇员提供数字技能培训的比例仅为 23%，其中小企业（雇员人数为 10～49 人）的比例仅为 19%，而同期美国的这两个比例均超过 30%。相关调查表明，小型制造业企业和成立时间较长的小型服务业企业在数字化转型上最具"惰性"，而欧盟企业的平均规模相对偏小，因此企业间的"数字鸿沟"更大，在数字化转型时处于相对劣势。[②] 考虑到教育体系调整并非一朝一夕可实现，而产业结构又在相当大程度上决定了劳动力技能结构的刚性，欧盟要实现"数字罗盘计划"提出的数字人才培养和技能提升目标并非易事。

最后，欧盟在制定数字规则与标准上处于相对领先地位，但是要实现其战略目标面临内外部双重挑战。在内部，鉴于成员国在数字经济发展水平与利益诉求上的差异，要建立泛欧数字支付服务和解决方案、征收统一数字税、建立电子医疗和交通规划的统一标准都不会一蹴而就。在外部，欧盟要成为数字标准与规则的全球领导者，一方面应强化对境内数据的控制与治理，包括部署欧洲本土设计的云方案等；另一方面必须争取到美国和中国等

---

① European Commission, "The European Data Strategy", 20 February 2020.

② Reinhilde Veugelers, Désirée Rückert, Christoph Weiss, "Bridging the Divide: New Evidence about Firms and Digitalization", Policy Contribution 2019/17, Bruegel.

数字经济大国的支持及进行合作，困难也不小。需要看到的是，即便未来欧盟能在数字规则与标准制定方面较好地实现其目标，但是如若前述三个难题难以克服，仅依靠监管恐也不足以保证其在数字领域的国际竞争力。

总之，欧盟要实现"数字罗盘计划"确定的目标，推动经济社会进行数字化转型，还须克服不少困难，并不会一帆风顺。然而，考虑到欧盟的经济分量与国际地位，"数字罗盘计划"的出台必将加快全球数字化建设的步伐，也会加剧全球数字竞争，对全球数字技术与数字产业发展格局产生深远影响，其落实进展值得跟踪研究。

结语与展望

综上所述，2021年，虽然疫情犹在，但是欧洲经济仍实现了较强劲复苏，"下一代欧盟"复苏计划整体上得以稳步落实，"双转型"推进也取得重要进展。展望2022年，从商业信心指数、采购经理人指数、消费者信心指数等多项前瞻性指标来看，欧洲经济整体上仍将处于复苏轨道，但是2021年下半年以来的复苏动力趋弱态势仍会持续一段时间，经济下行压力不容忽视。

首先，自2021年底以来，奥密克戎变异病毒传播导致全球第四波疫情汹涌而至，尽管世界各国、各地区对这一波疫情的前景预判和应对措施的差异较大，丹麦、瑞典等国取消了大部分防疫限制措施，西班牙、意大利等国也表示会尽快取消室外佩戴口罩的规定，但是不可否认，任何防疫措施的调整都需要在公共卫生风险和社会经济影响之间做好平衡，这一波疫情不可避免地会在一定程度上拖累欧洲经济复苏。

其次，全球供应链紧张仍将持续一段时间。一方面欧美经济复苏和疫苗普及带动全球需求快速恢复；另一方面亚洲多国仍实施严格的防疫政策，因人员隔离而减产停工和因进港集装箱隔离而降低海运效率的情况仍时有发生，这使部分行业的供应链紧张状况难以迅速缓解。此外，俄罗斯与乌克兰之间紧张关系持续升级导致俄欧关系不断恶化，很可能影响俄罗斯输欧天然气供应，而这恐将继续推高欧洲能源价格，进而推高工业生产成本，抑制经济复苏。

最后，货币政策调整或将抑制经济复苏势头。如前文所述，面对持续走高的通胀率，英国央行已率先加息，而欧洲央行亦很可能在 2022 年温和调整货币政策，包括终止 PEPP 或放缓其项下资产购买步伐等，无论这些举措如何影响通胀率走势，都势必不利于经济复苏。

基于上述分析，预计 2022 年欧盟及欧洲主要国家的经济增长率或略低于 2021 年。具体到欧洲主要国家，其经济前景还与各国产业结构的特点及国家复苏与韧性计划的落实成效密切相关。

B.4

欧洲社会：动荡、调整与治理新动向

张金岭 齐天骄 郎加泽仁 朱 锐 孔 元*

摘 要： 2021 年，新冠疫情持续对欧洲社会产生了深刻影响。针对疫情及各国防疫举措的大规模社会抗议活动接连不断，在折射疫情危机下社会治理困难的同时，也反映出民意的分化。欧盟及各国逐步探索出来的防疫举措，以及在多个领域内的社会政策调整，将为各国社会治理的革新奠定一定的制度基础，但政府治理理念与民意诉求之间的张力持续存在。疫情危机也成为欧洲各国推进数字化转型的契机，多国在数字化基础设施建设与公共服务方面实现了较为迅速的发展。疫情之下，涉及移民、难民与少数族裔、分离主义运动等议题的民族问题在欧洲社会依然具有较高的社会能见度，一直是当代欧洲多国在民族国家建设与社会治理方面不容忽视的问题。

关键词： 新冠疫情 社会抗议 政策调整 数字化转型 民族问题

2021 年，新冠疫情的持续蔓延及其防控依然是欧洲社会情势的主题。

---

* 张金岭，法学博士、文学博士，中国社会科学院欧洲研究所研究员、马克思主义与欧洲文明研究中心秘书长，主要研究领域为法国研究、欧洲社会文化研究；齐天骄，法学博士，中国社会科学院欧洲研究所副编审，主要研究领域为欧洲社会政策、德国社会保障制度；郎加泽仁，法学博士、文学博士，中国社会科学院欧洲研究所助理研究员，主要研究领域为欧盟社会政策与欧洲一体化；朱锐，法学博士，中国社会科学院欧洲研究所助理研究员，主要研究领域为西班牙等南欧国家社会文化；孔元，法学博士，中国社会科学院欧洲研究所副研究员，主要研究领域为欧洲思想史、英国研究和中英关系。

针对疫情的大规模社会抗议活动贯穿全年且遍及各国，在此背景下，各国防疫举措的调整及其他社会问题的治理都面临多重困境。可以说，新冠疫情进一步加重了欧洲各国的社会矛盾，削弱了社会的凝聚力与内在团结，同时也折射出各国政府在社会动员与危机治理方面的能力缺陷。

一　新冠疫情下社会抗议活动接连不断

在新冠疫情持续蔓延的情势下，2021年与欧洲各国不断延长的封锁措施相生相伴的是一轮又一轮的大规模抗议活动，几乎成为一种社会常态。众多抗议活动直指各国政府采取的抗疫举措，涉及封禁、救治、健康通行证、疫苗接种等议题，批判相关防疫政策的实施不民主。与此同时，各国民众也以不同方式对其所遭受的民生困顿进行抗议，指责政府在应对危机、满足民生需求方面的能力不足。而且，他们所批判的内容还进一步延伸到很多层面，涉及就业、住房、社会福利、社会救助、社会与经济正义，以及防疫期间的警察暴力、政府越权等各个方面。

（一）健康通行证政策引发民众普遍不满

迫于疫情压力，各国普遍施行健康通行证政策。此举激发了大量民众的反对，他们纷纷走上街头要求自由。同时，在一些企业界人士看来，健康通行证政策的实施具有歧视性，不仅没有解决健康危机，还加重了经济危机。

为遏制德尔塔病毒传播，2021年7月12日，法国政府宣布施行一系列新的防疫政策：从7月21日起，12岁以上的人进入超过50人的文化或游乐场所时必须持"健康通行证"（即"新冠通行证"）；从8月初开始，健康通行证的使用范围扩大到咖啡馆、餐厅、购物中心、机场、火车站、长途客车站和医疗机构等。健康通行证包含持有者已接种新冠疫苗或核酸检测结果呈阴性等信息。这一政策在法国引发大规模抗议活动，在7月14日国庆日当天有成千上万人走上街头示威，反对健康通行证政策。此后，针对健康通行证和疫情接种的抗议活动在法国频发，民众连续数周每周六上街游行抗议。反对者表示，健康通行证政策"只会让日常生活复杂化""侵犯了民众的自由"等。不过，民调机构 Ifop 的调查结果显示，有超过 58% 的受访者认为，这一举措有助于让不愿意接种疫苗的民众负起责任，也是不强制疫苗接种的情况下遏制病毒传播的唯一解决方案。正是基于这样的民意认知，有 1/2 的民众对抗议健康通行证的示威活动表示反对。①

自 10 月 15 日起，意大利规定所有进入工作场所的员工必须持有数字或纸质形式的新冠"绿色通行证"，违反规定者将面临停薪停职或 600～1500 欧元罚款等处罚。② 事实上，从 9 月开始，进入健身房等室内活动场所、乘坐长途公共交通工具的民众已被要求出示绿色通行证。此番新政在意大利各地引发持续抗议，主要城市成千上万的民众走上街头，以不保持安全社交距离、不戴口罩等针锋相对的行为，表达其反对绿色通行证的态度。抗议者普遍将绿色通行证等限制性防疫措施视为对"人民权利"和"自由"的侵犯，还有少数经济部门从业者担忧有关强制措施将对复苏进程造成损害。③ 政府则坚持认为，在疫情反复的不确定性下，防疫新政将为意大利的复苏进程提供新的保障。11 月底的民意调查显示，70% 的意大利人赞成施行"绿色通行证"规定，只有 27% 的人反对。④ 尽管意大利"绿色通行证"规定从出台到执行，反对之声始终存在，但政府的决心和大部分民众的支持使意大利成为第一个实

---

① 《不满马克龙推出"健康通行证"新规，法国上万民众发起抗议》，澎湃新闻，https：//www.thepaper.cn/newsDetail_ forward_ 13591744；《民调：一半法国人反对"抗议健康通行证"示威行动》，《欧洲时报》网站，http：//www.oushinet.com/static/content/france/2021-08-16/876855357807669248.html。Le Monde avec AFP, «Près de 114 000 manifestants à travers la France contre le passe sanitaire et la vaccination», https：//www.lemonde.fr/planete/article/2021/07/17/passe-sanitaire-des-milliers-de-manifestants-en-france-contre-son-extension-et-contre-la-vaccination_ 6088599_ 3244.html, consulté le 13 janvier 2022.
② 《意大利开始实施工作场所新冠"通行证"制度》，新华网，http：//www.news.cn/2021-10/16/c_ 1127963093.htm。
③ Barbie Latza Nadeau, "Protestas en Italia contra la obligatoriedad del 'pase verde' de covid-19 para todos los trabajadores", https：//cnnespanol.cnn.com/2021/10/15/protestas-italia-obligatoriedad-pase-verde-covid-19-trabajadores-trax/, consulted on 13 January 2022.
④ Gianni Balduzzi, "Sondaggi politici Emg, il 70% degli italiani è a favore del Super Green Pass", https：//www.termometropolitico.it/1598701_ sondaggi-politici-emg-super-green-pass.html, consulted on 13 January 2022.

施此类强制规定的欧洲国家，这表明有效控制疫情仍然是民众的主要期待和政府的主要任务。随着年底新一轮疫情的反弹，欧洲各国医疗卫生体系和社会治理能力再次经受考验，政府亟须不断补充和调整防疫政策的"工具箱"。

（二）民众渴望回归正常的生活秩序

在比利时，有些针对疫情的抗议活动虽未得到当局批准，但通过社交媒体被动员起来的愤怒者依然走上街头示威游行。在新冠疫情期间，比利时一度成为世界上死亡率最高的国家之一，但在政府加紧出台防疫举措、关闭酒吧和餐馆以及实行夜间宵禁后，感染人数和住院病例都有所减少，同时政府还曾禁止非必要的进出境旅行。①

在不断发起的抗议示威中，一直不乏比利时"黄马甲"的身影，可以说比利时民众的社会抗议活动在疫情发酵的背景下，同样成为各种不满声音的汇集。同时，比利时警民冲突较为严重。4 月 1 日，有 2000 余人不顾防疫限制在布鲁塞尔公园组织未经授权的派对活动，由于警察要求解散集会，集会者破坏警车，并向警察投掷瓶子和其他物品，造成数十名警察和当事人受伤，7 匹警马受伤，警察使用高压水枪和催泪瓦斯驱散人群，并逮捕约 22 人。② 5 月 1 日，以年轻人为主的抗议者继续在布鲁塞尔公园举办派对活动，以示反对防疫限行措施，并再次与警察发生严重冲突。③ 抗议者表示，防疫限行措施持续时间太长，人们需要外出活动。5 月 29 日，数百名不戴口罩的抗议者在布鲁塞尔的欧盟大楼前示威反对防疫限行措施，高喊口号"自

---

① Yohannes Lowe (now), Haroon Siddique, Helen Sullivan (earlier), "Hundreds Arrested in Belgium and Hungary Protests—as It Happened", 1 February 2021, *The Guardian*, https://www.theguardian.com/world/live/2021/jan/31/coronavirus-live-news-germany-threatens-legal-action-over-vaccine-delays-nsw-marks-14-days-of-no-cases? filterKeyEvents=false, consulted on 18 January 2022.

② Samuel Peterquin, "Belgium Police Clash with Partiers amid Virus Restrictions", *ABC News*, 1 April 2021, https://abcnews.go.com/Health/wireStory/belgium-police-clash-partiers-amid-virus-restrictions-76815927, consulted on 19 January 2022.

③ DW, "Belgium: Police Break up Anti-lockdown Party in Brussels", 1 May 2021, https://www.dw.com/en/belgium-police-break-up-anti-lockdown-party-in-brussels/a-57399602, consulted on 19 January 2022.

由"，并声称新冠并不比流感更糟。①

进入9月，比利时民众抗议的核心议题指向强制接种疫苗的提案与新冠健康通行证的延长使用。欧洲人联合组织主席汤姆·梅尔特表示，"我们不是抗拒打疫苗的人，但问题在于你说疫苗接种是一种选择，然后当人们做出选择时你开始惩罚他们；第二个问题是，你将根据医疗档案歧视他人，这是不可接受的，必须保密"。②

到11月间，由于疫情形势进一步严峻，在政府加紧防疫管控的背景下，比利时民众抗议导致的暴力活动不断升级，频繁出现砸毁汽车和放火焚烧垃圾箱等现象，警方不得不使用防爆水枪和催泪瓦斯控制场面。参加抗议活动的民众喊出"一同为了自由"的口号，反对政府采取更加严厉的防疫新措施，包括强制性要求10岁及以上的人在室内和部分室外活动场所佩戴口罩，从12月中旬起每周必须居家办公4天，限制聚众人数，甚至计划要求医护工作者必须接种疫苗等。示威者尤其反对使用疫苗接种证，因为该通行证阻止未接种疫苗的人进入餐厅或酒吧等场所。③ 在12月的示威游行中，民众高喊口号"为我们的自由、权利与孩子而团结"，有些人举着写着"自由区"、"我已接种合理剂量"和"适可而止"的标语牌；有抗议者表示，"我不能忍受任何形式的歧视，现在的疫苗接种证具有歧视性，对（未接种疫苗的）护理人员的惩罚也具有歧视性，我们正面临强制接种疫苗的情况"。④

---

① "Hundreds Protest Coronavirus Curbs in Brussels", *The Straits Times*, 30 May 2021, https://www.straitstimes.com/world/europe/hundreds-protest-coronavirus-curbs-in-brussels, consulted on 19 January 2022.

② Alan Hope, "3,500 Gather in Brussels to Protest Covid Measures", *The Brussels Times*, 12 September 2021, https://www.brusselstimes.com/belgium/184649/3500-gather-in-brussels-to-protest-covid-measures, consulted on 19 January 2022.

③ "Covid: Huge Protests across Europe over New Restrictions", BBC News, 21 November 2021, https://www.bbc.com/news/world-europe-59363256, consulted on January 18, 2022.

④ "Protest against Coronavirus Restrictions Turns Violent in Brussels", Reuters, 6 December 2021, https://www.reuters.com/world/europe/protest-against-coronavirus-restrictions-turns-violent-brussels-2021-12-05/, consulted on 19 January 2022.

　　荷兰民众针对疫情的抗议同样涉及社交禁令、场所封控、健康与疫苗通行证等。在 2021 年 1 月底发生的抗议活动中，示威者反对社交距离规则和全国公共场合聚众禁令。荷兰多个城市发生骚乱，政府动用宪兵部队维持秩序，数百名抗议者被捕。荷兰新冠病毒测试中心曾发生一起管状炸弹爆炸案，由此引发对暴力示威活动的担忧。① 由于荷兰政府要求必须出示疫苗接种证明才能进入酒吧、餐馆、剧院和其他场所，自 9 月开始，众多民众抗议"疫苗通行证"政策。在 11 月中下旬疫情严重期间，多个城市连续数日发生暴力示威活动。在鹿特丹，由于情势严峻，警察不得不开枪控制场面。在警方抓获的 50 余名暴力示威者中，未成年人占一半。据悉，鹿特丹示威暴乱是疫情暴发以来在荷兰发生的最为严重的暴力事件，警方共逮捕 140 余人。冲突地区的居民把暴力事件归咎于年轻人的沮丧和暗淡的前景，而防疫措施加剧了这种状况。荷兰司法部长格拉珀豪斯（Ferd Grapperhaus）表示，"抗议是我们社会享有的一个伟大权利"，但在此次暴力事件中人们"看到的只是犯罪行为，与抗议无关"。② 迫于疫情压力，荷兰政府要求民众想正常参加社会活动就接种疫苗。在 12 月初的抗议游行中，示威者打出"现在就要医疗自由"的横幅。③ 有抗议者表示，他们反对没有自由，反对没有就自己的身体健康问题做出决定的自由。④

　　在德国，一个名为"横向思维"（Querdenker）的组织对民众的抗议活动起到推波助澜的作用。该组织几乎每个月都要动员多次游行示威，地点多

① Sorcha Bradley, "How the Netherlands Anti-lockdown Movement Turned Violent", *The Week*, 4 March 2021, https：//www. theweek. co. uk/952150/how-netherlands-anti-lockdown-movement-turned-violent, consulted on 19 January 2022.

② "Dutch Riot over COVID Restrictions a Second Night; 7 Arrested", VOA, 20 November 2021, https：//www. voanews. com/a/dutch-riot-over-covid-restrictions-a-second-night-7-arrested/6321708. html, consulted on 19 January 2022.

③ "Thousands Protest over Dutch Coronavirus Restrictions", Reuters, 4 December 2021, https：//www. reuters. com/world/europe/thousands-protest-over-dutch-coronavirus-restrictions-2021-12-04/, consulted on 19 January 2022.

④ Sarah Hassan, "Netherlands Lifts all Covid Restrictions Bar Social Distancing", *The National*, 26 June 2021, https：//www. thenationalnews. com/world/europe/netherlands-lifts-all-covid-restrictions-bar-social-distancing-1. 1248860, consulted on 19 January 2022.

在柏林、斯图加特等德国重要城市，参与者少则几千人，多则近两万人。示威者否认病毒的存在、反对政府的防疫措施、深度怀疑疫苗接种的必要性，甚至将现政府的行为比作纳粹德国对犹太人的残暴统治，极端色彩强烈。此外，为反对《传染病防治法》修正案的通过，将更多疫情防控权力赋予地方政府而非联邦政府，成千上万名民众于4月21日在联邦议会大厦外示威。

（三）社会抗议折射出民意分化

大规模的社会抗议背后实际上存在各国民众对防疫政策的认知分化。以德国为例，民众对政府防疫政策与疫苗接种的态度同样存在很大分歧。根据Infratest dimap统计数据，2021年1月即第二波疫情期间，有30%的受访者认为现行措施不够严格，另有17%的受访者认为措施过于严格，进入3月疫情缓解时，希望放开管制的人数大幅度攀升；当4月第三波疫情来临时，有48%的人认为需要收紧管控措施，同时也有24%的人希望放开管控；在第四波疫情最为严峻的12月间，认为管控不够严格的比例达60%。① 由此可以看出，德国民众对于放松管制的期待随着疫情趋于缓解而上升，随着疫情趋于复杂而下降。值得注意的是，在整个疫情期间，主张放松防疫管制的声音一直存在。即便在疫情最严峻的2021年12月，仍有近20%的民众认为应该放松管制，占比较1月稍有攀升。由此可以看出，随着疫情持续、政府不断收紧防疫措施，虽然多数民众意识到防疫的必要性，但长时间的抗疫已经使他们出现疲态，从而表现出对回归正常秩序的渴望。

随着疫情的持续，德国民众对疫苗接种的支持率不断上升。② 1月，共

---

① Infratest dimap, "ARD-DeutschlandTREND, Januar 2021"; Infratest dimap, "ARD-DeutschlandTREND, März 2021"; Infratest dimap, "ARD-DeutschlandTREND, April 2021"; Infratest dimap, "ARD-DeutschlandTREND, Juni 2021", https：//www.infratest-dimap.de/fileadmin/user_ upload/DT2106_ Bericht.pdf; Infratest dimap, "ARD-DeutschlandTREND, November 2021", https：//www.infratest-dimap.de/fileadmin/user_ upload/DT2111_ Bericht.pdf; Infratest dimap, "ARD-DeutschlandTREND, Dezember 2021", https：//www.infratest-dimap.de/fileadmin/user_ upload/DT2112_ Bericht.pdf, consulted on 13 January 2022.

② Infratest dimap, "ARD-DeutschlandTREND, August 2021", https：//www.infratest-dimap.de/fileadmin/user_ upload/DT2108_ Bericht.pdf, consulted on 13 January 2022.

有 75% 的受访者认为疫苗接种很有必要，到 8 月升至 87%。然而，对于"18 岁以上人群均有接种疫苗的义务"这一观点，民众立场的分化则较为明显，46% 认为成年人均有此义务，而对此表示反对的则占 50%。其中，反对呼声最强烈的是另类选择党的支持者，比例达 63%；联盟党的支持者认同该义务的比例最高，但也仅有 58%。就此而言，虽然民众普遍认识到疫苗接种的必要性，但多数人不将之视为一种义务，甚至认为强制接种疫苗是对其基本权利的侵犯。此外，也有人对疫苗是否经过充分测试表示质疑。

在疫苗接种的问题上，欧洲各国民众普遍希望能拥有自由选择的权利，而非强制接种或选择某一种疫苗。截至 2021 年 12 月底，欧盟各国民众完全接种疫苗（两针）的比例平均为 69.07%，若要考虑到非欧盟成员国，欧洲范围内的平均完全接种率为 61.19%。在欧洲各国，葡萄牙的疫苗完全接种率最高，达 89.38%，远超排名第二的西班牙（81.33%）。其余疫苗完全接种率较高的国家是丹麦（78.34%）、爱尔兰（77.41%）、冰岛（76.99%）、比利时（75.80%）、意大利（74.15%）、芬兰（73.75%）、法国（73.42%）、瑞典（72.37%）、挪威（71.82%）、德国（70.65%）、英国（69.54%）、奥地利（69.35%）等，乌克兰（31.65%）、塞尔维亚（46.87%）、斯洛伐克（48.94%）、波兰（55.68%）、斯洛文尼亚（57.21%）、爱沙尼亚（61.79%）等国完家的完全接种率均相对较低。[1]

（四）文化从业者抗议其成为受影响最大的职业群体

新冠疫情对各行各业均带来了不可低估的负面影响，但在只满足生活必需、限制公共场所开放与大规模集会的背景下，文化艺术领域所遭受的影响尤其严重，各国文化工作者的抗议斗争尤其彰显了一种显著的职业标签。

在法国，"占领剧院"运动引发很大影响。自 2021 年 3 月开始，法国各地文艺工作者纷纷加入"占领剧院"活动，对政府自 2020 年 10 月以来

① "Coronavirus (COVID-19) Vaccinations", Our World in Data, https://ourworldindata.org/covid-vaccinations, consulted on 13 January 2022.

关闭文化场所的防疫举措发出抗议。在疫情之下，由于作为非生活必需的文化场所被长时间关闭，文化领域受到很大影响，一些文艺工作者陷入经济困难，尤其是那些临时合同工。有示威者打出"文化是我们生活必需"的标语。他们的诉求主要是重新开放那些从来没有出现过聚集疫情的文化场所，将免除一年所得税的政策扩大至处于不稳定状态和签订季节性临时合同的所有劳动者，同时反对政府一直酝酿进行的失业保险改革。有剧院负责人表示，"我们将无法完全治愈正在经历的悲痛"，文艺工作者的反抗"将对法国戏剧产生持久影响"。[1]

在比利时，文艺与文化工作者同样也表达了类似的诉求。众多演员和电影院经营者抗议政府关闭电影院和其他文化场所。12 月 26 日，比利时文化行业的数千名工人聚集在一起，走上街头抗议政府为阻止奥密克戎变异病毒传播而关闭文化场所的决定。抗议者在倾盆大雨中举着"表演必须继续""没有文化就没有未来"等标语，指责政府新防疫措施不公平地对待文化产业。[2]

荷兰的文艺工作者同样也针对对他们不利的防疫措施提出了抗议。由于荷兰政府禁止民众参加拟于夏季举办的大型音乐节活动，8 月 21 日，众多音乐人士和音乐节组织者在六个城市举行"让我们发声"游行，抗议对他们所属职业群体不公平的限制措施，由于政府施限，他们组织的夏季音乐节和其他活动被迫取消。荷兰是多个著名音乐节的举办地，甚至有一家参与音乐节组织的大公司就防疫措施问题对荷兰政府提起诉讼。[3] 9 月 11 日，包括许多流行音乐节目主持人和音乐家在内的数万人针对因新冠防疫措施对夜间

① Laure Adler, « Occupation des théâtres: quand la culture entre en scène », https://www. franceinter. fr/emissions/l‐heure‐bleue/l‐heure‐bleue‐24‐mars‐2021, consulté le 13 janvier 2022.

② "'No Culture, No Future': Belgium's Cultural Sector Appeals against COVID Measures", Euronews, 28 December 2021, consulted on 19 January 2022.

③ Wesley Dockery, "COVID: Thousands Protest Nightlife Ban in the Netherlands", DW, 11 September 2021, https://www. dw. com/en/covid‐thousands‐protest‐nightlife‐ban‐in‐the‐netherlands/a‐ 59155384, consulted on 19 January 2022.

活动进行限制而走上街头抗议，他们喊出"把我们的安全空间还给我们"的口号，打出"文化至关重要"的横幅。有抗议者表示，"文化行业就像是一个被遗弃的孩子"，"感觉除了我们之外，所有行业都很重要"。① 疫情之下，由于规模较大的文化活动受到限制，很多文化工作者过得很困难，认为政府的防疫举措对他们不公平，没有为他们的利益着想。抗议者还建立"让我们发声"网站，呼吁文化工作者要为已经被停止活动一年半的文化行业挺身而出。

在欧洲其他国家，社会抗议也普遍存在。在中东欧国家匈牙利，抗议示威者表示，他们已受够了防疫措施对企业造成的大规模破坏。② 在英国，民众的抗议游行也经常伴有警民冲突，抗议者不但反对政府在疫情下施行的严格管控，要求"自由"，也抗议所面临的收入不平等问题，以及政府越权行为等。③ 实际上，在疫情期间，欧洲各国还出现了大量其他主题的抗议活动，涉及气候变化、欧盟改革、资本主义制度、少数族裔等，基本延续了多年来欧洲社会运动的重要主题。

综合来看，持续蔓延的新冠疫情进一步凸显了欧洲各国政府进行的防疫治理与民众所追求的自由理念之间的冲突。在疫情防控之下，"自由空间"受到挤压的民众普遍希望回归正常的社会秩序，更需要得到基本的民生保障，对此民众的诉求存在较大差异，从而为各国国内的社会团结与疫情治理带来前所未有的困难。可以说，在疫情持续的背景下，经济危机和社会动荡进一步深化了各国社会的不平等和分化。

---

① Mike Corder, "'Unmute Us': Marchers Demand Return of Dutch Music Festivals", *AP News*, 21 August 2021, https://apnews.com/article/entertainment-business-music-health-arts-and-entertainment-a49e01561edc13641b1079dd2145fda6, consulted on 19 January 2022.

② Yohannes Lowe, Haroon Siddique, Helen Sullivan, "Hundreds Arrested in Belgium and Hungary Protests-as It Happened", *The Guardian*, 1 February 2021, https://www.theguardian.com/world/live/2021/jan/31/coronavirus-live-news-germany-threatens-legal-action-over-vaccine-delays-nsw-marks-14-days-of-no-cases? filterKeyEvents=false, consulted on 18 January 2022.

③ 《英国伦敦数千人游行，反对疫情严格管控》，澎湃新闻，https://www.thepaper.cn/newsDetail_ forward_ 11805794；《伦敦"百万面具游行"多处发生冲突：共致 8 警察伤，拘 12 人》，澎湃新闻，https://www.thepaper.cn/newsDetail_ forward_ 15258738。

二 欧盟及各国持续调整其防疫举措

疫情之下，欧盟及各成员国在防疫治理方面努力相互协调。在欧盟层面，先后制定了面向所有成员国的举措机制，而各国也根据疫情发展与自身实际，出台一些因地制宜的措施。各国防疫政策的差异既反映出其疫情发展态势与治理理念的不同，其民众配合程度与成效也折射出各国政府在社会动员与危机治理方面的能力。

（一）欧盟应对疫情的重要举措

欧盟一直重视和强调接种疫苗在新冠疫情防控中的作用。2021 年 1 月 19 日，欧盟委员会呼吁各成员国要加快新冠疫苗接种速度，同时还应继续执行防疫管控措施，包括减少非必要旅行、保持社交距离、加强病例追踪等。欧盟在就此发布的建议文件中提出全面推进疫苗接种的时间表：3 月，各成员国应完成 80% 卫生护理人员的疫苗接种，推动至少 80% 的 80 岁以上老年人群接种；到夏季结束前，应争取实现至少 70% 的成年人完成疫苗接种。此外，鉴于欧盟成员国的新冠检测阳性样本的病毒基因组测序比例只有不到 1%，难以发现新的毒株和病毒变异情况，欧盟敦促各成员国立即加强测序工作，力争将样本测序比例提升到 5%~10%。[①]

为确保欧盟各国民众在"完全健康安全"的状态下自由流动，以及支持运输业等相关经济部门的运转，3 月 17 日，欧盟委员会发布有关"新冠通行证"的立法提案。5 月 20 日，欧盟三大机构就"新冠通行证"问题达成共识。次日，欧盟宣布，将于 7 月 1 日开始推行"新冠通行证"，以方便欧盟成员国公民在欧盟境内自由流动。该举措发布后，立即在各国引发不满。据欧盟委员会负责法律事务的委员雷恩代尔（Didier Reynders）介绍，

---

① 《欧盟力争今夏为七成成年人完成新冠疫苗接种》，人民网，http://world.people.com.cn/ n1/2021/0120/c1002-32006280.html。

欧盟成员国公民可免费获得三种证书：一是接种了欧盟认可的新冠疫苗的接种证书，二是核酸检测阴性证书，三是感染新冠病毒后的康复证书。这三种证书以手机二维码的形式颁发，并可下载打印。为此，欧盟要求 27 个成员国须在 6 月做好准备，向各成员国提供技术和资金支持，并拨款 1 亿欧元支持成员国降低检测费用。① 欧盟建设的专用于验证"新冠通行证"的技术平台于 6 月 1 日正式启动，保加利亚、捷克、丹麦、德国、希腊、克罗地亚和波兰等七个国家成为发放第一批欧盟"新冠通行证"的国家。

9 月 16 日，欧盟委员会宣布成立"欧盟卫生应急准备和响应机构"，以预防、发现和快速应对卫生紧急情况，帮助欧洲在需要时快速做出反应。该机构于 2022 年初全面投入运作，未来六年内将获得总额近 300 亿欧元资金。该机构通过情报收集和建立必要的响应机制，预测威胁和潜在的健康危机，确保药物、疫苗及其他医疗用品（如手套和口罩）的开发、生产和分发。欧盟委员会在当天发表的声明中说，该机构在准备和响应两个方面采取行动：在非危机状态下，机构将引导投资，以加强预防和应对卫生威胁的准备；在危机状态下，机构将确保充分、及时地提供和部署相关的应对措施。早在 2020 年"盟情咨文"中，欧盟委员会主席冯德莱恩就提出要成立"欧盟卫生应急准备和响应机构"，以填补欧盟在卫生应急响应和准备方面的空白。②

（二）各国因地制宜地调整防疫政策

在欧盟统筹各国防疫政策基本框架的同时，各国也根据各自情况推出不同的举措，以适应各自社会模式的实际需求。

在经历数波疫情背景下，德国政府逐步探索出疫情防控的"3G 原则"，并于 8 月底开始实施。按照这一政策，政府对民众活动按照已接种（geimpft）、已

---

① 《欧盟将于 7 月 1 日开始推行"新冠通行证"》，人民网，http：//world. people. com. cn/n1/2021/0522/c1002-32110332. html。

② 《欧盟宣布成立卫生应急准备和响应机构》，人民网，http：//world. people. com. cn/n1/2021/0917/c1002-32229828. html。

痊愈（genesen）、已检测（getestet）三种情况实施管理。按照规定，只有三类人——已全程接种疫苗人群、在半年内感染过新冠病毒且已康复人群，以及核酸检测阴性人群，可以进出诸如医院、养老院、室内餐馆，室内娱乐、体育场所以及理发店等公共场所。在冬季疫情加剧之际，"3G 规则"又升级为更严格的"2G+规则"，即只有接种疫苗或痊愈，且核酸检测阴性的人才可以自由出入公共场所。

面对 2020 年底疫情的延续，德国政府于 2021 年 3 月初推出"五步走解封计划"：第一步，从 3 月初开始，学校、幼儿园、理发店有条件开放；第二步，书店、花店、五金店等可陆续开放，同时需遵守必要的防疫措施和人员间隔规定；第三步，在每 10 万人 7 天感染病例低于 50 人（下同）的情况下，所有商店，以及博物馆、动物园、纪念馆等可恢复营业，若感染病例在 50~100 人，则商店仅可以向已预约顾客开放；第四步，到 3 月下旬，感染病例在 50 人以下的地区，餐饮业的露天食堂、电影院、音乐厅有条件开放，感染病例在 50~100 人的地区，顾客需要在核酸检测为阴性或者有预约的情况下才被允许进入；第五步，最早在 4 月 5 日，感染病例在 50 人以下的地区可恢复室内活动与大型体育活动。[①]"五步走解封计划"意在有序开放民众的工作与生活空间，也为其社会活动的安排设定可预期的时间表。但是，从 3 月下旬起又一波疫情打乱了这一计划，其间政府防疫政策反复变化，遭到民众的普遍反感。

2021 年，德国先后出台一些与防疫有关的法规条例。1 月 27 日，《新冠职业安全与卫生条例》（Corona-ArbSchV）生效。条例规定，针对办公室工作，若没有特殊理由，雇主必须保证雇员居家办公的权利。对于无法居家办公的工作场所，雇主保证在岗员工的最低人数即可，同时应提供相关防疫物品。[②] 4 月 23

---

① Melanie Gottschalk, "Corona in Deutschland: Welche Öffungsschritte beim Corona-Gipfel beschlossen wurden", *Frankfurter Rundschau*, 4 Mar. 2021, https://www.fr.de/politik/corona-gipfel-oeffnungsschritte-lockerungen-deutschland-bund-laender-angela-merkel-90226808.html, consulted on 13 January 2022.

② Bundesministerium für Arbeit und Soziales, "SARS-CoV-2-Arbeitsschutzverordnung (Corona-ArbSchV)", https://www.bmas.de/DE/Service/Gesetze-und-Gesetzesvorhaben/sars-cov-2-arbeitsschutzverordnung.html, consulted on 13 January 2022.

日，《传染病防治法》（Infektionsschutzgesetz）修正案正式生效，其中最重要的是"联邦紧急制动令"。法案规定，对于 7 天感染病例大于 100 人的地区，每日 22 点至次日早 5 点实施宵禁；一家人每天最多只能接触家庭成员以外的一人；商场、药房、理发店等需限制人数并要求佩戴口罩；关闭文化和娱乐场所及室内餐馆。若感染病例超过 150 人，则关闭商场。若感染病例达到 165 人，则停止所有线下授课。① 然而，该措施并没有得到广泛支持。民调显示，49%的受访者对"联邦紧急制动令"表示支持，另有 48%的人认为需要根据地区特点灵活实施，并表达了对于联邦政府扩权的担忧。其中，绿党对该法令的支持率最高（67%），另类选择党最低（19%）。②

综观一年来的疫情发展以及防疫措施，德国在控制疫情方面的成效并不显著，尤其是第四波疫情的发展速度创造了历次之最。虽然德国被认为在抗疫方面是个"优等生"，但面临一波又一波的疫情，德国渐渐招架不住，甚至通过挤占其他非新冠病人的医疗资源而保障新冠病人的救治。这一"拆东墙补西墙"的方式无法持续。在政策出台和成效方面，联邦政府或因政策的朝令夕改而遭到诟病，或政策推行没有达到预期目标。这一困境与德国政治体制的特点有关。由于德国合作型联邦制下的卫生和教育领域权责属各联邦州所有，各政策的具体执行力度在各州存在差异，因此，关于封锁的严苛程度、社会接触的规定、是否采取线上授课等决定均由各州做出，中央政府的权能受到限制。这虽然有利于各州根据实际情况灵活地采取相关措施，但联邦政府和各州之间的频繁博弈造成在联邦层面政策连贯性和执行力方面的困难。③

与德国相似，法国政府的防疫举措基本体现在三个方面：一是根据疫情

① Die Bundesregierung, "Das regelt die bundeseinheitliche Notbremse", 25 Apr. 2021, https：// www. bundesregierung. de/breg - de/suche/bundesweite - notbremse - 1888982, consulted on 13 January 2022.

② Infratest dimap, "ARD-DeutschlandTREND, April 2021", https：//www. infratest - dimap. de/ fileadmin/user_ upload/DT2104_ Bericht. pdf, consulted on 13 January 2022.

③ 郑春荣：《2020~2021 年德国内政与外交走势》，载郑春荣主编《德国发展报告（2021）——迈向"后疫情时代"的德国》，社会科学文献出版社，2021，第 4 页。

发展实施"封禁"政策，包括限制人们的跨区域流动、在公共场所的活动，以及实施宵禁，甚至一度关闭边境等；二是积极推动民众接种疫苗，向 12 岁以上青少年开放接种新冠疫苗；三是通过立法实施健康通行证政策，将之作为民众参与公共生活与疫情管控的基本依据。

2021 年底，在法国面临第五波疫情蔓延与奥密克戎变异病毒肆虐传播之际，法国政府特意就年底的诸多庆祝活动出台一些限制措施，旨在遏制病毒传播，避免医院的重症救治和康复治疗能力达到饱和状态。相关举措包括：用"疫苗接种证"替代此前的健康通行证，核酸检测阴性证明不能保证健康证处于有效状态。民众进入餐馆、剧院、电影院、博物馆等原来需要出示健康证的地方，必须出示疫苗接种证。政府呼吁民众要承担起作为公民的责任，在年底节日性聚会中注意防疫，尤其要限制聚会人数，建议民众在聚会前进行核酸检测，严格遵守防护举措。同时，政府要求各市镇取消各类新年音乐会、烟花表演和其他节日聚会活动。法国政府还决定缩短前后两剂疫苗接种的时间间隔，由原来的 5 个月缩短至 4 个月。此外，政府决定自 12 月 20 日起，医院护理人员的加班费翻倍。此举将有助于稳定医护工作者的责任心，使其在疫情下的辛苦付出获得应有的劳动报酬。①

2021 年上半年，在疫情局势逐步缓解的情况下，英国曾一度放宽防疫举措。2 月 25 日，英国政府首席医疗官宣布，随着新冠疫情对医疗系统的压力缓解，英国新冠疫情警报级别从最高级别 5 级下调至 4 级，即疫情从"面临超过医疗机构承受能力"下降至"高传染率或指数级上升"状态。3 月，英国重新开放学校并部分放宽社交限制，包括调整户外聚会人数限制以及户外体育设施重新开放等。4 月中旬，英格兰、威尔士等地的非生活必需品商店重新开门营业。5 月，"禁足"政策进一步放开，在人数有所限定的情况下，允许包括电影院、剧场、博物馆在内的室内文化娱乐设施重新开

---

① Direction de l'information légale et administrative, «Lutte contre l'épidémie：nouvelles mesures sanitaires annoncées le 17 décembre 2021», https：//www. service－public. fr/particuliers/ actualites/A15384, consulté le 13 janvier 2022.

放，但须做好防护措施；允许餐厅、酒吧以及咖啡馆等的室内就餐区恢复营业；酒店、民宿等可恢复营业。6月，受新冠变异病毒快速传播的影响，"解封"措施有所放缓。自7月19日起，英格兰地区的防疫限制措施解除，室内聚集活动不再受到限制，取消1米社交距离的规定，戴口罩也是自愿行为。这一天被英国民众称为"自由日"，很多人涌入重新开放的酒吧和夜总会庆祝。

为应对秋冬季节可能出现的疫情反复情况，英国政府于9月14日宣布两套防疫计划。其中，A计划将疫苗作为第一道防线；B计划则采取有关强力措施，防止国家医疗服务体系不堪重负。A计划主要包括：鼓励尚未接种疫苗的人接种，为12~15岁的青少年接种疫苗，向50岁以上人士、前线医护工作人员和社会保障工作者以及有健康问题的年轻人接种第三剂新冠疫苗，即新冠疫苗"加强针"；继续实行新冠病毒检测、病例追踪和自我隔离规定；建议在室外见面或见面时开窗，在拥挤的室内空间戴口罩等。B计划的内容包括敦促公众更加谨慎行事；大型活动和夜店等场所引入"疫苗护照"；在一些地方，戴口罩可能成为法律规定等。英国卫生大臣贾维德表示，B计划只有在需要并得到数据支持的情况下才能采取，以防止国家医疗服务体系承受不可持续的压力。在回答何种情况下政府考虑从A计划转向B计划时，英国首相约翰逊称，将根据实时数据考虑疫情的规模和风险。由于疫情严峻，12月8日，约翰逊召开新闻发布会，宣布启动在家工作、强制戴口罩等防疫"B计划"措施。

此外，2021年，英国一度对外国人入境施行严格限制。自1月中旬起，所有经海陆空进入英国的国际旅客（包括英国本国人士）必须在出发前72小时进行核酸检测，只有持阴性结果才能入境英国（11岁以下儿童可免除检测），违禁者将被罚款500英镑①，一些内阁成员甚至要求对所有外国人完全关闭英国边境。2月9日，英国卫生大臣宣布，抵达英格兰的旅客必须

---

① 《英国8日要求入境旅客出发前72小时须进行核酸检测》，新浪网，https：//news. sina.com.cn/w/2021-01-08/doc-iiznctkf0921472.shtml。

在酒店接受隔离，并为此缴纳 1750 英镑费用，未能在政府指定酒店隔离的旅客将面临最高 1 万英镑的罚款，抵达英格兰的旅客如果隐瞒自己曾前往"红色名单"国家的事实，将面临 1 万英镑的罚款和最长 10 年监禁。[①] 在疫情趋缓的背景下，英国政府于 9 月中旬宣布，自 10 月 4 日起废除入境防疫"信号灯"系统，减少入境新冠病毒检测次数，以促进旅游业发展。[②] 总体而言，英国的防疫政策趋于逐步放松管控，2022 年，在疫情不出现重大反复的情况下，此前的诸多限制措施将基本放开。

在奥密克戎变异病毒于 2021 年底在欧洲广泛传播之际，各国普遍收紧了国内防疫措施。比利时要求进商店时最多两人同行，电影院、音乐厅和会议中心等室内场所以及游乐园和体育场馆必须关闭[③]。除非需要前往工作地点，否则每周必须进行四天远程工作，这比此前增加一天。官方还禁止所有室内活动和聚会，但允许举办婚礼、葬礼、私人住所的聚会和体育赛事。在所有室内室外公共场所，民众都必须佩戴口罩；民众参加 50 人以上的私人室内聚会和 100 人以上的私人户外聚会也需要戴口罩。大多数企业和服务都可以在遵守远程办公、满足卫生和社交距离要求的情况下运营。在年底这一轮疫情来临时，比利时已使用了新冠健康证系统（COVID Safe Ticket System），该系统可显示持证人是否已完全接种新冠疫苗、从新冠病毒感染中康复或最近核酸检测为阴性。

与此同时，比利时也加强了对入境人员的限制，针对来自不同国家或地区的旅客施行有所区分的政策，但所有在比利时境外停留 48 小时或更长时间，或将在比利时逗留 48 小时以上的旅客必须在抵达前填写乘客定位表

---

① 《英国政府要求入境旅客付费隔离：10 天 1750 英镑》，新浪网，https://mil.news.sina.com.cn/2021-02-10/doc-ikftpnny6148050.shtml。

② 《英国放宽入境英格兰防疫政策》，《欧洲时报》网站，http://www.oushinet.com/static/content/britain/2021-09-18/888815628755283968.html。

③ "Belgium: Authorities to Tighten COVID-19-related Domestic Restrictions Effective Dec.26 / Update 49", Crisis24, 23 December 2021, https://crisis24.garda.com/insights-intelligence/intelligence/risk-alerts/wip10011871950/belgium-authorities-to-tighten-covid-19-related-domestic-restrictions-effective-dec-26-update-49, consulted on 19 January 2022.

（Passenger Locator Form）；所有在过去 14 天内旅居过高风险国家或通过空中或海上，或从欧盟或申根区以外乘坐火车或巴士抵达的人，无论在比利时停留多长时间，都必须填写上述表格。另外，比利时通常允许来自大多数国家的已接种疫苗的旅客和来自欧盟和申根区国家的未接种疫苗的旅客进入比利时，对于未接种疫苗的非欧盟公民或来自欧盟和申根区以外的所有其他国家和地区的居民，通常禁止进行非必要的旅行。

在荷兰，政府规定任何人每天不得接待超过两名 13 岁及以上的访客。在圣诞节及新年等节假日期间，13 岁及以上的访客人数上限为每天 4 人；每天访问的其他家庭不超过 1 个；13 岁及以上的户外团体人数上限为 2 人。另外，除送货和外卖外，所有酒店行业均需关闭；除"线上购物、线下提货"外，所有非必需品商店均关闭；超市和药店等可营业至晚上 8 点，购物者必须戴口罩，且遵守每 5 平方米 1 人的社交距离要求；加油站、药店、图书馆、驾校、公证处和律师事务所等特定场所可以正常营业；所有从事非医疗接触性职业的场所，如美发店和美容院都需关闭；电影院、博物馆、剧院和音乐会场馆关闭；除供课程使用的游泳池外，所有室内运动设施均应关闭；等等。在有关入境政策方面，政府允许来自欧盟/申根区且可以出示疫苗接种证明的人进入荷兰，来自欧盟/申根区以外的旅客必须出示核酸检测阴性结果；来自"安全国家"的游客，或某些特定职业的人，可享有欧盟入境禁令豁免。根据具体情况，来自欧盟/申根区以外的游客在抵达荷兰之前必须准备好所需文件。

三　民生问题与社会政策的多向度调整

自新冠疫情发生以来，欧洲各国民众都不同程度地面临棘手的民生问题，它们在多个维度持续发酵。在此背景下，欧洲各国的社会政策调整则在相当程度上是为了应对诸多民生困境。与此同时，欧盟着眼于未来经济社会发展对高素质人才的需求，积极改革"蓝卡"计划以期提升欧洲吸引高素质国际人才的能力。

（一）欧洲民众面临的民生问题突出

2021年，欧洲各国能源价格持续上涨，大量中低收入家庭生活负担加重，尤其以南欧为甚。10月，西班牙批发市场电价创下历史新高，一度超过200欧元每兆瓦时，是2020年同期的5倍。与此同时，意大利、葡萄牙等国能源价格也一路攀升。有媒体指出，西班牙和意大利电价已"领跑"欧洲。[①] 意大利电费自10月起再次上涨40%，燃气费上涨31%，政府计算只此两项费用预计会使每户家庭每年增加数百欧元的开销，社会各界为中低收入家庭生活负担加重感到普遍忧虑。能源涨价的结果是更高的生产和生活成本，西班牙12月的通胀率已冲上30年来的最高水平。毫无疑问，能源价格高企将给南欧国家的复苏进程蒙上阴影。

南欧国家面临的能源困局，首先与2021年以来国际天然气价格持续上涨的市场大环境有关，欧美和亚洲国家天然气价格均处于上升期。其次，绿色转型下欧盟碳排放交易体系（ETS）推高了二氧化碳排放价格。欧盟通过调整配额以推动企业脱碳，但最终也影响到普通居民的"腰包"。此外，南欧国家在欧盟整体绿色转型下暴露出其电力生产的结构性缺陷，即可再生能源和核能发电供应不足，高度依赖燃气循环发电系统，导致难以有效控制成本，同时，西班牙等国始终对将核能发电列入"绿色能源"的欧盟建议持保留态度。如何实现稳定复苏与绿色转型之间的平衡发展，特别是在此过程中维持企业和国家的竞争力，同时避免牺牲弱势群体的利益，已成为棘手难题。

2021年11月，比利时的通货膨胀率达到自2008年金融危机以来的历史最高值（5.64%），这主要是由高昂的能源价格所致。相关调查[②]数据显示，比利时消费者已感受到这种通货膨胀，2/3的人担心它会变得更糟。由

---

① Ultima Hora, "España tiene el precio de la luz más caro de Europa", https：//www. ultimahora. es/noticias/nacional/2021/09/30/1305519/espana-tiene-precio-luz-mas-caro-europa. html, consulted on 13 January 2022.

② Orlando Whitehead, "Many Belgians Poorer as Pandemic Fuels Inequality", *The Brussels Times*, 21 December 2021, https：//www. brusselstimes. com/belgium/196595/many-belgians-poorer-as-pandemic-fuels-inequality, consulted on 20 January 2022.

于新冠疫情，40%的受访者认为自己变得比以往更穷。家庭可支配收入也有
所下降：41%的比利时受访者表示，他们在支付账单后几乎无法存上 1/5 的
工资。这使储蓄变得更加困难。如果这些家庭遇到财务困难，可能会出现问
题。对于近一半的受访者来说，克服疫情期间产生的财务问题需要一年多的
时间。这些问题构成了比利时社会分化的潜在因素。

在疫情导致多国失业人数增加的同时，荷兰却出现职位空缺数量超
过失业人数的现象。荷兰统计局披露的数据[1]显示，自 2021 年第二季度
起，荷兰劳动力市场上的职位空缺数量超过失业人数，说明荷兰劳动力短
缺情况严重。自 2020 年年中以来，荷兰的失业率一直在下降，职位空缺
数量也一直在稳步上升，在 2021 年 4~6 月达到顶峰。其间，荷兰有 32.7
万个工作岗位可供选择，这是该国有记录以来的最高数据。在 2021 年第
二季度末，荷兰劳动力市场每 1000 个工作岗位就有 39 个空缺，这是荷兰
统计局记录的最高数据。荷兰贸易、商业服务和医疗保健部门的职位空缺
数占所有职位空缺数量的一半，而荷兰医疗保健系统职位空缺数量逾 5.1
万个。餐饮业也受到疫情的严重影响，第二季度，该行业的职位空缺总数
翻了一番，达到 2.7 万个；截至 9 月底，餐饮行业每 1000 个工作岗位就
有 83 个空缺。2021 年第三季度末，荷兰统计局报告了 37.1 万个空缺职
位，这意味着每 100 名失业者就对应 126 个空缺职位。由于新冠疫情和随
之而来的封锁迫使数千人寻找其他工作，全国各地的企业都在努力招聘
工人。

（二）欧盟调整其"蓝卡"计划的政策规则

在欧洲各国，移民问题并没有因为疫情而受到忽视。欧盟及其成员国均
根据疫情发展实时改变其入境管控的举措，同时出于经济社会发展的需要持
续对其移民政策进行调整。

---

[1] Statistics Netherlands, "Labour Market Dashboard", https：//www.cbs.nl/en-gb/visualisations/
labour-market-dashboard, consulted on 13 January 2022.

2021 年 5 月，欧盟理事会与欧洲议会就一项指令草案达成临时协议，内容涉及高素质的非欧盟成员国国民在欧盟生活工作的入境与居住条件，即"蓝卡"指令。[①] 这一制度旨在吸引并留住高素质的工人，尤其是在高素质人才面临短缺的行业。在欧盟看来，其经济发展的绿色与数字化转型若要取得成功，必须拥有具备必要技能的劳动力。教育与终身培训将在其中发挥关键作用，同时欧盟也强调确保自身有在全球寻找人才的竞争力。欧盟"蓝卡"规则的修订即要在欧盟层面上提供一种方案，允许欧盟在吸引高素质人才的过程中，拥有更大的灵活性、更好的条件和更为简化的手续。

新修订的规则主要涉及以下几个方面。一是建立更具包容性的录用标准，包括降低录用工资门槛，允许新近毕业的学生或需要工人的岗位降低工资门槛，将工作合同的最短期限缩短至 6 个月，同时还拓展领域范围，将来自信息与通信技术部门的高素质人才纳入其中。二是促进人才在欧盟内部的流动，包括缩短外来人才在第一个成员国内的最短居住时间，简化和加快涉及人才流动的程序，允许外来人才在不同体系累积居住时间，以使他们能够获得长期居住的资格。三是促进家庭团聚，允许"蓝卡"持有者的配偶或伴侣可以不受限制地进入劳动力市场。四是简化雇主审核认定的程序。五是保证高水平的劳动力市场准入，尤其是允许欧盟成员国许可"蓝卡"持有人从事自雇性的职业活动或其他辅助性职业活动，为其提供社会保障，尤其是在失业的情况下。六是将相关政策拓展至欧盟公民的非欧盟籍家庭成员，以及国际保护的受益人。按照欧盟要求，各成员国应当出台相关的吸引高素质人才的计划，以便与欧盟的"蓝卡"制度相一致。同时，欧盟还将出台一些新的规则以确保公平的竞争环境，使欧盟"蓝卡"持有者及其家庭相较于其他国家"蓝卡"的持有者不会处于劣势。

---

① Council of the European Union, "Legal Migration: Council Presidency and European Parliament Reach Provisional Agreement on Scheme to Attract Highly Qualified Workers", https://www.consilium.europa.eu/en/press/press - releases/2021/05/17/legal - migration - council - presidency-and - european - parliament - reach - provisional - agreement - on - scheme - to - attract - highly-qualified-workers/, consulted on 13 January 2022.

（三）各国推进多项社会政策改革

2021 年，为配合疫情防控，德国联邦政府出台一系列社会政策。在劳动力市场方面，政府延长了短工津贴的领取时长，简化领取程序，提升津贴额度。具体而言，津贴领取的头三个月，政府按原工资的 60% 补偿不工作的时间；如果工作时间减少 50%，则从第四个月至第六个月由政府支付工资损失的 70%，从第七个月支付工资损失的 80%。其领取时长延长至 24 个月。① 在养老服务方面，处于照护一级或获得非专业照护的老年人也可以得到每月 125 欧元的免税额度；② 为支持居家照护，政府将照护补助津贴的领取天数从 10 天延长为 20 天，并简化申请程序。③ 在家庭政策方面，继 2020 年为每位儿童发放一次性补助津贴 300 欧元后，2021 年为每位儿童发放 150 欧元；④ 对于医疗、交通运输、教育、治安维护等领域的从业者而言，由于其在疫情期间无法居家办公，其父母金的领取时长可以延长，即在孩子出生 14 个月后，依然可以领取父母金并休假。⑤

相较而言，这些社会政策中的新措施基本是为了抗击疫情而设，例如支持居家照护、为儿童照护提供方便、增加工资收入等。这些政策虽然起到一定效果，但并没有解决社会福利的根本性问题，贫富差距扩大的趋势未得到

① Bundesagentur für Arbeit, "Kurzarbeitergeld-Informationen für Arbeitnehmer", https：//www. arbeitsagentur. de/finanzielle-hilfen/kurzarbeitergeld-arbeitnehmer, consulted on 13 January 2022.

② 德国《社会法典》规定，根据老年人身体状况将照护等级分为五级，其中照护一级为最低级。由于处于照护一级的老年人一般不需要密集的专业照护，因此处于照护一级的老年人与获得非专业照护的老年人相同，无法享受仅面向专业照护的免税额度。而疫情显著增加了家庭照护负担，德国政府决定，处于照护一级和获得非专业照护的老年人都可以享受相应的免税额度。

③ Julia Willenbrock, "Das Coronavirus und seine Auswirkungen auf die Pflege：Fragen & Antworten", *Pflege. de*, 2 July 2020, https：//www. pflege. de/pflegende － angehoerige/pflegewissen/faq-coronavirus/#magazin－arbeitsrecht－corona, consulted on 13 January 2022.

④ Bundesagentur für Arbeit, "Kinderbonus：Anspruch, Auszahlung, Höhe", https：//www. arbeitsagentur. de/familie－und－kinder/kinderbonus, consulted on 13 January 2022.

⑤ Bundesministerium für Familie, Senioren, Frauen und Jugend, "Neue Regelungen stützen Familien in der Corona-Krise", 15 May 2020, https：//www. bmfsfj. de/bmfsfj/aktuelles/alle － meldungen/elterngeld－wird－kurzfristig－angepasst－154564？ view＝, consulted on 13 January 2022.

有效缓解，而政府支出的增长使税收和社会保险缴纳的负担更重。

德国大选后，新政府于 11 月 24 日公布的联合执政协议包含多项社会政策改革动议。新政府决定，在 2020 年的基础上，将继续提高新冠津贴发放额度，给予参与疫情防治和照护工作的人发放每人最高 3000 欧元的津贴。在收入平等方面，护士和照护人员的工资收入实现拉平，并将全国最低工资提升至 12 欧元/小时。新政府承诺在立法周期内将稳定退休金和退休年龄，重新引入养老金赔偿因素。此外，为抑制房租攀升，将施行租金刹车。① 可以说，新政府的社会政策更加慷慨，目标更加雄心勃勃。然而，未来最现实的问题是庞大的资金支持从何而来。

2021 年 6 月，比利时众多社会伙伴就大幅提高最低工资、灵活的加班安排和退休方案改革问题达成重要协议，在双方的优先事项之间取得微妙的平衡：雇主协会最初拒绝提高最低工资，而工会最初反对采取新措施使加班更加灵活，并希望确保制订更好的提前退休计划。该协议得到政府的大量财政支持，执政党还就相关就业政策达成一致意见。相关措施包括：员工病休 1 天不再需要医疗证明；为长期患病员工重新融入工作制定更多激励政策；工作时间变为每周 4 个工作日；逐步取消 1994 年开始实行的社会保障专项缴款，这将使员工的净工资每月增加 50~150 欧元，也将降低雇主的工资成本；如果一个长期失业的人开始在瓶颈行业工作，可以将其失业救济金的 1/4 保留 3 个月等。②

比利时国家复苏与韧性计划响应了促进强劲复苏的迫切需要。该计划中的改革和投资项目将使比利时经济变得更加可持续、更有弹性，并为应对绿色和数字化转型的挑战和机遇做更好的准备。比利时国家复苏与韧性计划包

---

① SPD, BÜNDNIS 90/DIE GRÜNEN UND FDP， "Mehr Fortschritt wagen：Bündnis für Freiheit, Gerechtigkeit und Nachhaltigkeit"， https：//www. bundesregierung. de/resource/blob/974430/ 1990812/04221173eef9a6720059cc353d759a2b/2021 - 12 - 10 - koav2021 - data. pdf? download = 1, consulted on 13 January 2022.

② L&E Global， "Belgium：Upcoming Changes in Employment Law"， 27 October 2021, https：// knowledge. leglobal. org/belgium-upcoming-changes-in-employment-law/, consulted on 26 May 2022.

括 105 项投资和 35 项改革，旨在解决可持续增长的瓶颈，扩大投资规模，推动经济转型，实现可持续、低碳和适应性强的经济增长，最大限度发挥数字化转型的好处并确保社会凝聚力，加强国内的互联互通，促进劳动力市场发展，提高经济创新能力以及公共支出的效率和可持续性。[①]

（四）西班牙实施史上规模最大的复苏计划

2021 年 4 月，西班牙政府宣布实施史上规模最大的复苏计划，政府承诺向社会领域增加投入。6 月，该计划获欧盟委员会正式批准。照此计划，2021~2026 年，欧盟将向西班牙提供 1400 亿欧元的资金和信贷援助。在约 700 亿欧元的直接援助中，政府承诺将不少于 25% 的资金投入各类社会事业。[②] 政府计划重点实施复兴和转型"战略项目"：加大对人民健康的保障力度，升级国家卫生系统，促进医药行业创新等；推广西班牙语经济，带动相关旅游业、文化产业和新科技发展；支持护理经济，促进与人的生命周期相关行业的发展，比如卫生健康领域的社会服务，以及婴幼儿和未成年人看护、老年人长期照护等。

西班牙政府将绿色转型、数字化转型、提高社会凝聚力、促进性别平等列为西班牙复苏计划的四大任务，前两项与欧盟强制性的投资比例要求有关，后两项主要聚焦福利国家、教育提升、高质量就业、公平税收和机会平等等攸关民众切身利益的社会事务。综观西班牙复苏计划，政府对社会治理的高度重视及对未来社会政策的调整布局已跃然纸上，从中亦能看出其以人为本的社会政策导向，以及始终致力于减少不平等的社会发展目标。

2021 年 5 月，西班牙政府公布的《西班牙 2050 战略》提出，每年吸收 25 万名移民，以应对人口老龄化和劳动力不足问题。据相关测算，到 2050

① European Commission, "Belgium's Recovery and Resilience Plan", https：//ec. europa. eu/info/business - economy - euro/recovery - coronavirus/recovery - and - resilience - facility/belgiums - recovery-and-resilience-plan_ en, consulted on 26 May 2022.

② Gobierno de España, "El Plan de recuperación", https：//planderecuperacion. gob. es/, consulted on 13 January 2022.

年，西班牙人口中 65 岁以上者数量占比将达 1/3。为应对人口老龄化带来的劳动力不足等问题，政府认为每年至少应吸收 25 万名合法移民，才能维持经济发展和福利国家运转的可持续性。[①] 外界据此预计，西班牙下一步将研究出台政策大力吸引外国人才，并可能向部分达到门槛的非法移民提供合法身份。放眼各国，人口老龄化的加剧日渐成为劳动力结构、养老金制度、卫健和护理系统等诸多社会领域的现实挑战，且直接关系未来的国家竞争力。西班牙政府之所以将政策视线拓展至 2050 年并展开长远考虑，是因为希望真正为本国社会发展的可持续性敲响警钟，以力所能及的政策应对尽可能减少人口老龄化的负面影响。事实上，西班牙每年吸收外国移民数量不少，但由此带来的新移民社会融入及治安问题，反过来成为新的社会治理挑战，增加移民在国内面临反对压力。《西班牙 2050 战略》属于政策倡议，对如何应对人口老龄化并控制应对政策的副作用，仍有待达成更广泛的社会共识。

此外，西班牙政府还积极推动劳动法改革，保护劳动者权益。2021 年 12 月底，在政府、工会和资方历时 9 个月的磋商和谈判后，西班牙正式颁布法案，开启新一轮劳动市场改革，主要举措包括恢复集体谈判、推行长期合同、提高最低工资、规定培训期最低工资、禁止解雇公务员及提高企业解雇门槛等。西班牙政府表示，此次改革旨在减少劳动和就业领域的不平等现象，克服原有劳动法框架下劳动技能与市场需求的不匹配，临时合同过多导致雇佣关系不稳定、频繁解雇等缺陷，重点在合同有效性、培训、解雇和获取薪酬等方面强化对劳动者权利的保护。[②] 总体来看，新改革一方面大大增强了劳动者在薪酬、工作时间等方面的谈判能力，有利于基层劳动者获取稳

① EFE, "Plan 'España 2050': el Gobierno prevé la llegada de 255. 000 inmigrantes al año para compensar el envejecimiento", HERALDO, https://www. heraldo. es/noticias/nacional/2021/ 05/20/plan-espana-2050-el-gobierno-preve-la-llegada-de-255-000-inmigrantes-al-ano- para-compensar-el-envejecimiento-1493649. html? autoref=true, consulted on 13 January 2022.

② Gobierno de España, "El Gobierno aprueba la reforma del mercado laboral para acabar con la precariedad y la temporalidad", https://www. lamoncloa. gob. es/consejodeministros/resumenes/ Paginas/2021/281221-rp-cministros. aspx, consulted on 13 January 2022.

定的劳动报酬；另一方面，通过减少临时合同使劳动关系变得更加可靠。最重要的是，三方在欧盟规定的最后期限前达成一致意见，西班牙劳动市场得以符合欧盟标准，这为欧盟继续向西班牙发放复苏资金扫清一大障碍。

（五）英国通过"拉升"战略应对地区发展不平衡问题

2021 年，英国政府将"拉升"战略（Levelling Up）作为解决地区发展不平衡的重点战略。早在 2019 年 7 月，约翰逊在担任英国首相后的首次演讲中指出，他将"回应被遗忘的人们和被遗忘的城镇的诉求"，通过释放"不仅伦敦和东南部，而且英格兰、苏格兰、威尔士和北爱尔兰的每个角落的生产力"来"提升整个英国的水平"（level up across Britain）。[①] 在 2019 年保守党竞选纲领中，约翰逊将"拉升整个英国"作为选举的重要卖点，并在赢得选举后，将它作为国内重建"最重要的任务"[②]，希望通过大规模政府投资，提升英国的生产力和经济竞争力，解决长期困扰英国的地区发展不平衡问题，巩固联合王国的团结和统一。

为了确保"拉升"战略的平稳实施，约翰逊在 2021 年 5 月任命哈伯勒选区议员奥布莱恩（Neil O'Brien）为拉升顾问（Levelling Up Adviser），并成立专门的拉升工作组（Levelling Up Unit），负责首相和内阁的日常联络工作。奥布莱恩曾担任英国原财政大臣奥斯本的政策顾问，参与了英国北方振兴计划（Northern Powerhouse Strategy）的制订，对解决区域发展不平衡问题有着丰富的应对经验。2021 年 9 月 16 日，约翰逊重组内阁，将住房、社区和地方政府事务部改组为"联盟与拉升事务部"（Department for the Union and Levelling Up），内阁办公室原主任戈夫（Michael Gove）被任命为该部大臣，政府平等办公室原政务次官巴德诺（Kemi Badenoch）被任命为该部区

---

① Boris Johnson，"Boris Johnson's First Speech as Prime Minister：24 July 2019"，https：//www.gov.uk/government/speeches/boris-johnsons-first-speech-as-prime-minister-24-july-2019, consulted on 13 January 2022.

② Boris Johnson，"Build back Better：Our Plan for Growth"，https：//www.gov.uk/government/publications/build-back-better-our-plan-for-growth/build-back-better-our-plan-for-growth-html，consulted on 13 January 2022.

域发展和地方政府国务大臣，奥布莱恩被任命为该部政务次官。综合来看，"拉升"战略既包括对于人的投资，通过提高劳动者职业技能，确保高效的经济生产，也包括对于地点的投资，通过平衡地方发展差异，确保经济发展惠及所有人。作为国内重建的主要举措，科创投资和"拉升"战略相辅相成，都属于英国政府从供给端入手提升英国国力的重要手段。

（六）多国调整其性别政策

2021年，欧洲多国性别政策的调整，以及涉及性别议题的相关立法，成为社会领域内值得关注的重要事件。

2021年，比利时通过一项打击基于性别的暴力的国家行动计划，其中包括200多项措施。11月27日，主管性别平等事务的国务卿施利茨（Sarah Schlitz）宣布[1]，该计划将全国各级政府团结在一个目标上：加强打击性别暴力，采取预防、保护和起诉措施，以减少受害者人数。基于性别的暴力是指基于性别、性别认同或性别表达而发生的暴力行为，包括性暴力（如强奸、性侵犯和性骚扰）到伴侣暴力、人口贩运和奴役等事件。妇女更经常成为这种暴力的受害者。根据欧洲性别平等研究所（EIGE）的估计，比利时基于性别的暴力行为每年造成的损失高达93.99亿欧元，其中74.49亿欧元与针对妇女的性别暴力行为有关。[2] 与此同时，自2021年初以来，比利时有18起杀害女性事件记录在案，即男性基于性别杀害女性的事件。

长期以来，性别平等是荷兰对外贸易和发展合作政策的重要组成部分。自2015年制定可持续发展目标以来，荷兰一直支持这些目标，包括关于性别平等的可持续发展目标。另外，荷兰希望为全球女性的经济赋权做出贡献。荷兰致力于促进女性创业，为女性创造就业机会，改善她们的工作条

---

[1] Lauren Walker, "Belgium Adopts National Plan to Combat Gender-based Violence", *The Brussels Times*, 27 November 2021, https://www.brusselstimes.com/news/belgium-all-news/195396/belgium-adopts-national-plan-to-combat-gender-based-violence, consulted on 20 January 2022.

[2] Lauren Walker, "Belgium Adopts National Plan to Combat Gender-based Violence", *The Brussels Times*, 27 November 2021, https://www.brusselstimes.com/news/belgium-all-news/195396/belgium-adopts-national-plan-to-combat-gender-based-violence, consulted on 20 January 2022.

件。从经济和私营部门的角度来看，促进性别平等不仅是道德上的事情，而且是一个坚实的商业案例。① 女性占一个国家可能劳动力的50%，工作的女性将高达90%的收入投入家庭中，而男性的投入则为40%。因此，赋予妇女经济权力是实现性别平等的重要组成部分。2021年9月28日，荷兰参议院通过一项新法律，为荷兰上市公司的监事会引入强制性的性别多元化配额（mandatory gender diversity quota），即要求董事会和监事会中男女比例更加平衡。② 另外，所有荷兰"大"公司都必须在其管理层和监事会以及高级管理层中为性别多元化设定"适当的"和"雄心勃勃的"目标。该法案建立在荷兰社会和经济委员会的建议之上，并于2022年1月1日生效。③

2021年10月，意大利参议院否决了旨在将同性恋者、跨性别者和残疾人纳入法律保护范围的"ZAN法案"，遭到大量民众抗议。据此法案，针对这些群体的仇恨言论将被视为等同于宗教和种族仇恨言论，并可能因此被定罪。反对者认为该法案将对言论自由权利造成伤害。此前，梵蒂冈已就该法案向意大利提出外交抗议，称其违背双边条约精神。教廷的担忧在于根据此法，教徒可能因为表达对传统家庭结构的支持言论而被起诉。民调显示，62%的意大利人赞成通过该法案。④ 该法案被否决后，罗马和米兰等地爆发了万人游行抗议。考虑到梵蒂冈教廷所处的地理位置，任何性别政策的调整和改革都可能引发很大争议，意大利也因此在性别平等议程上落后于南欧其他国家。

2021年6月29日，西班牙政府推出"跨性别法案"，允许14周岁以上

---

① Ivo Stoel, "Gender Equality: From Policy to Practice", Entrepreneurial Development Bank, https://www.fmo.nl/gender-equality-from-policy-to-practice, consulted on 26 May 2022.

② "New Statutory Gender Diversity Rules for Dutch Companies", Houthoff, 8 October 2021, https://www.houthoff.com/insights/News-Update/Corporate-M_ A-oktober-2021, consulted on 26 May 2022.

③ Annette van Beers, "Act on Gender Diversity in Boards", 22 February 2022, https://www.globalwork placeinsider.com/2022/02/act-on-gender-diversity-in-boards/, consulted on 26 May 2022.

④ Ilvo Diamanti, "Ddl Zan, il sondaggio: la legge piace al 62% degli italiani, consensi in calo fra gli elettori di centrodestra", la Repubblica, https://www.repubblica.it/politica/2021/07/20/news/ddl_ zan_ sondaggio_ ilvo_ diamanti-311046892/, consulted on 13 January 2022.

公民在官方文件上自由更改性别，不再需要医疗证明文件，但须获得监护人同意。法案还对少数群体加强了保护，由于性取向原因拒绝其合理需求者，将被处以最高 15 万欧元的罚款。① 从程序上看，法案下一步仍有待专业咨询机构研究、政府二审、国会审议和表决等多道关卡。一旦法案通过，西班牙将进入少数允许自行决定性别的欧洲国家行列。

四　新冠疫情催化欧洲社会的数字化转型

新冠疫情的持续在一定程度上加速了欧洲各国的数字化转型，尤其是在远程工作、数字防疫、网上购物、线上授课、远程医疗、数字化行政服务等方面，但是基于各国基础设施差异，以及民众观念的不同，各国在诸多领域的数字化转型的总体情况有所不同。

（一）德国数字化发展进程加速

德国的数字化原本较其他欧洲国家而言发展较为缓慢，疫情在某种程度上加快了德国社会数字化的发展。由于人们不得不居家办公，远程交流、线上授课、网上购物、远程医疗等新的生活方式对数字化进程起到巨大的促进作用。在疫情防控方面，7 月 1 日，欧盟宣布正式启动"数字疫苗通行证"（digitaler Impfpass），以方便成员国公民的自由流动。只要公民符合"3G 规则"，那么出示该通行证就可以自由出行。德国是该通行证施行的先行者。此外，各项津贴的申领程序也以数字化方式得到简化，民众只要在网上就可以完成申请，无须线下办理并经过漫长的审核等待。2021 年 10 月，电子病假证明（eAU）开始试行，医生可以将电子证明直接发至相应的医保公司，从而减少了面对面的接触并提高了工作效率。

然而，数字化的普及也带来一定的负面影响。一方面，个人经济基础同

---

① Alba Santana, "Gobierno español aprueba la 'ley trans' que permite la autodeterminación de género", France24, https：//www.france24.com/es/europa/20210629 – ley – trans – espa% C3% B1a–autodeterminaci%C3%B3n–g%C3%A9nero–sin–pruebas, consulted on 13 January 2022.

数字化软件的普及程度存在密切联系。例如，线上授课进一步凸显了教育机会的不平等。那些家庭经济基础较好的孩子有更多机会享受线上授课带来的便捷，而低收入家庭甚至无法提供线上授课所必备的硬件设施。另外，居家办公也多集中于更高收入群体，对于售货员、司机等，工作岗位的特殊性使其无法居家办公；有约50%的从业者的居家办公时间占所有办公时间的比例不足6%，这类人群的收入往往低于本国的平均水平；对于从事金融行业等工作的收入较高的群体，约2/3的从业者的居家办公时间占所有办公时间的比例超过20%。[①]

另一方面，数字新媒体的普及给疫情"阴谋论"的传播提供了土壤，其利用民众对于封锁政策的不安感和对于未知病毒的恐惧感，提出是权贵利用疫情危机限制民众的自由。[②] 因此，民众在虚假信息的煽动下纷纷走上街头，对防疫措施提出异议，上文提到的"横向思维"组织即为一例。

另外一个值得注意的现象是，与很多欧洲国家一样，在数字化大力发展的背景下，德国政府在积极推广疫苗接种时，却催生了反疫苗接种组织的发展壮大，其在网络上具有较高活跃度。在易贝网（eBay）上，一些商品被标明只卖给未接种疫苗人群，因为这些人在"遭受国家的压迫"；特殊的求职招聘平台也已建立，里面的所有职位均面向未接种者；另有网站提供无须疫苗接种或核酸检测证明便可进入酒吧、餐馆的信息，并声称疫苗是应该被淘汰的过时产物，组织线下示威；一些网站为违反防疫规则提供帮助，例如有医生为民众提供豁免佩戴口罩的医学证明、核酸检测阴性的假证明等。[③]

---

① WZB，"Armutsrisiken haben sich in Deutschland verfestigt"，10 Mar. 2021，https：//wzb.eu/de/pressemitteilung/armutsrisiken-haben-sich-in-deutschland-verfestigt，consulted on 13 January 2022.

② 玄理：《德国反防疫抗议运动：背景、特征与影响》，载郑春荣主编《德国发展报告（2021）——迈向"后疫情时代"的德国》，社会科学文献出版社，2021，第128~130页。

③ Michael Brächer et al.，"Wie sich Impfgegner in ihrer Parallelwelt einrichten"，*Der Spiegel*，10 Dec. 2021，https://www.spiegel.de/panorama/gesellschaft/coronavirus-die-parallelwelt-der-impfverweigerer-und-corona-leugner-a-31cca9e4-8c6a-44da-8f35-1ff88877bf46，consulted on 13 January 2022.

（二）西班牙政务数字化发展迅速

疫情影响下，政务数字化在西班牙迅速普及，不少民众发现通过互联网递审的行政事项获批速度明显快于通过政府部门人工递交的传统方式。截至2021年11月，西班牙有94%的政府机构提供网上办事渠道，比欧洲平均水平高出13个百分点。欧盟《2020年数字经济与社会指数》报告显示，西班牙在数字联通性和数字化公共服务领域位居欧盟前列。[1] 政务数字化是西班牙大力推进数字化转型的一个缩影。政府视数字化发展为"国家复苏进程中必须建立的战略支柱之一"，努力向全体国民普及数字技能。《西班牙数字2025计划》提出，到2025年，西班牙力争实现在移动客户端办理至少半数的公共服务。可以看出，数字技术为疫情下的社会治理提供了更加便捷的解决方案，西班牙公共部门在为本国的数字化转型积极做出表率。

（三）比利时推进公共服务的数字化转型

在经济社会发展的数字化转型问题上，比利时强调以公共服务的数字化为抓手，带动多个领域的变革。目前，比利时经济社会发展需要解决数字技能不足问题、加强光纤以及公共服务的数字化转型等。根据比利时国家复苏与韧性计划，政府拟通过投资公共行政数字化、技能和数字包容性、网络安全和联通性的方式来推进数字化转型。该计划将投资4.8亿欧元用于教育，建立一个更具包容性和面向未来的教育系统，培养学生的数字化技能以及科学、技术、工程和数学方面的技能。此外，该计划将投资5.85亿欧元用于公共行政、司法系统和医疗保健系统的数字化转型，以提高公民和企业的可获得性，以及进行一系列改革以有助于5G网络的部署和光纤等超高速连接基础设施的部署。

---

[1] Europapress, "El 94% de los servicios de la Administración está disponible 'online', 13 puntos más que la media europea", https：//www. europapress. es/economia/noticia - 94 - servicios - administracion - disponible - online - 13 - puntos - mas - media - europea - 20211121132751. html, consulted on 13 January 2022.

比利时还推出数字钱包，供居住在该国的人们通过单一在线平台获得政府服务。据《布鲁塞尔时报》报道，数字钱包将用于捆绑所有官方文件，并允许人们通过智能手机验证他们的数字身份①。同时，政府将成立一个新的数字部门来监督该项目。该系统将整合政府部门使用的现有系统，且比利时已设定 5000 万欧元的预算来实施数字钱包和建设在线平台。数字钱包不是强制性的，而是作为简化数字化流程的一种选择。通过数字钱包，可以办理驾照、建筑许可证等，并降低政务的复杂性。政府尚未具体说明数字钱包是否将被开发为移动应用程序、网站或两者兼而有之，该系统预计于 2023 年投入使用。

另外，在法国，无接触支付已经成为法国人的首选支付方式。据法国央行报告，由于疫情下支付的流动性和身体接触的减少，无接触支付的使用率在疫情期间占银行卡支付的一半，而这一比例在疫情前为 1/3。②

五　疫情之下欧洲国家的民族问题依然突出

尽管新冠疫情的持续发酵使"抗疫"成为欧洲社会运转的重心，但持续对欧洲社会产生重要影响的民族问题并没有因此隐去其显性的社会能见度，并且有了新的发展。这些民族问题既包括欧洲本土的民族分离主义运动，也涉及与外来少数族裔群体密切相关的诸多事件。

（一）英国面临双重民族主义独立运动威胁

2021 年，苏格兰独立运动仍在持续。除了英国脱欧引发的政治动荡外，新冠疫情和代际变化成为激发独立运动的新因素。由于公共卫生权力属于下

---

① Chris Burt, "Belgium Developing Digital Wallet for Online Government Services, UK Could Follow", *BIOMETRIC*, 20 October 2021, https：//www.biometricupdate.com/202110/belgium－developing－digital－wallet－for－online－government－services－uk－could－follow, consulted on 20 January 2022.

② 《受疫情影响，无接触支付成为法国人首选支付方式》，《欧洲时报》网站，http：//www.oushinet.com/static/content/france/2021－07－07/862383037026013184.html。

放权力之一，苏格兰在疫情应对方面享有较多空间，首席大臣斯特金（Nicola Sturgeon）对危机的娴熟处理与英国首相约翰逊的管理不善形成鲜明对比，从而让人们确信苏格兰在独立后，公共权力将仍然能够有效运转。与此同时，苏格兰人口结构变化，使独立备受年轻人青睐。英国《新政治家》在 2020 年 9 月的民调显示，超过 70% 的 16~34 岁苏格兰人支持独立。①

2021 年 1 月，斯特金表示，如果支持独立的政党在 2021 年苏格兰议会选举中赢得多数席位，就将再次发起公投。2021 年 5 月 6 日，苏格兰举行议会选举，苏格兰民族党赢得 64 个席位，保守党以 31 个席位屈居第二，工党赢得 22 个席位，绿党赢得 8 个席位，自民党赢得 4 个席位。苏格兰民族党与同样支持苏格兰独立的绿党共同赢得 72 个席位，双方于 2021 年 8 月组建联合政府。

尽管苏格兰民族党和绿党支持苏格兰独立，但 2021 年并不是再次发起公投的理想年份。首先，联合政府的当务之急是应对新冠疫情，如果能够取得较好的政绩和表现，则将为未来的独立公投加分。其次，苏格兰同样面临绿色转型的压力，在清洁能源政策方面，苏格兰绿党的支持非常重要，北海油田可能已经不足以鼓动人们支持独立。2021 年 11 月 29 日，斯特金表示在允许的情况下，将认真考虑恢复因新冠疫情而停滞不前的独立运动，并将在 2022 年启动必要程序，争取在 2023 年底之前进行公投。② 这意味着苏格兰独立仍将成为笼罩英国政治的阴霾。

英国脱欧还引发北爱尔兰脱离英国跟爱尔兰合并统一的担忧。爱尔兰和英国政府围绕北爱尔兰的政治归属问题有着漫长的斗争史，1998 年，随着《复活节协议》的签订，英爱两国达成一致意见，双方不再执着于北爱尔兰的主权地位，搁置分歧，实现和解。当时英爱双方都处于欧盟共同市场的现

---

① Ben Walker, "More than Two-thirds of Young Scots Now back Independence", https://www.newstatesman.com/politics/2020/09/more-than-two-thirds-of-young-scots-now-back-independence, consulted on 13 January 2022.

② Jill Lawless, "Scotland's Leader Aims for Independence Referendum Push in 2023", https://www.pbs.org/newshour/world/scotlands-leader-aims-for-independence-referendum-push-in-2023, consulted on 13 January 2022.

实，也使欧盟成为双方分歧的协调者，促使双方能够搁置争议，在欧盟框架内共同发展①。英国脱欧后，北爱尔兰将随同英国一起脱离欧盟，爱尔兰和北爱尔兰之间的关系将变成主权国家间的关系，这直接违反了《复活节协议》的规定，并将人为制造爱尔兰人的民族分裂。

为了避免出现这种局面，英国政府在同欧盟开展脱欧谈判过程中，达成《爱尔兰/北爱尔兰议定书》（Protocol on Ireland/Northern Ireland）②。一方面，该议定书规定，北爱尔兰于 2020 年 1 月 31 日与英国其他地区一起离开欧盟，但北爱尔兰仍然受欧盟海关法规、欧盟增值税规则、欧盟单一市场货物管理法规、欧盟国家补贴规则以及欧盟电力供应和能源市场相关法规的约束。与此同时，该议定书还保证居住在北爱尔兰的爱尔兰公民的欧盟公民权利"不会减少"，并且北爱尔兰能够继续获得欧盟和平与融入资金的支持。另一方面，北爱尔兰在贸易上仍然属于英国关税区，尽管英国在脱欧后已经成为欧盟法律意义上的第三国，但英国政府有责任确保那些继续适用于北爱尔兰的欧盟规则和法规得到妥善实施。也就是说，为了确保爱尔兰和北爱尔兰之间不出现陆地硬边界，北爱尔兰得以继续留在欧盟经济区，但具体落实欧盟单一市场管理规则的是一个在欧盟之外的英国政府。欧盟维持了单一市场的形式统一，却无法对北爱尔兰享有执法权，英国保留了对北爱尔兰的完整主权，但也在事实上承认了北爱尔兰无法纳入英国内部市场，从而引入了新的贸易壁垒。

由于这一自相矛盾的法律规定，自 2021 年 1 月 1 日脱欧协议全面生效以来，英欧之间在议定书执行问题上就矛盾重重，英国指责欧盟在执行该议定书时采取了过于法律主义的做法，特别是在英国和北爱尔兰之间的货物运输方面，而欧盟则指责英国不愿全面或真诚地执行该议定书，进而违背了其在具有约束力的国际法律文本中做出的承诺。2021 年 7 月，英国政府发布

---

① 王展鹏、张茜：《欧洲一体化背景下的爱尔兰国家身份变迁》，《欧洲研究》2021 年第 3 期。
② European Commission, "Protocol on Ireland and Northern Ireland", https：//ec. europa. eu/info/strategy/relations-non-eu-countries/relations-united-kingdom/eu-uk-withdrawal-agreement/protocol-ireland-and-northern-ireland_ en, consulted on 13 January 2022.

一份题为《北爱尔兰议定书：前进方向》（Northern Ireland Protocol：the way forward）的文件，提出一系列建议以替换议定书的规定，供英国和欧盟在就该议定书进行新的谈判时考虑。作为回应，欧盟表示将与英国就实际解决方案进行接触，但不会重启谈判。由于英国和欧盟对议定书存在持续分歧，议定书的条款并没有得到完全实施。议定书规定了延迟全面实施条款的各种"宽限期"，但所有"宽限期"在2021年秋季都已到期。在此背景下，英国政府于2021年9月6日单方面延长了这些"宽限期"。欧盟并没有对此做出报复举动，只是声明注意到了英国政府的举动，并强调保留未来对英国提起相应法律诉讼的权利。

由于对北爱尔兰地位的模糊规定，该议定书的实施在北爱尔兰引发政治动荡。北爱尔兰民主统一党认为该议定书损害了英国对北爱尔兰的主权，因而拒绝承认它，该党成员普遍认为该议定书实施的客观后果是将爱尔兰和北爱尔兰整合在欧盟经济区内，并使北爱尔兰无法有效参与英国内部市场。由于对议定书的安排不满，2021年4月，北爱尔兰地区爆发街头骚乱，虽然随后的抗议活动是和平的且规模相对较小，但它们表明北爱尔兰民主统一党对议定书关于北爱尔兰的差异化安排感到愤怒。新任命的北爱尔兰民主统一党领导人唐纳森（Jeffrey Donaldson）曾发出警告，指出如果"议定书造成的政治、经济和宪法困难"得不到解决，将产生"重大后果"。①

（二）西班牙加泰罗尼亚分离主义运动持续高涨

加泰罗尼亚民族分离主义依然是2021年西班牙政府面临的重大治理挑战。自使用宪法权力平息2017年加泰罗尼亚独立公投风波后，特别是中左翼政党联盟上台以来，政府将下一阶段的主要目标转向努力实现捍卫国家统一和维持地方对国家向心力之间的微妙平衡。为此，政府采取怀柔政策，提出赦免独立运动领导人的计划，既为重启央地对话营造有利的政治氛围，也

---

① The Newsroom, "IN FULL: DUP Leader Sir Jeffrey Donaldson's Keynote Speech on the NI Protocol", https://www.newsletter.co.uk/news/politics/in-full-dup-leader-sir-jeffrey-donaldsons-keynote-speech-on-the-ni-protocol-3376466, consulted on 13 January 2022.

希望借此笼络加泰罗尼亚的人心。

不过，赦免计划一经披露，便遭到西班牙民众的普遍反对。2021 年 6 月，首都马德里爆发 10 万人规模的大游行。重压之下，西班牙政府宣布特赦 9 名已被判有罪的自治区前高官，但流亡在外的 2017 年公投运动头号领导人、前自治区政府主席普伊格德蒙特（Carles Puigdemont）不在其列。桑切斯首相坚称特赦有利于化解仇恨、让加泰罗尼亚回归正常化，同时警告被特赦者遵守法律，并呼吁普伊格德蒙特出庭接受审判。

9 月 15 日，桑切斯首相和加泰罗尼亚自治区主席阿拉贡内斯在巴塞罗那举行会谈，正式重启央地对话。阿拉贡内斯再次提出公投议题，希望中央在巴塞罗那机场扩建等地方基础设施建设项目上加大支持力度。桑切斯承认双方对公投议题的分歧较大，但强调当地政治和社会氛围已经好转，当务之急是增进包括加泰罗尼亚在内的西班牙人民团结，共同完成疫情防控、实现公正复苏和利用欧盟援助基金促进现代化等国家任务。①

如桑切斯所见，支持加泰罗尼亚独立的社会运动似乎进入了一个"低潮期"，但更有可能是受到疫情期间限制社会聚集的直接影响，中央政府怀柔政策的真正效果尚难评估。2021 年下半年以来，加泰罗尼亚民族分离组织先后在"加泰罗尼亚民族日"、2017 年公投 4 周年纪念日组织民众游行，并再次公开喊出独立口号。虽然参与游行的人数规模已从疫情暴发前高峰时期的数十万人降至数万人，但不可否认，特赦、公投、独立等政治主张在地方的拥趸者众多已是既成事实，短期内，西班牙的国家统一难逃民族分离主义的威胁。

这一不利民意局面的形成，显然同地方施政紧密关联。除了直接的政治鼓动外，地方的文化和教育政策也在产生潜移默化的影响，比如加泰罗尼亚政府要求自治区学校施行"浸入式"语言教学，确保加泰罗尼亚语与西班牙语地位相等。相对而言，中央政府处于"守势"，桑切斯反复重申西班牙

---

① Gobierno de España，"Declaración del presidente del Gobierno tras la reunión con el president de la Generalitat"，https：//www. lamoncloa. gob. es/presidente/actividades/Paginas/2021/150921 - sanchez_ mesa_ dialogo. aspx，consulted on 13 January 2022.

允许谈论独立，但法律禁止地方举行独立公投，反映出地方拥有主张分离的模糊空间，也暴露出西班牙国家制度和法律保障统一的脆弱性。现阶段，无论是地方政府始终不愿放弃公投提议，还是中央政府坚持在宪法框架下讨论地方发展问题，都是各自在为未来旷日持久的央地博弈进行策略准备。

（三）移民与难民问题依然困扰欧洲社会

2021年8月，阿富汗政局的变化使大量难民涌向欧洲，并引发一些冲突事件，在许多民众感到不满之时，各国政府表现出相对保守的态度。这种姿态足以反映出欧洲社会在外来少数族裔问题上的复杂立场。8月16日，德国总理默克尔和法国总统马克龙分别就可能的"阿富汗难民潮"发出警告，表示本国无意从阿富汗接收大批难民。默克尔表示，德国接受阿富汗难民的范围限于"直接向我们提供了大量帮助的人"，"我们不能重复过去犯下的错误"。[①] 在法国，极右翼政党"国民联盟"面对可能的难民潮发起请愿，要求拒绝大规模接收阿富汗难民，并认为那些左派市长"将同胞置于危险之中"。

在3月9日举行的德国第13届移民融合峰会上，时任总理默克尔谴责了针对移民的歧视、偏见和暴力现象，认为这与强化社会凝聚力完全背道而驰。在默克尔看来，融入问题对移民和接纳他们的社会来说都是重大挑战，真正的社会团结不仅需要消除仇恨和暴力，还需要彼此包容和开放。本次峰会聚焦移民融入、社会接纳与社会凝聚力等议题。会议宣布多项促进移民融入的具体措施，以增强移民对德国社会的认同，具体措施包括面向移民实习工实施结对帮扶计划、促进经济和公共服务中的机会均等、在卫生领域提供针对不同文化背景的护理服务等。[②] 德国民众一直对移民、难民及社会融合问题保持较高的关注度。相关研究显示，在移民冲突问题上，认为"融合"

---

① 《德法拒收难民 维也纳表示欢迎？》，《欧洲时报》网站，http：//www.oushinet.com/static/content/europe/CEE/2021-08-18/877778775600148480.html。

② 《默克尔：德国将采取措施系统性促进移民融合》，《欧洲时报》网站，http：//www.oushinet.com/static/content/europe/GER/2021-03-10/8191622811906629376.html。

是正确道路的德国人的比例正在下降，越来越多的德国人对移民保留自己的文化特征持保留态度。[①] 有 2/3 的德国民众认为移民应该主动融入德国，而非保留母国文化特征，只有 11% 的人持相反态度。[②]

2021 年 5 月，西班牙在北非的飞地休达（Ceuta）自治市爆发移民危机。8000 多人在两天之内通过翻越边境墙、游泳渡海等非法方式，闯入仅有 18.5 平方公里的小镇。西班牙政府一边紧急联系欧盟及摩洛哥政府，协调边境管控，阻止更多移民涌入，一边迅速向休达调遣公职人员，遣返 7000 多名成年越境者，并对数百名无人陪伴的孩童做出人道主义庇护。[③] 在此期间，西班牙军队和国民警卫队与越境者发生冲突，越境者的卫生健康状况、生活处境及其安置方式，以及少数越境者的意外死亡都引起国际社会的关注和热议。

扼守直布罗陀海峡东侧入口的休达自治市和另一个自治市梅利利亚与摩洛哥相邻，是西班牙在北非的两块"飞地"，它们与摩洛哥的边界也是欧盟国家与非洲国家仅有的两处陆地边界，它们的位置都具有地理"跳板"之便。疫情期间，被迫关闭的边境使不少过去合法进入休达的摩洛哥人失去了工作机会，逃避贫困、谋求生计成为此次危机的推力之一。此外，西摩两国关系不佳，摩洛哥政府一向有声索休达、梅利利亚等地主权的意愿，加之危机前西班牙收容感染新冠的西撒哈拉地区独立运动领导人入境治病，招致摩洛哥强烈反对，外界据此怀疑摩方有意"报复"，使其边境执法部门纵容非法越境行为。在西班牙请援后，欧盟及主要成员国明确支持西班牙并向摩洛哥施压，最终迫使其配合执法结束危机。

长期以来，非法移民或难民从北非方向进入欧洲不曾断绝。其根源在于非洲部分地区仍面临较为严重的混乱、贫穷、饥荒和暴力等问题，偷渡进入

---

① 《研究：德国人对移民融合的支持率持续下降》，《欧洲时报》网站，http：//www.oushinet. com/static/content/europe/GER/2021-08-17/877220130160259072.html。

② Universität Bielefeld, "Rassismus bremst den Prozess der Integration", 16 Aug. 2021, https：// aktuell.uni-bielefeld.de/2021/08/16/rassismus-bremst-den-prozess-der-integration/, consulted on 13 January 2022.

③ La Vanguardia, "Crisis migratoria en Ceuta", https：//www.lavanguardia.com/vida/junior - report/20210519/7463725/crisis-migratoria-ceuta.html, consulted on 13 January 2022.

欧洲发达国家谋生是当地民众摆脱生存困境的一条捷径。为应对非法移民问题，西班牙、意大利等南欧国家每年投入大量人力、物力、财力应对，因而长期呼吁在欧盟层面建立有足够资金保障的应对机制。休达危机表明，南欧方向的移民和难民问题变得更加复杂和严峻，欧盟一致行动的必要性上升。

另外，现已退出欧盟的英国在过去几年间一直重视对其移民政策的调整与改革。3月24日，英国政府推出自称是数十年来最大的庇护规定改革计划，重点在于确认真正的庇护寻求者，提高非法入境难民的居留难度。

（四）涉及少数族裔的极端事件频发

在大量针对疫情防控的社会抗议之外，欧洲多国也发生了大量与恐怖主义相关的极端事件，进一步反映出疫情之下各国社会中的不安定因素，其中此类事件在法国表现得尤为突出。

四五月间，法国曾两度发生警察局工作人员被袭事件。4月23日，一名突尼斯人杀害了巴黎西南郊朗布依埃市警察局的一名女性工作人员，凶手则在行凶现场被警察开枪击中身亡。5月28日，一名袭击者持刀冲入南特附近一城镇警察局，刺伤一名女性警察，袭击者同样被警方击毙。6月25日，德国维尔茨堡市中心发生的持刀伤人事件造成3人死亡，多人受重伤。同一天晚上，在法国马赛正在举行社区足球比赛的一座体育场内，一辆汽车行驶至场内开枪，造成1人死亡、1人受重伤。9月初，马赛再度发生两起枪击事件，造成至少2人死亡、2人受伤。此次事件或与法国于次日开始审判极端组织"伊斯兰国"在2015年实施的巴黎恐袭案有关，据悉此次审判是法国现代司法史上规模最大的一次审判。10月15日，英国保守党议员艾梅斯（David Amess）在埃塞克斯郡会见选民时被刺身亡事件被定性为恐怖袭击，嫌犯为一名拥有索马里血统的25岁英国公民。11月14日，英国利物浦市发生的汽车爆炸事件造成至少1人死亡、1人受伤。①

新冠疫情的持续并没有阻止极端思潮对欧洲社会的影响。据德国内政部

---

① 本部分相关事件来自《欧洲时报》官方网站发布的系列报道，http：//www. oushinet.com/。

长泽霍费尔（Horst Seehofer）披露，2020~2021 年，与极右翼政治动机有关的犯罪行为在德国持续飙升，创下自 2001 年有此类统计数据以来的新纪录，相关犯罪数量增长 6%，占与政治相关犯罪数量的一半以上。① 综观西欧各国，自新冠疫情发生以来，与恐怖主义相关的事件无论是数量还是伤亡人数都再次出现小幅增长。可以说，激进主义、极端主义的蔓延一直是当代欧洲各国所面临的不容忽视的社会问题。

在此背景下，着眼于维系社会安全，欧洲各国一直在努力探索相应的治理举措。3 月 7 日，瑞士在公投中以微弱优势通过由瑞士人民党提出的"罩袍禁令"。② 由这个右翼保守政党提出的该议案获得全国 51.21%选民的支持，以及 26 个州中大多数州的支持。"罩袍禁令"在公投中通过则意味着，未来在瑞士公共场所，包括游客在内，穿着遮住整个脸部的罩袍的行为将被禁止，这包括街道、公共办公室、公共交通工具、餐厅、商店和乡村等一切公共场所。此项议案的提出，既是为防止恐怖袭击以及其他形式暴力的发生，也着眼于解放那些被"控制、压迫和监禁"的女性，促进男女平等。不过，照此禁令规定，礼拜场所和其他宗教场所是例外之地。而且，由于健康、安全、天气等原因，以及在狂欢节等符合当地习俗的情况下，人们可以遮住面部。瑞士此次立法动向使之成为继法国、比利时、荷兰与保加利亚等国家之后又一个通过"罩袍禁令"的国家。4 月 28 日，法国政府推出打击恐怖主义新法案，旨在加强法国情报部门监控在线行为的权力，扩大情报人员的相关技术使用范围，通过互联网追踪极端分子，使情报部门能够发现多次浏览极端主义网站的人，以防范恐怖袭击。③

在极端事件频发的同时，欧洲各国反对种族主义的情绪也一直持续高涨。2021 年 1 月 9 日，数百人走上布鲁塞尔街头抗议一名年轻黑人在警察拘留期间

① 《德国极右翼相关犯罪创历史新高，疫情期间政治极化加速》，澎湃新闻，https：//www.thepaper. cn/newsDetail_ forward_ 12532096。
② 《瑞士公投通过"罩袍禁令"：禁止在公共场所完全遮住面部》，澎湃新闻，https：//www.thepaper. cn/newsDetail_ forward_ 11604057。
③ 《法国官方推出反恐新法案　加强追踪极端分子活动》，中国新闻网，https：//www.chinanews. com. cn/gj/2021/04-29/9466860. shtml。

死亡，引发了进一步的警民冲突。5月3日，根据联合国消除种族歧视委员会（CERD）发布的建议，比利时必须采取行动解决"与警察有关的种族暴力"问题。

在此之前，欧盟委员会与时任欧盟轮值主席国葡萄牙于3月19日共同举办了首届"欧盟反种族主义峰会"。欧盟委员会主席冯德莱恩呼吁各成员国行动起来切实履行2020年9月正式通过的《欧盟2020~2025年反种族主义行动计划》——该行动计划承认欧盟在所有领域均存在结构性种族主义现象。在此次以视频形式举行的会议上，冯德莱恩表示，反种族主义是欧盟的一项创始原则，若有国家违反，则欧盟委员会在必要时会诉诸法律手段，欧盟将指定一名反种族主义协调员。同时，她还呼吁各成员国在2022年底前制订各自的反种族主义行动计划。[①]

此外，7月24日，由英国"停止亚裔仇恨"（Stop Asian Hate UK）组织策划的反歧视集会在伦敦、伯明翰和纽卡斯尔三城举办，得到当地华人和各界人士的强烈响应。在集会上，大家高喊反歧视口号，为亚裔社区发声。据媒体报道，自新冠疫情发生以来，生活在英国的东亚及东南亚裔群体经受了前所未有的歧视，并面临仇恨犯罪的压力。根据英国民间机构"终结种族主义病毒"（End the Virus of Racism）的统计，疫情期间，针对亚裔的仇恨犯罪在英国增长了300%。抗议者在一致谴责英国发生的针对亚裔社区的暴力与歧视的同时，呼吁建立跨党派的联动社区、警方和当地政府的平台共同打击歧视及仇恨犯罪，以更好地保护亚裔社区。[②]

六 结语

新冠疫情对欧洲社会的重塑将产生不容忽视的深远影响。在疫情发生之前，众多社会运动已经折射出欧洲各国在社会领域内所面临问题的严重性，

---

① 《欧盟举行首届反种族主义峰会》，《欧洲时报》网站，http://www.oushinet.com/static/content/europe/other/2021-03-20/822885320814239744.html。
② 《英国三城举行反对亚裔歧视公众集会 各界人士强烈响应》，《欧洲时报》网站，http://www.oushinet.com/static/content/qj/qjnews/2021-07-28/870000167003230208.html。

而疫情所凸显的就业、贫困、不平等问题，以及民意在政府所施行的防疫举措、政策调整等问题上的认知分化的叠加，则进一步加剧了欧洲社会治理的困境。更好地回应民众诉求，通过解决民生问题带动社会领域内各项政策的调整与变革，应当成为欧洲各国社会发展的一条实践路径。但是，就此而言，各国政府在动员社会、凝聚共识等方面面临不同的难题。值得注意的是，欧盟及各成员国逐步探索出来的防疫举措，以及在多个领域进行的社会政策调整，有利于推进各国的社会治理改革，但政府治理理念与民意诉求之间的矛盾仍将持续存在。

应当看到，新冠疫情也会成为欧洲各国社会变革的一个重要机遇，多国在疫情下逐步推进的数字化转型即已表现出加速趋势。而且，经过疫情的"洗礼"，欧洲各国在社会领域的变革也将出现分化，这将对欧洲一体化进程中各国社会的协调发展产生一定的挑战。另外，在疫情重塑欧洲各国社会的同时，依然还有一些议题以原有的方式延续对欧盟及其成员国的影响，包括恐怖主义与极端主义、移民与少数族裔问题、民族分离主义、性少数群体的权益等，它们一直是当代欧洲国家在民族国家建设与社会治理方面不容忽视的问题，其解决将依赖更为长远的社会协商及与之相应的政策调整与变革。

B.5
欧盟法制进程：法治危机、
竞争力焦虑与域外效应

叶斌　张琨　张晨阳　杨昆灏*

摘　要： 2021年欧盟法制进程在危机与挑战中推进。本报告着眼于欧盟宪政、欧盟内部市场建设与监管、单边经贸立法、双边与多边经贸关系四个维度，跟踪欧盟重要法制进展。在宪政领域，欧盟正式启动"欧洲未来大会"，但欧盟内部法治危机有增无减。在内部市场方面，欧盟竞争力焦虑显著，不仅加强数字经济、绿色经济法制建设，而且更新竞争政策工具，强化市场监管。在单边经贸立法方面，欧盟相继推出国际公共采购工具、欧盟外国补贴条例、欧盟反胁迫条例等具有域外效应的法律工具，在市场开放基础上强调对等、互惠以维护自身利益，确保欧盟企业的竞争力。双边关系方面，《欧盟—英国贸易与合作协定》正式生效，《中欧全面投资协定》进程受阻，与澳大利亚间自由贸易协定谈判推迟。多边层面，欧盟致力于推广"多边投资法院"制度，同时积极促成WTO改革，进程多有挫折。

关键词： 法治危机　数字规制　外国补贴条例　域外效力　对等开放

---

* 叶斌，国际法学博士，中国社会科学院欧洲研究所副研究员、欧盟法研究室主任，主要研究领域为国际法、欧盟法；张琨，中国社会科学院大学欧洲研究系博士研究生，主要研究领域为欧盟法；张晨阳，法学博士，中国社会科学院欧洲研究所欧盟法研究室助理研究员，主要研究领域为国际法、欧盟法；杨昆灏，中国社会科学院大学欧洲研究系硕士研究生，主要研究领域为欧盟法。

本报告从欧盟宪政、欧盟内部市场建设与监管、单边经贸立法，以及双边与多边经贸关系四个维度梳理 2021 年欧盟法制进程。宪政领域，欧盟正式启动欧洲未来大会，但成员国挑战欧盟法最高效力原则而引发的法治危机愈演愈烈。内部市场建设方面，欧盟的竞争力焦虑明显，加快推动数字经济、绿色经济、人工智能等领域的立法。在单边经贸领域，欧盟推出一系列新的具有域外效力的法律工具，强调对等、互惠的市场开放，并以公平竞争、保护人权与环境等理由开展外资审查。在双边经贸条约方面，欧盟与英国贸易协定生效，但《中欧全面投资协定》批准受阻，欧盟与澳大利亚贸易协定谈判推迟；多边领域，欧盟积极推广"多边投资法院"制度，并试图推动世界贸易组织改革。

中国和欧盟是世界两大力量、两大市场，中欧全面战略伙伴关系在不断深化。中欧双方经济的增长为双方企业提供更多市场机遇和发展机遇。在投资和贸易额保持稳定增长的同时，中欧合作领域不断扩大，绿色发展、数字经济等领域成为双方合作新的着力点和增长点。截至 2021 年 11 月，中欧双边贸易总额为 7476. 33 亿美元，同比增长 29.2%，远超疫情前的水平。[①] 但是，2021 年欧盟保护主义抬头迹象明显，欧盟价值观外交挫伤中欧经贸合作的积极面，中国企业和产品进入欧盟市场面临更加严格的准入条件和法律监管，中国对欧贸易与投资面临的法律和政治风险增加，其使中国企业对欧盟的营商信心将产生负面影响。

一 欧盟宪政：欧洲未来大会与法治危机

2021 年 5 月，"欧洲未来大会"（The Conference on the Future of Europe）正式召开，会议的目标是推动公民在欧盟政策与目标的制定方面发挥更大作用，提高欧盟应对危机的能力。一方面，大会引起欧洲关于欧盟宪政与法治

---

① 《欧盟营商环境报告 2021/2022》，中国国际贸易促进委员会网站，http://www.ccpit-academy.org/v-1-4503.aspx，最后访问日期：2022 年 2 月 10 日。

的关注和对具体议题的广泛讨论；另一方面，相比 2002 年欧洲未来大会具有明确的任务目标与统一的领导权，本次大会由欧洲议会、欧盟委员会与欧盟理事会共同领导，各机构以及成员国对大会的不同预期将影响大会的目标。

与此同时，欧盟与匈牙利、波兰间的法治冲突有增无减，成员国法院挑战欧盟法律最高效力的裁决使这一未明确列入《里斯本条约》的欧盟基本原则处境尴尬，本部分仅选取几个典型案例，略窥一斑。

（一）欧洲未来大会的"未来"

2021 年 5 月 9 日，欧洲未来大会正式启动，大会强调"以公民为中心、自下而上"的宗旨，议题涵盖欧盟有权采取行动的领域，或欧盟行动将有利于欧洲公民的领域，主要包括气候变化与环境，健康，更强大的经济、社会公平与就业，欧盟在世界的角色，价值观和权利、法治、安全，数字化转型，欧洲民主，移民，教育、文化、青年与体育等多个领域。[①]

欧洲未来大会的议事规则以多语言数字平台（Multilingual Digital Platform）、欧洲公民小组（European Citizens' Panels）、全体会议（Conference Plenary）和执行委员会（Executive Board）四大支柱为基础。多语言数字平台收集、分析、监测和公布公民在线提交的信息以及所有会议相关活动信息，直接面向公民社会，支持活动开展和泛欧盟的讨论。欧洲公民小组是在年龄、性别、社会经济背景、地理因素和教育水平方面代表欧盟人口的跨国论坛，根据数字平台的公民反馈分小组讨论具体议题并提出建议报告。截至本报告完成前，欧洲公民小组第二小组（欧洲民主，价值观和权利、法治、安全）与第三小组（气候变化与环境、健康）已向全体会议提出建议报告，第一小组（更强大的经济、社会公平与就业，教育、文化、青年与体育，数字化转型）与第四小组（欧盟在世界的角色、移民）仍在讨论中。全体会议由欧洲议会、欧盟理事会、欧盟委员会和各国议会的平等代表以及欧

---

① See Article 2, Rules of Procedure of the Conference on the Future of Europe, 9.5.2021.

洲公民组成，讨论国家和欧洲公民小组建议报告以及多语言数字平台的公民建议，全体会议在协商一致的基础上向执行委员会提出建议。执行委员会由欧洲议会、欧盟理事会和欧盟委员会代表组成，以协商一致的方式行动，负责组织会议工作、进程与活动，筹备全体会议，依据全体会议结论起草最终报告并提交联合主席及欧盟三大机构。联合主席由欧洲议会议长、欧盟委员会主席以及欧盟理事会主席组成，他们共同领导会议，审议欧洲未来大会最终报告，三大机构将根据各自职权范围对报告采取后续行动。

根据议程，欧洲未来大会于 2022 年上半年结束，然而在大会的目标与预期结果方面，成员国之间的立场仍然存在差异。法国、奥地利、意大利及希腊支持欧洲未来大会，并希望使大会成为深化欧洲一体化的基本步骤；大多数北欧、中欧和东欧成员国则更倾向大会围绕具体政策议程展开，而非解决机构问题；德国对欧洲未来大会态度矛盾，尽管其最初与法国共同于 2019 年 11 月提出关于欧洲未来大会的非正式文件，但在 2020 年下半年德国担任欧盟轮值主席国期间并未将大会作为优先事项考虑，大会召开期间，德国的立场也趋于谨慎。

具体而言，其一，大会召开期间，成员国对机构改革的态度趋于保守。例如，冯德莱恩在大会提案中提出"跨国名单"（Transnational List）和"领衔候选人制度"（Spitzenkandidaten）以增强欧盟委员会主席选举的民主合法性，但仅有奥地利、德国明确支持"领衔候选人制度"，法国表示更倾向于"跨国名单"方案，其他国家或直接反对，或并未将机构改革作为优先事项。其二，大多数成员国对欧洲联盟基础条约的修订持谨慎态度。大会召开期间，仅有奥地利与意大利公开表示支持条约修订，比利时、法国、德国、希腊、波兰和西班牙并未将条约修订视为优先事项，荷兰、芬兰、丹麦等 10 个北欧、中欧和东欧成员国则拒绝对条约进行任何修改。其三，成员国优先政策领域方面，各国偏好差异较大。除部分成员国政府未确定其优先政策领域外，气候和绿色交易、经济复苏和内部市场、数字化转型、欧盟在世界上的角色等问题较多被成员国列为优先事项。值得注意的是，在新冠疫情背景下，卫生政策并不在优先考虑之列，且成员国对此的立场也大不相同，如丹麦公民支持欧盟在对抗新冠疫情方面展开更多合作，但丹麦政府未将其列入优先事项；立陶宛公民则反对欧盟为对抗疫情而在卫生政策领域获得新的权能。

（二）欧盟法治危机

1. 波兰宪法法院关于欧盟法律最高效力的裁决

波兰与欧盟间的法治冲突由来已久，而 2021 年 10 月波兰宪法法院挑战欧盟法最高效力原则的裁决更激化了二者的矛盾。波兰宪法法院的裁决是对 2021 年 3 月欧洲法院在 C-824/18 案①中就任命波兰最高法院法官做出初步裁决的回应。在 C-824/18 案中，欧洲法院重申欧盟法律最高效力原则对成员国的所有机构均具有约束力，有权驳回不符合欧盟法律的成员国法，并强调根据已确立的判例法，不得允许成员国法律规则甚至宪法规则破坏欧盟法律的统一性与有效性。就此，波兰总理马泰乌什·莫拉维茨基（Mateusz Morawiecki）向波兰宪法法庭提出请求，要求对《欧洲联盟条约》第 1 条、第 2 条、第 4 条、第 19 条进行解释。

2021 年 10 月 7 日，波兰宪法法院就 K3/21 案做出裁决，裁定《欧洲联盟条约》第 1 条、第 2 条、第 4 条以及第 19 条部分违背波兰宪法。② 该裁决称，其一，《欧洲联盟条约》第 1 条第 1 款、第 2 款"在欧洲人民之间建立一个日益紧密的联盟"以及第 4 条第 3 款的规定，使欧盟能够超出波兰在条约中赋予其的权能范围行事，致使波兰宪法不再是波兰效力最高的法律，波兰不能作为主权和民主国家运行，进而违反波兰宪法条款。其二，《欧洲联盟条约》第 19 条第 1 款第 2 项"成员国……确保在联盟法涵盖的领域内提

---

① Case 824/18 A. B. and Others v Krajowa Rada S ądownictwa and Others, Judgment of the Court of 2. 3. 2021.

② The Constitutional Tribunal of Poland, "Assessment of the Conformity to the Polish Constitution of Selected Provisions of the Treaty on European Union", 7 October 2021, https：//trybunal. gov. pl/en/hearings/judgments/art/11662 - ocena - zgodnosci - z - konstytucja - rp - wybranych - przepisow - traktatu-o-unii-europejskiej.

供有效的法律保护"的规定，使波兰国内法院能够在裁决过程中绕过宪法规定，或根据已被撤销或违反宪法的国内法律进行裁决，构成对波兰宪法的违反。其三，《欧洲联盟条约》第19条第1款第2项以及第2条确保有效的法律保护以及确保法官独立性的规定，赋予波兰国内法院审查法官任命程序以及审查共和国总统任命法官行为的合法性、审查国家司法委员会向总统提交任命法官请求决议的合法性、裁决任命法官程序缺陷并因此拒绝法官任命决定的权力，该规定违反波兰宪法。

该裁决实际上认为波兰国内法优先于欧盟法律，构成对欧盟法最高效力原则这一基本原则的挑战，并进而威胁欧洲一体化的基础。欧洲议会全体会议于2021年10月21日通过决议，呼吁欧盟委员会与欧盟理事会就此采取行动，包括向欧洲法院提起违反条约之诉；启动《关于为保护欧盟预算附加条件的一般制度的第2020/2092号条例》①；停止批准波兰复苏计划；援引《欧洲联盟条约》第7条第1款，宣布波兰存在严重违反法治的明显风险等。2021年12月22日，欧盟委员会正式针对波兰提起违反条约之诉，欧盟委员会认为，波兰宪法法院的裁决违反欧盟法律自主、优先、有效和统一适用的一般原则以及欧洲法院裁决的约束力；违反《欧洲联盟条约》第19条第1款的规定，未有效保障个人获得司法保护的权利；同时，欧盟委员会对波兰宪法法院的独立性和公正性表示怀疑，并质疑波兰宪法法院法官的独立性。根据条约规定，波兰应在两个月内做出详细答复，否则欧盟委员会可要求法院对其进行处罚。

2. 欧洲法院驳回匈牙利与波兰起诉

2020年12月，欧盟通过《关于为保护欧盟预算附加条件的一般制度的第2020/2092号条例》（或称《预算附加法治条件条例》），② 该条例规定在

---

① Regulation（EU, Euratom）2020/2092 of the European Parliament and of the Council of 16 December 2020 on a General Regime of Conditionality for the Protection of the Union Budget, OJ LI 433/1, 22. 12. 2020.

② Regulation（EU, Euratom）2020/2092 of the European Parliament and of the Council of 16 December 2020 on a General Regime of Conditionality for the Protection of the Union Budget, OJ LI 433 I/1, 22. 12. 2020.

成员国违背法治原则且影响欧盟的预算或其财务利益时，欧盟理事会有权根据欧盟委员会的提议对欧盟预算采取保护性措施，如暂停从欧盟预算中支付款项，或暂停批准由某一预算支付的一个或多个项目等。2021 年 3 月 11 日，匈牙利与波兰分别向欧洲法院提起诉讼要求废除该条例，理由是该条例缺乏适当的法律依据，违背《欧洲联盟条约》第 7 条第 2 款，并违反了法律确定性原则。匈牙利与波兰互相支持对方立场，以比利时、法国、丹麦为首的其他国家以及欧盟委员会作为第三方参与诉讼并支持欧洲议会和欧盟理事会的立场。

欧洲法院依据快速审理程序审理案件，于 2022 年 2 月 16 日做出裁决支持《预算附加法治条件条例》的合法性，驳回匈牙利和波兰起诉。① 其一，对于条例的法律依据，欧洲法院认为，该条例旨在维护联盟预算免受违反法治原则的影响，而非对违反法治原则的行为进行惩罚。只有在有合理理由认定成员国不仅违反法治原则，而且违反法治原则的行为会影响或严重威胁欧盟预算财务管理或直接威胁欧盟财政利益保护时才能启动条例规定的程序。条例确立的机制使成员国对法治原则的尊重成为其接受联盟预算资金的条件，属于欧盟制定与执行联盟预算有关的财政纪律的权能范围。其二，对于匈牙利与波兰所称该条例违反《欧洲联盟条约》第 7 条规定的程序，欧洲法院进行了反驳。《欧洲联盟条约》第 7 条规定，允许欧盟理事会对严重和持续违反欧盟价值观的成员国予以处罚。欧洲法院认为，《预算附加法治条件条例》旨在保护欧盟预算，与条约第 7 条规定的程序追求不同的目标与主题。其三，针对匈牙利与波兰所称条例违反法律确定性原则，尤其是未定义"法治"概念，欧洲法院认为，条例中的原则已在法院判例法中得到广泛发展，成员国能够充分准确确定条例基本内容和要求。欧洲法院称，条例中的原则源于成员国自身法律体系中承认和应用的共同价值观，派生于成员国共同的法治观念，是成员国共同的宪法传统。

---

① Joint Cases C-156/21 Hungary v European Parliament and Council of the European Union and C-157-21, Republic of Poland v European Parliament and Council of the European Union, Judgment of the Court of 16. 2. 2022.

此外，欧洲法院强调条例的适用应确保违反法治原则与影响欧盟预算和财务利益之间存在真正联系，且违反法治的行为可归因于成员国当局的情势或行为；对联盟预算采取保护措施应坚持相称性原则；欧盟委员会应遵循严格的程序要求，接受欧洲法院的司法审查，并确保该条例符合法律确定性要求。据此，欧洲法院驳回了匈牙利与波兰的全部诉讼。

3. 罗马尼亚宪法法院关于执行欧洲法院裁决的声明

2021 年 12 月 21 日，欧洲法院对罗马尼亚宪法法院提起的 5 起案件做出初步裁决。① 欧洲法院认为，罗马尼亚宪法法院适用欺诈与腐败案件判例法规则的行为可能违反欧盟法，尤其是可能构成对法官独立性、法治原则以及欧盟法的最高效力原则等的违反。欧洲法院在裁决中声明，欧盟法律的最高效力原则对成员国的所有机关均有约束力，成员国国内法包括宪法性质的规定，均不得排除欧盟法的适用。作为对此裁决的回应，2021 年 12 月 23 日，罗马尼亚宪法法院发文称从实践来看，欧洲法院的判决只有在对现行罗马尼亚宪法修订后才能生效。② 这事实上认为欧盟法的效力从属于罗马尼亚宪法，从而引发媒体关于罗马尼亚宪法法院挑战欧盟法最高效力的讨论。③ 随后，罗马尼亚总统尼古拉·丘克（Nicolae CIUCĂ）宣称遵守欧盟法律最高效力原则，并对宪法法院发文予以否认，称其不代表罗马尼亚宪法法院的官方立场。④

---

① Joint Cases C-357/19 Euro Box Promotion and Others, C-379/19 DNA-Serviciul Teritorial Oradea, C-547/19 Asociaţia《Forumul Judecătorilor din România》, C-811/19 FQ e. a. and C-840/19 NC, Judgment of the Court of Justice of 21. 12. 2021.

② The Constitutional Court of Romania, "Press Release", 23 December 2021, https://www.ccr.ro/en/press-release-23-december-2021/, 最后访问日期：2022 年 3 月 18 日。

③ 相关媒体报道例如, Romania-Insider, "Romanian Constitutional Court Challenges Primacy of EU Law", 27 December 2021, https://www.romania-insider.com/romania-constitutional-court-eu-law; The Brussels Times, "Romania's Constitutional Court Rejects Primacy of European law", 25 December 2021, https://www.brusselstimes.com/199239/romanias-constitutional-court-rejects-primacy-of-european-law, 最后访问日期：2022 年 3 月 18 日。

④ Romania-Insider, "Romanian Govt. Assures EU Law Prevails in the Country", 30 December 2021, https://www.romania-insider.com/romania-prime-minister-eu-law, 最后访问日期：2022 年 3 月 18 日。

二 内部市场建设与监管

随着新兴国家的崛起与欧洲在国际经济中地位与竞争力的下降，欧盟的竞争力焦虑更加明显。2021 年，欧盟委员会继续推进竞争政策工具的现代化，一方面确保所有竞争工具（合并、反垄断和国家援助控制）仍然适用，另一方面寻求建立新的政策工具，以应对内部市场出现的新挑战。在竞争审查与执法方面，欧盟继续加大对跨国科技公司涉嫌垄断和排除竞争行为的审查力度，其中典型案例有谷歌"比价销售服务案"和"苹果税收案"。在国际竞争政策方面，欧盟出台《外国补贴条例草案》，以保护内部市场公平竞争环境为由，对外国补贴对内部市场的影响打造综合性的审查工具。在数字化转型方面，欧盟陆续出台《数字服务法案》、《数字市场法案》和《人工智能法案》等草案以支持欧洲的数字化转型。此外，欧盟的"绿色新政"也备受关注，被欧盟视作新的增长战略，旨在创造更多就业机会，提升欧盟的全球竞争力。

（一）数字经济

1. 数字税

在国际企业税制改革长期停滞的背景下，美欧围绕欧盟及部分欧洲国家开征数字服务税产生了一系列争议。根据欧盟委员会 2021 年年度工作计划，[①] 欧盟致力于达成一项公平税收制度的国际协定，以提供长期可持续的收入。如果无法在国际层面达成协定，欧盟委员会原计划在 2021 年上半年提出征收数字税的立法提案。此前，法国、英国、西班牙和意大利等部分欧洲国家已经颁布立法并开始征收数字服务税。

随着 2021 年 7 月经济合作与发展组织（OECD）主导的国际税制改革

---

① European Commission, "Communication from the Commission to the European Parliament, the Council, the European Economic and Social Committee and the Committee of the Regions Commission: Work Programme 2021—A Union of Vitality in a World of Fragility", COM (2020) 690 final, Brussels, 19. 10. 2020.

框架谈判取得进展，欧盟及部分欧洲国家在数字税议题上也采取相对更温和的立场，为达成国际税改协定创造有利条件。欧盟委员会于 2021 年 7 月 12 日宣布推迟发布数字税立法提案，以支持 OECD 主导的国际税制改革。[①] 2021 年 10 月 8 日，超过 130 个国家成为经济合作与发展组织/G20 的《税基侵蚀和利润转移框架》的成员国，同意对国际税收框架进行改革，提出解决避税问题的"两个支柱"解决方案。[②]"两个支柱"对现行国际税收体制进行两个方面的重大修订：一是对跨国企业全球剩余利润在各税收管辖区之间重新划分征税权（支柱一）；二是设定全球最低税标准，对达不到最低税标准的跨国企业采取相应措施（支柱二）。[③] 支柱一旨在制定新的联结度与利润分配规则，支柱二提出了全球最低税的国际税收规则。2021 年 10 月，美国与奥地利、法国、意大利、西班牙和英国宣布就数字服务税争议达成协议。[④] 根据协议，美国将取消因数字服务税争议而加征的惩罚性关税，上述五国则承诺在国际税改协定完全生效后不再单方面征收数字服务税。

2021 年 12 月 22 日，欧盟委员会提出三个新的收入来源，[⑤] 第一个来源是"欧盟碳排放交易体系"（ETS）收入，第二个来源是欧盟碳边境调节机制产生的收益，第三个来源是跨国公司剩余利润。基于跨国公司剩余利润的份额，根据 2021 年 7 月 10 日的经合组织/G20 税收权重新分配协议，跨国公司剩余利润将重新分配给欧盟成员国。欧盟委员会明确提出适用 15% 的

① Francesco Guarascio, David Lawder, "After U. S. Push, EU Pauses Tax Plan, But Ireland Sticks to Its Guns", Reuters, 13 July 2021, https：//www. reuters. com/business/eu – commission – puts – hold–plan–digital–services–levy–2021–07–12/，最后访问日期：2022 年 3 月 18 日。

② OECD/G20 Base Erosion and Profit Shifting Project, "Statement on a Two-Pillar Solution to Address the Tax Challenges Arising from the Digitalisation of the Economy", 8 October 2021.

③ 《应对经济数字化带来的税收挑战——BEPS 2.0》，KPMG，https：//home. kpmg/cn/zh/home/insights/2020/05/beps–2–0. html，最后访问日期：2022 年 3 月 18 日。

④ U. S. Department of the Treasury, "Joint Statement from the United States, Austria, France, Italy, Spain, and the United Kingdom, Regarding a Compromise on a Transitional Approach to Existing Unilateral Measures during the Interim Period Before Pillar 1 Is in Effect", 21. October 2021, https：//home. treasury. gov/news/press–releases/jy0419，最后访问日期：2022 年 3 月 18 日。

⑤ European Commission, "The Commission Proposes the Next Generation of EU Own Resources", Brussels, 22 December 2021, https：//ec. europa. eu/commission/presscorner/detail/en/ip_ 21_ 7025，最后访问日期：2022 年 3 月 18 日。

"最低有效税率"以弥补欧盟成员国的税收漏洞,表现出对国际税收框架改革的强烈愿望。

2.《数字服务法案》与《数字市场法案》

2020年12月,欧盟委员会提出《数字服务法案》(Digital Service Act)①和《数字市场法案》(Digital Market Act)② 两部草案,这成为欧盟在数字经济领域立法的重要进展。

(1)《数字服务法案》

自2000年通过《电子商务指令》以来,管理欧盟数字服务提供的规则基本保持不变,而数字技术和商业模式继续快速发展,出现新的社会挑战,例如假冒商品的蔓延、仇恨言论和虚假信息等。在此背景下,欧盟委员会于2020年12月提出一项关于数字服务单一市场监管的《数字服务法案》草案,修改电子商务指令并设定更高的透明度和问责标准,以管理平台服务提供商审核内容、广告和算法过程。③《数字服务法案》的法律基础为《欧洲联盟运行条约》第114条关于法律趋同的条款,欧盟委员会称,法案的目的是防止成员国间的立法差异阻碍数字服务的跨境提供,并确保内部市场范围内企业和消费者享有权利与承担义务的统一标准。

对于在线平台与托管服务提供商,欧盟委员会要求其建立详细的通知与行动机制,完善平台内部的投诉机制以及庭外争端解决机制(out-of-court dispute settlement),以促进打击非法网络内容,保障用户权利。在线平台与托管服务提供商均需建立通知与行动机制,使用户能够向平台通知涉嫌非法内容的存在(第14条),若提供商决定删除或禁止访问特定内容,则其有义务

① European Commission, "Proposal for a Regulation of the European Parliament and of the Council on a Single Market for Digital Services (Digital Services Act) and Amending Directive 2000/31/EC", COM (2020) 825 final, 2020/0361 (COD), Brussels, 15. 12. 2020.

② European Commission, "Proposal for a Regulation of the European Parliament and of the Council on Contestable and Fair Markets in the Digital Sector (Digital Markets Act)", COM (2020) 842 final, 2020/0374 (COD), Brussels, 15. 12. 2020.

③ Tambiama Madiega European Parliament, "Digital Services Act", February 2022, https://www. europarl. europa. eu/RegData/etudes/BRIE/2021/689357/EPRS_ BRI (2021) 689357_ EN. pdf.

向用户提供理由说明（第 15 条）。此外，提供商须遵守一系列新要求，以确保其提供的产品和服务可信任且安全。在线平台与托管服务提供商有义务为其用户建立易于访问和对用户友好的平台内部投诉机制（第 17 条），并有义务与庭外争端解决机构合作解决其与用户间的争议（第 18 条）。①《数字服务法案》草案同时规定"超大型平台的附加义务"，包括对其服务运行和使用带来或与之相关的系统性风险进行风险评估（第 26 条），并采取合理有效的措施减少这些风险等。2022 年 1 月 20 日，欧洲议会以 530 票赞成、78 票反对、80 票弃权的表决结果通过了《数字服务法案》，并将开始同欧盟理事会进行谈判。

（2）《数字市场法案》

为解决大型互联网平台引发的竞争问题，欧盟在启动一系列反垄断诉讼（如针对谷歌公司与亚马逊公司的反垄断审查）的同时，考虑调整竞争法工具。2020 年 12 月 15 日，欧盟委员会发布《数字市场法案》草案，旨在重塑在欧盟数字市场占有重要地位的国际互联网巨头企业（即"守门人"）的权利、义务和责任，确保市场的可竞争性并维护公平的竞争环境。

草案提出，欧盟现有竞争规则的事后监管模式无法充分处理数字"守门人"行为导致的市场失灵，因而《数字市场法案》从事后反垄断干预转向事前监管，并以维护可竞争性和公平性为目标。法案提出"守门人"的三项判定标准，包括对欧盟内部市场具有重大影响、运营一条或多条连接用户的重要通道，且在经营活动中享有或预计享有稳固和持久的地位。草案规定，经营核心平台服务（Core Platform Service）的企业达到法案规定的营业额、市值以及欧洲消费者用户和企业用户数量门槛后，应通知欧盟委员会其有资格成为"守门人"，除非其能够提交相反证据。此外，欧盟委员会可经市场调查后确定，在考虑可预见的市场发展前提下，不符合门槛条件的企业仍有可能成为新兴的"守门人"。欧盟委员会称，将确定 10~15 个符合上述条件的"守门人"，但由于其能够指定新兴"守门人"，更多企业可能进入

---

① European Parliament, "Digital Services Act", February 2022, https：//www. europarl. europa. eu/RegData/etudes/BRIE/2021/689357/EPRS_ BRI (2021) 689357_ EN. pdf.

法案的调整范围。① 对于提供核心平台服务的"守门人"企业，草案规定了直接适用的禁令与义务，以及可能进一步明确的义务。前者主要包括避免合并不同来源的个人数据；允许企业用户通过第三方在线中介服务向最终用户提供相同服务；允许企业用户推广并与最终用户签订合同，无论用户是否利用"守门人"提供的核心服务，允许最终用户在不使用"守门人"核心服务时访问和使用内容等。后者则包括避免使用竞争对手的数据与之竞争；更广泛地允许最终用户取消安装任何预装的软件应用程序；更广泛地允许使用第三方软件应用程序和系统等。②

2021 年 12 月 15 日，欧洲议会以 642 票赞成、8 票反对和 46 票弃权通过了《数字市场法案》。截至本报告完成前，该法案正处于立法者之间的三方会谈阶段。

3.《人工智能法案》

在 2020 年提出的《人工智能白皮书》③ 的基础上，欧盟委员会于 2021年 4 月公布了一项关于欧盟人工智能监管框架的新草案——《人工智能法案》草案，④ 其旨在为在欧盟开发和使用可信赖的人工智能系统创造条件，以确保单一市场的正常运作。

草案侧重于人工智能系统的具体利用和相关风险评估。欧盟委员会提出，基于《欧洲联盟运行条约》第 114 条和第 16 条，将在欧盟法律中建立技术中立的人工智能系统定义，并根据"基于风险的方法"对人工智能系统分类。因此，草案区分不可接受风险、高风险、有限风险以及低风险或最低风险的人工智能

① Cristina Caffarra, Fiona Scott Morton, "How Will the Digital Markets Act Regulate Big Tech?", https：//www. promarket. org/2021/01/11/digital-markets-act-obligations-big-tech-uk-dmu/, 最后访问日期：2022 年 3 月 18 日。

② European Parliament, "Digital Markets Act", February 2022, https：//www. europarl. europa. eu/ RegData/etudes/BRIE/2021/690589/EPRS_ BRI (2021) 690589_ EN. pdf.

③ European Commission, "White Paper on Artificial Intelligence-A European Approach to Excellence and Trust", COM (2020) 65 final, Brussels, 19. 2. 2020.

④ European Commission, "Proposal for a Regulation of the European Parliament and of the Council Laying down Harmonised Rules on Artificial Intelligence (Artificial Intelligence Act) and Amending Certain Union Legislative Acts", COM (2021) 206 final, 2021/0106 (COD), Brussels, 21. 4. 2021.

系统。草案明确禁止可能对人的安全、生命及权利产生威胁的，存在"不可接受风险"的人工智能系统在欧盟市场投放、投入服务或使用；可能对人的安全或基本权利产生不利影响的"高风险"人工智能系统应受到欧盟一系列监管与要求的约束；对于"有限风险"的人工智能系统，例如与人类交互、情绪识别、生物识别等相关的人工智能系统仅受有限的透明度义务约束；低风险或最低风险的人工智能系统可在欧盟开发及使用，无须遵守任何额外义务。同时，法案拟提出行为准则，并鼓励非高风险人工智能系统供应商自愿遵守强制性要求。①

在执行与实施方面，草案提出，将分别在欧盟层面以及成员国层面建立监管机构。在欧盟层面，草案提出建立欧洲人工智能委员会（由成员国和欧盟委员会代表组成），以促进协调实施新规则并确保国家监管机构与欧盟委员会间的合作。在国家层面，成员国须指定一个或多个主管部门（包括国家监管机构），负责监督法规的应用与实施。成员国市场监督机构将负责评估运营商对高风险人工智能系统的义务和要求的遵守情况，该机构可访问机密信息（包括人工智能系统的源代码）。此外，成员国市场监督机构将能够采取任何纠正措施，以禁止、限制、撤回或召回不符合《人工智能法案》要求的人工智能系统，以及其他不利于人的健康、安全、基本权利或其他公共利益保护的人工智能系统。如果持续不合规，相关成员国将不得不采取一切适当措施限制、禁止、召回或从市场上撤出高风险人工智能系统。②

（二）竞争政策的现代化

1.《外国补贴条例草案》

2020 年 6 月 17 日，欧盟委员会发布《外国补贴白皮书》，③ 旨在为欧盟引入新的法律工具，以应对外国补贴可能对单一市场造成的扭曲。欧盟委员会于

---

① European Parliament, "Artificial Intelligence Act", February 2022, https：//www.europarl.europa.eu/RegData/etudes/BRIE/2021/698792/EPRS_ BRI（2021）698792_ EN. pdf.

② European Parliament, "Briefing-EU Legislation in Progress：Digital Services Act", European Parliamentary Research Service, 3. 3. 2021.

③ European Commission, "White Paper on Levelling the Playing Field as Regards Foreign Subsidies", COM（2020）253 final, Brussels, 17. 6. 2020.

2021 年 5 月 5 日正式公布《外国补贴条例草案》，① 其将适用普通立法程序。

《外国补贴条例草案》的主要内容保留了《外国补贴白皮书》三个"模块"的基本框架。草案提出针对外国补贴的审查机制解决市场扭曲问题的一般制度（制度一）、经营者集中的强制申报和审查制度（制度二）、公共采购的强制申报和审查制度（制度三）。《外国补贴条例草案》适用于扭曲内部市场的外国补贴，规定了调查和应对此类扭曲的程序和实体规则。内部市场扭曲可能产生于任何经济活动，特别是经营者集中和公共采购程序。《外国补贴条例草案》拟构建的外国补贴制度具有限制性。例如，如果认定外国补贴扭曲了内部市场，欧盟委员会可以做出禁止实施经营者集中或者禁止授予公共采购合同的决定。外国补贴制度的实施也可能具有强烈的歧视性。②《外国补贴条例草案》引入旨在保护欧盟内部市场的三个工具，以公平竞争环境为由，对外国投资在欧盟的经济行为实施竞争审查：既有事前审查，也有事后审查；既有投资前的准入审查，也有投资后的经济行为审查。与《欧盟并购条例》以及《欧盟外资安全审查条例》一起，欧盟《外国补贴条例草案》实际上计划打造一个全方位、立体的外资审查制度。

2. 谷歌比价销售服务案

2017 年 6 月 27 日，欧盟委员会裁定谷歌滥用其在欧洲经济区 31 个国家搜索引擎市场的支配地位，为本公司比价销售服务（comparison shopping service）提供非法优势，对其处以 24.2 亿欧元的罚款。③ 随后，谷歌公司向欧盟综合法院提起诉讼。2021 年 11 月 10 日，欧盟综合法院做出裁决，基本驳回谷歌公司起诉，并完全支持欧盟委员会对谷歌公司做出的 24.2 亿欧

① European Commission, "Proposal for a Regulation of the European Parliament and of the Council on Foreign Subsidies Distorting the Internal Market", COM（2021）223 final, 2021/0114（COD）, Brussels, 5. 5. 2021.

② 胡建国、陈禹锦：《欧盟〈外国补贴条例（草案）〉及其 WTO 合规性分析》，《欧洲研究》2021 年第 5 期。

③ European Commission, "Antitrust: Commission Fines Google € 2. 42 Billion for Abusing Dominance as Search Engine by Giving Illegal Advantage to Own Comparison Shopping Service", Brussels, 27 June 2017, https: //ec. europa. eu/commission/presscorner/detail/en/IP_ 17_ 1784, 最后访问日期：2022 年 3 月 18 日。

元罚款的决定。①

欧盟综合法院认为，仅凭企业具有支配地位这一理由，不能认定有关企业排斥竞争，然而谷歌公司在一般搜索的结果页面通过更有利的显示和定位，支持本公司比价销售服务，同时通过排名算法将其他竞争性的比价销售服务搜索结果降级，该行为构成排斥竞争。在进一步辩论中，谷歌公司认为由于其行为提高了搜索服务质量并抵消了与该做法相关的排他性影响，因而事实上有利于促进竞争；谷歌公司还称，由于技术限制因素无法提供欧盟委员会要求的"平等待遇"。欧盟综合法院驳回了上述论点，认为尽管排名算法或谷歌的定位和显示标准本身可能有利于服务改进，但谷歌公司的比价销售服务与其他具有竞争关系的比价销售服务在搜索结果上的待遇是不平等的，因而是不正当的；欧盟综合法院认为谷歌并未证明这种做法实现的效率提升可以抵消其对竞争的负面影响。

2022 年 1 月，谷歌公司就欧盟综合法院的判决向欧洲法院提出上诉，②目前该案正在审理中。③

3. 苹果税收案

2016 年 8 月，欧盟委员会认定苹果公司将在欧洲、印度和非洲等地获得的利润转移至爱尔兰，利用与爱尔兰政府达成的税收协定，在爱尔兰享受低税率。这实际上等同于爱尔兰为苹果公司提供国家援助，使苹果公司获取不正当竞争优势，违反欧盟法规定。欧盟委员会要求苹果公司补缴 2003 ~ 2014 年的税款合计 130 亿欧元。④ 随后，爱尔兰政府和苹果公司就欧盟委员

---

① Case T-612/17 Google and Alphabet v Commission (Google Shopping), Judgment of the Court of 10 November 2021.

② Reuters, "Google Launches Fresh Appeal to Overturn ＄2. 8 Bln Fine at Top EU Court", https：//www. reuters. com/technology/google-launches-fresh-appeal-overturn-28-bln-fine-top-eu-court-2022-01-20/, 最后访问日期：2022 年 3 月 18 日。

③ 案件信息可以参见 https：//curia. europa. eu/juris/liste. jsf? num＝C-48/22&language＝en，最后访问日期：2022 年 3 月 18 日。

④ European Commission, "State Aid：Ireland Gave Illegal Tax Benefits to Apple Worth up to €13 Billion", Brussels, 30 August 2016, https：//ec. europa. eu/commission/presscorner/detail/en/IP _ 16_ 2923, 最后访问日期：2022 年 3 月 18 日。

会的决定向欧盟综合法院提起诉讼。

2020年7月15日，欧盟综合法院做出裁决，认定有关苹果公司在爱尔兰享受的税收优惠政策不构成国家援助，并撤销欧盟委员会于2016年做出的苹果公司需补缴130亿欧元税款的决定。2020年9月25日，欧盟委员会宣布将本案上诉至欧洲法院。2021年2月1日，欧盟委员会在欧盟官方公报上公布上诉状。①

欧盟委员会质疑爱尔兰连续发布的两项税收裁决，该裁决认可在苹果国际销售公司（Apple Sales International）和苹果欧洲运营公司（Apple Operations Europe）间内部分配利润的方法。欧盟委员会评估了这种计算应税利润的方法是否给苹果公司带来欧盟国家援助规则规定的非法的不正当优势。欧盟委员会称，爱尔兰发布的税收裁决认可了苹果国际销售公司和苹果欧洲运营公司内部的利润分配规则，这种分配规则没有事实上和经济上的正当性。苹果国际销售公司的大部分销售利润被分配给其"总部"，而该"总部"没有处理和管理分销业务或任何其他实质性业务的能力，苹果公司产品分销的收入仅由苹果国际销售公司爱尔兰分公司产生。因此，苹果国际销售公司的销售利润应在爱尔兰分公司记录并在此征税。在此基础上，欧盟委员会认为，爱尔兰发布的税收裁决认可将苹果国际销售公司和苹果欧洲运营公司的销售利润人为分配给其"总部"的行为，导致苹果公司支付的税款比其他公司少得多，这违反欧盟国家援助规则。

同时，欧盟委员会并未质疑爱尔兰的一般税收制度或其公司税率。此外，苹果公司在欧洲的税收结构本身，以及是否可以在有效进行销售的国家/地区记录利润，都不是欧盟国家援助规则所涵盖的问题。

（三）绿色新政

2019年12月，欧盟委员会发布"欧洲绿色新政"（European Green Deal）

---

① Appeal Brought on 25 September 2020 by European Commission against the Judgment of the General Court（Seventh Chamber, Extended Composition）Delivered on 15 July 2020 in Joined Cases T-778/16 and T-892/16, Ireland and Others v Commission, Case C-465/20 P, OJ 2021/C 35/33, 1.2.2021.

文件。① "欧洲绿色新政" 将把欧盟转变为一个现代化、资源节约型和有竞争力的经济体，确保到 2050 年没有温室气体净排放；经济增长与资源利用脱钩；任何人和任何地区都不会被落下。"欧洲绿色新政" 也被视为欧盟摆脱疫情的生命线。来自 "下一代欧盟" 复苏计划的 1.8 万亿欧元投资中的 1/3 以及欧盟多年度财政框架（2021～2027 年）将为 "欧洲绿色新政" 提供资金。同时，为了助力 "欧洲绿色新政"，实现欧盟经济绿色转型，欧盟先后提出《关于建立实现气候中和的框架及修改欧盟 2018/1999 条例的条例草案》②（以下简称《欧洲气候法》）和 "碳边境调节机制"，它们成为欧盟应对气候变化领域新的法律工具。

1. 《欧洲气候法》

欧盟理事会和欧洲议会于 2021 年 4 月 21 日就欧盟委员会《欧洲气候法》达成政治协议。作为欧盟首部关于气候中和的专门立法，《欧洲气候法》涵盖了本届欧盟委员会提出的绿色新政的核心部分，该法于 2021 年 7 月 29 日正式生效。

《欧洲气候法》建立法律框架，用于逐步减少不可逆转的人为温室气体的源排放，并增加自然汇或其他汇的清除量。该法第一条提出 "到 2050 年在欧盟实现气候中和的具有约束力的目标，以实现《巴黎协定》第 2 条第 1 款（a）项中规定的长期温度目标，实现《巴黎协定》第 7 条确立的全球适应目标"。该法还规定了 2030 年国内温室气体净排放量减少的具有约束力的目标。该法第二条提出 "气候中和" 的具体目标，"欧盟法律规定的欧盟范围内温室气体排放和清除最迟应在 2050 年之前在欧盟内部实现平衡，在该日期之前将排放量减少到净零，并在此后实现负排放。相关欧盟机构和成员国应分别在欧盟和国家层面采取必要措施，以共同实现第 1 段中规定的气候

---

① European Commission，"Communication from the Commission the European Green Deal"，COM（2019）640 final，Brussels，11. 12. 2019.

② European Commission，"Regulation（EU）2021/1119 of the European Parliament and of the Council of 30 June 2021 Establishing the Framework for Achieving Climate Neutrality and Amending Regulations（EC）No 401/2009 and（EU）2018/1999（'European Climate Law'）"，OJ L 243/1，9. 7. 2021.

中和目标，同时考虑到成员国之间的公平、团结以及实现这一目标的成本效益"。同时，《欧洲气候法》把"提高适应能力"作为欧盟和成员国的主要义务之一。第五条规定，"欧盟相关机构和成员国还应确保欧盟和成员国的适应政策是一致的、相互支持的，为部门政策提供共同利益，并努力以一致的方式更好地整合所有领域的适应政策（包括相关的社会经济和环境政策及行动），在适当情况下也包括欧盟的对外行动。它们应特别关注最脆弱和受影响的人群和部门，并与民间社会协商确定这方面的不足之处"。"成员国应考虑到本条第 2 款所指的欧盟适应气候变化战略，基于强有力的气候变化和脆弱性分析开展评估和指标分析，并以最佳的和最新的科学证据为指导采取并实施国家适应战略和计划。在其国家适应战略中，成员国应考虑相关部门的特殊脆弱性，尤其是农业、水和粮食系统以及粮食安全，并促进基于自然的解决方案和基于生态系统的适应战略的制订。"

该法将欧盟关于气候中和与减排目标相关的政治承诺转化为具有法律约束力的欧盟立法，并通过对欧盟委员会的授权，提升欧盟委员会在欧盟层面协调成员国气候政策以及采取集体气候行动的能力。该法第六条提出"到2023 年 9 月 30 日，此后每五年，欧盟委员会应审查：（a）欧盟措施与第 2条第 1 款规定的气候中和目标的一致性；（b）欧盟措施与确保第 5 条所述适应进展的一致性"。该法第七条提出，"到 2023 年 9 月 30 日，此后每五年，欧盟委员会应评估：（a）根据国家能源和气候综合计划、国家长期战略和提交的两年期进展报告，确定国家措施与实现气候中和目标的一致性；（b）考虑到第 5 条第 4 款提及的国家适应战略，评估相关国家措施与确保第 5 条所述适应取得进展的一致性"。《欧洲气候法》规定欧盟和成员国在应对气候变化问题上履行两个主要义务——"减缓"和"适应"，这两个义务也是《巴黎协定》规定的国际义务。《欧洲气候法》为欧盟及其成员国履行"减缓"和"适应"义务提出法律框架，意在加强欧盟及其成员国的协作，以提高欧盟及其成员国应对气候变化的能力，增强自身竞争力，最终实现绿色经济转型。

2. 碳边境调节机制

2021 年 3 月 10 日，欧洲议会通过了支持设立"碳边境调节机制"（Carbon Border Adjustment Mechanism，CBAM）的决议，[①] 支持欧盟委员会引入一个与世界贸易组织规则和欧盟对外缔结的自由贸易协定相兼容的"碳边境调节机制"。2021 年 7 月 14 日，欧盟委员会通过并正式公布《关于设立碳边境调节机制的立法草案》。[②] 该机制要求非欧盟国家的生产者降低生产过程碳泄漏的风险，主要针对电力、钢铁、水泥、铝和化肥 5 类原材料产品生产过程中的直接碳排放征税，涉及上述 5 类原材料的复合终端产品（例如，汽车、机械零件、铝制品等）和其他产品近期不会被纳入征税范围。其具体的工作方式是，如果货物是根据欧盟的碳定价规则生产的，欧盟进口商将购买与本应支付的碳价格相对应的碳证书。反之，一旦非欧盟生产商能够证明其已经为在第三国生产进口商品所使用的碳支付了价格，则可以为欧盟进口商全额扣除相应成本。碳证书的价格将根据欧盟碳排放交易体系配额的每周平均拍卖价格计算，单位用欧元/吨二氧化碳排放量表示。货物进口商必须单独或通过代表向国家相关部门注册，国家相关部门将授权申报人在碳边境调节机制系统中注册并审查和核实申报，负责向进口商出售碳边境调节机制证书。为将碳边境调节机制涵盖的货物进口到欧盟，进口商必须在每年 5 月 31 日之前申报上一年进口到欧盟的货物的数量和嵌入的排放量。[③]

关于碳边境调节机制，欧盟委员会并没有明确将其定义为"碳关税"，实际上，碳边境调节机制是一种补充并逐步替代欧盟碳排放交易体系的新机制，是欧盟提出的避免碳泄漏的体系性的新工具。国际可持续发展研究所

---

① European Parliament, "MEPs: Put a Carbon Price on Certain EU Imports to Raise Global Climate Ambition", 10 March 2021, https://www.europarl.europa.eu/news/en/press - room/2021 0304IPR99208/meps-put-a-carbon-price-on-certain-eu-imports-to-raise-global-climate-ambition, 最后访问日期：2022 年 3 月 18 日。

② European Commission, "Proposal for a Regulation of the European Parliament and of the Council Establishing a Carbon Border Adjustment Mechanism", COM（2021）564 final, 2021/0214（COD）, Brussels, 14.7.2021.

③ https://ec.europa.eu/commission/presscorner/detail/en/qanda_21_3661.

（International Institute for Sustainable Development）高级顾问、欧洲气候变化和可持续转型圆桌会议高级顾问亚伦·科斯贝（Aaron Cosbey）认为碳边境调节机制是一种尚未被证明有效的工具。碳边境调节机制将解决一系列有重大影响的问题：避免碳泄漏；解决竞争力问题；允许欧盟提高其气候目标；激励和推动其他国家增加其在《巴黎协定》下的承诺，以匹配欧盟的承诺；消除排放份额的免费分配；产生收入。① 碳边境调节机制将基于一个证书系统，以涵盖随后进口到欧盟的产品中嵌入的碳排放。然而，碳边境调节机制在一些有限的领域与欧盟碳排放交易体系不同，因为它不是一个"限额与交易"系统。相反，碳边境调节机制证书反映了欧盟碳排放交易体系价格。欧盟委员会称，通过确保进口商支付与欧盟碳排放交易体系下的国内生产商相同的碳价格，碳边境调节机制将确保欧盟制造的产品和从其他地方进口的产品得到平等待遇，并避免碳泄漏。

继《欧洲气候法》和"碳边境调节机制"后，2021 年 11 月 1~2 日，欧盟委员会主席乌尔苏拉·冯德莱恩（Ursula von der Leyen）出席第二十六届联合国气候变化大会（COP26）世界领导人峰会。欧盟于 11 月 1 日承诺为"全球森林融资承诺"（Global Forests Finance Pledge）提供 10 亿欧元资金。11 月 2 日，欧盟宣布与南非建立公正的能源转型伙伴关系，并正式启动"全球甲烷承诺"（Global Methane Pledge），这是一个欧盟与美国的联合倡议，已动员 100 多个国家到 2030 年将其集体甲烷排放量减少至少 30%（相比 2020 年的水平）。2021 年 11 月 9 日，欧盟委员会执行副主席弗兰斯·蒂默曼斯（Frans Timmermans）宣布为"气候适应基金"（Climate Adaptation Fund）提供 1 亿欧元的新资金承诺，这是迄今为止捐助者在 COP26 上为气候适应基金做出的最大承诺。② 欧盟基于《巴黎协定》规定的

① Cosbey, Aaron, Mehling, Michael, Marcu, Andrei, "CBAM for the EU: A Policy Proposal (April 7, 2021)", available at SSRN, https://ssrn.com/abstract = 3838167 or http://dx.doi.org/10.2139/ssrn.3838167.
② European Commission, "COP26: EU Helps Deliver Outcome to Keep the Paris Agreement Targets Alive", 13 November 2021, https://ec.europa.eu/commission/presscorner/detail/en/ip_21_6021, 最后访问日期：2022 年 3 月 18 日。

国际义务，从法律和对外政策的角度提出多项应对措施，实际上是为了保持在应对气候变化问题上的领导地位，增强欧盟及其成员国的竞争力。《巴黎协定》提出以公平为基础并体现共同但有区别责任和各自能力的原则，欧盟在应对气候变化领域应充分考虑这一原则，避免加深全球气候行动格局分化、升级国际经济贸易绿色壁垒。

三　推动单边经贸立法

2021 年 2 月，欧盟委员会发布《贸易政策审议——建立开放、可持续和更加坚定自信的贸易政策》通讯文件，[①] 提出要通过自主性的单边措施提升维护欧盟自身利益的能力，强化其执行能力并完善其法律工具箱。基于此，2021 年欧盟相继推动多部具有域外效应的单边经贸立法，包括公司尽责立法、国际公共采购工具、反胁迫条例等。这一方面反映出欧盟在市场开放基础上要求对等、互惠的需求，对于加深欧盟内部市场监管、弥补法律工具不足具有合理性；另一方面考虑到立法过程中欧盟对维护自身利益、确保欧盟企业竞争力的强调，应警惕此类具有域外效应的立法被滥用，从而成为贸易保护主义工具。

（一）在欧盟层面推动跨行业强制适用的公司尽责立法

2021 年，欧盟共同立法者酝酿推出跨行业强制适用的《公司可持续性尽责指令提案》（A Proposal for a Directive on Corporate Sustainability Due Diligence，也称《供应链尽责法》）。[②] 近年来，欧盟已经在木材和矿产等

---

① European Commission, "Communication from the Commission to the European Parliament, the Council, the European Economic and Social Committee and the Committee of the Regions Empty: Trade Policy Review—An Open, Sustainable and Assertive Trade Policy", COM（2021）66 final, Brussels, 18. 2. 2021. 该通讯的中译本可参见章凯琪、张琨、杨昆灏译《欧盟委员会给欧洲议会、理事会、经社委员会和地区委员会的通讯：欧盟贸易政策审议——开放、可持续和更加坚定自信的贸易政策》，叶斌校，载程卫东、叶斌主编《欧洲法律评论（第五卷）》，中国社会科学出版社，2021，第 232~260 页。

② 关于欧盟《公司可持续性尽责指令提案》的立法进展，可参见 https://www.europarl.europa.eu/legislative-train/theme-an-economy-that-works-for-people/file-legislative-proposal-on-sustainable-corporate-governance，最后访问日期：2022 年 3 月 20 日。

可能对人权和环境等存在高风险的特定行业通过《欧盟木材条例》①《欧盟冲突矿产条例》②《欧盟非财务报告指令》③ 等单行立法，对特定行业的公司施加了强制适用的公司供应链尽责义务。在此基础上，欧盟共同立法者正在欧盟层面推动跨行业适用的公司尽责立法，拟要求达到特定门槛的公司对公司自身、附属实体和供应链业务关系的经营活动实施尽责调查，以识别、减轻和应对其中涉及人权、环境和良治的潜在和实际风险。同时，未来的法案还计划引入法律责任框架，要求违反尽责义务的公司承担行政和民事法律责任。2020 年 12 月，欧盟理事会通过决议文件，支持并呼吁欧盟委员会推动《公司尽责法》；④ 2021 年 3 月，欧洲议会通过了关于公司尽责和公司问责立法的决议及附件《立法建议案》，呼吁欧盟委员会尽快提出《公司尽责法》的立法提案。⑤ 欧盟委员会自 2020 年启动关于"可持续公司治理"（Sustainable Corporate Governance）的立法工作，拟提出一份新的指令，以完善欧盟公司法和公司治理在可持续发展领域的法律框架。⑥ 根据欧盟委员会的年度工作计划，欧盟委员会原定于 2021 年上半年通过立法提案，⑦ 但由于该提案内容涉及包括

---

① Regulation（EU）995/2010 of the European Parliament and of the Council of 20 October 2010 Laying down the Obligations of Operators Who Place Timber and Timber Products on the Market, OJ L 295, 12. 11. 2010, as Amended by Regulation（EU）2019/1010 of the European Parliament and of the Council of 5 June 2019, OJ L 170, 25. 6. 2019.

② Regulation（EU）2017/821 of the European Parliament and of the Council of 17 May 2017 Laying down Supply Chain Due Diligence Obligations for Union Importers of Tin, Tantalum and Tungsten, Their Ores, and Gold Originating from Conflict-Affected and High-Risk Areas, OJ L 130, 19. 5. 2017.

③ Directive 2014/95/EU Amending Directive 2013/34/EU as Regards Disclosure of Non-Financial and Diversity Information by Certain Large Undertakings and Groups, OJ L 330, 15. 11. 2014.

④ Council Conclusions on Human Rights and Decent Work in Global Supply Chains, 1 December 2020（13512/20）.

⑤ European Parliament Resolution of 10 March 2021 with Recommendations to the Commission on Corporate Due Diligence and Corporate Accountability（2020/2129（INL）), P9_ TA（2021）0073.

⑥ 欧盟委员会关于"可持续公司治理"（Sustainable Corporate Governance）的立法准备工作，可参见 https：//ec. europa. eu/info/law/better - regulation/have - your - say/initiatives/12548 - Sustainable-corporate-governance，最后访问日期：2022 年 3 月 20 日。

⑦ 参见 European Commission, "ANNEXS to Communication Work Program 2021 A Union of Vitality in a World of Fragility", COM（2020）690 final, 19. 10. 2020, p. 3。

欧盟大企业在内多方的复杂利益诉求，指令草案连续两次被欧盟委员会内部的监管审查委员会否决并多次延期。

　　强制性的公司尽责义务和公司法律责任是未来欧盟《公司尽责法》的最主要特征。根据《立法建议案》，欧洲议会建议欧盟委员会在未来的法案中引入跨行业强制适用的公司尽责义务和法律责任，要求未履行尽责义务的公司承担相应的行政和民事法律责任。在公司尽责义务方面，《立法建议案》要求达到特定门槛的公司①履行人权、环境和良治的尽责义务，采取一切相称的措施，在其能力范围内努力防止企业供应链出现涉及人权、环境和良治的风险，并在风险发生时妥善应对。尽责义务的内容主要包括：建立并实施尽责调查战略；识别和评估供应链潜在或实际风险；披露相关数据和信息；采取预防、停止和减轻风险的适当措施；建立申诉机制，并就利益相关者的警告或关切做出及时有效回应；等等。在公司责任方面，《立法建议案》一方面授权成员国指定的主管机关对公司施加包括罚款、货物扣押、禁止参与公共采购和不得获得国家援助和公共支持等行政性处罚措施；另一方面授权因公司未履行尽责义务而造成损害的受害方直接通过成员国的民事责任制度要求公司承担民事责任并提供民事救济。尽管《立法建议案》并不具有法律约束力，但在一定程度上反映了作为共同立法者一方的欧洲议会及其议员对于强制性公司尽责义务以及公司责任的立场和态度，这对于欧盟委员会的未来立法提案具有重要影响。

　　人权、环境和良治等本是全人类共同珍视的价值理念，但《公司尽责法》的实质是将所谓的"欧洲价值观"嵌入企业供应链管理，利用全球供应链自身的传导效应，对相关域外国家（地区）和商业主体施加域外效应，进而强化对全球供应链的管控，并维护欧盟在全球价值链的相对优势地位。一方面，通过对欧盟内部市场中达到法定门槛的经营者施加强制适用的供应链人权、环境和良治的尽责义务，承载着"欧洲价值观"和欧盟标准的欧盟

---

① 根据欧洲议会《立法建议案》第二条，该指令适用于：（1）受成员国法管辖或在联盟境内设立的大型企业；（2）所有公开上市的中小企业以及高风险行业的中小企业；（3）在联盟内部市场销售货物或提供服务的、受第三国法管辖并在联盟以外设立的大型企业、公开上市的中小企业，以及在高风险行业从事经营活动的中小企业。

法在某种程度上间接适用于与上述公司具有供应链业务关系的域外实体；另一方面，作为推行自身价值目标的重要方式，欧盟利用价值观标准对涉及供应链上的跨境贸易施加影响，单方面提高欧盟内部市场中特定经营者全球供应链业务关系的准入门槛和经营成本，进而维持欧盟在全球价值链中的相对优势和竞争力。一旦滥用，《公司尽责法》未来可能间接成为欧盟新的贸易保护工具，形成与价值观相挂钩的看似合法的贸易壁垒。最终，这些价值观演变为欧盟专属的一种道义武器、一种向他者施压的工具。①

（二）国际公共采购工具立法进展

欧盟有关国际公共采购工具（International Procurement Instrument，IPI）条例的讨论已历经近十年，此前由于成员国间的分歧，该立法一度被搁置。② 根据条例草案，欧盟有权对来自同欧盟在政府采购领域"缺乏互惠"的第三国投标采取单方面的限制性措施，以推动第三国公共采购和特许权市场对欧盟经营者、商品和服务的进一步开放，同时为欧盟同第三国在相关领域的国际谈判提供杠杆。2019 年 3 月，自欧洲理事会呼吁恢复对国际采购工具的讨论以来，成员国对该立法的态度有所转变。2021 年 6 月在欧盟理事会的讨论中，成员国就拟议草案初步达成一致，并在 12 月 14 日欧洲议会做出表决后正式开启立法者间的"三方会谈"。

目前在欧洲议会和欧盟理事会讨论的条例草案以 2016 年欧盟委员会提出的经修订的国际采购工具条例草案③为基础，主要针对在政府采购市场准入方面同欧盟缺乏互惠的第三国公共采购市场及来自相关第三国的投标者在

① 周弘主编《欧盟是怎样的力量——兼论欧洲一体化对世界多极化的影响》，社会科学文献出版社，2008，第 8 页。

② Jana Titievskaia, "Briefing-EU Legislation in Progress: EU International Procurement Instrument", European Parliamentary Research Service, 20 October 2021.

③ European Commission, "Amended Proposal for a Regulation of the European Parliament and of the Council on the Access of Third-country Goods and Services to the Union's Internal Market in Public Procurement and Procedures Supporting Negotiations on Access of Union Goods and Services to the Public Procurement Markets of Third Countries", 2012/0060 (COD), COM (2016) 34 final, Brussels, 29. 1. 2016.

欧盟的公共采购活动。草案规定，欧盟委员会可在符合欧盟利益的前提下，主动或应相关方或成员国的申请，对相关第三国公共采购市场存在的限制和/或歧视性措施和实践展开调查并进行评估。欧盟委员会可根据评估结果采取启动磋商及实施价格调整机制两步行动。磋商机制指评估结果表明相关第三国公共采购市场存在限制和/或歧视性措施和实践时，欧盟委员会邀请有关国家进行磋商，并要求该第三国采取有效补救措施或同欧盟在公共采购市场准入方面达成国际协定。若第三国拒绝磋商、在磋商期间未能达成一致或第三国未能采取有效的补救措施，欧盟委员会可决定采取"价格调整措施"，即在投标价格计算阶段对来自相关第三国的投标施加价格杠杆，使投标丧失竞争优势。价格调整机制适用于合同价值高于 500 万欧元的投标，价格调整计算方法以合同投标价格为基础至多计算 20%，同时，草案规定应假定所有来自相关第三国的投标均适用价格调整机制，除非投标者能够做出相反证明。

在 2021 年的讨论中，欧盟理事会和欧洲议会分别就草案提出修改意见，包括：缩短调查与磋商期限；简化原产地确定规则；在适用价格调整机制时增加排除投标人的可能性；授予投标时将质量标准纳入考虑；价格调整机制的适用采用不同的门槛额，将工程和特许权门槛额提高至 1000 万欧元等。欧盟理事会与欧洲议会的修改意见一方面简化适用程序、缩短期限以降低行政负担；另一方面进一步限缩条例的适用范围，使国际公共采购工具的针对性增强，尤其是对于大型铁路、公路、电信等基础设施建设工程采购的针对性增强。

值得注意的是，法国在 2022 年上半年担任欧盟轮值主席国期间将国际公共采购工具立法纳入其优先事项，并希望在其任期内就国际公共采购工具达成协议。近年来，欧盟强调基于对等和互惠原则下的市场开放，国际公共采购工具条例一旦通过，将成为欧盟在国际公共采购领域内维护欧盟企业竞争力的贸易工具，也成为欧盟促使第三国公共采购市场开放的杠杆。

对中国而言，一方面，由于中欧双方不存在包含公共采购市场准入条款的国际协定可供适用，因而中国投标者在欧参与公共采购活动将有可能在国际公共采购工具的适用范围之内，这无疑将对来自中国的经营者，尤其是大型国有企业在欧盟市场的公共采购投标带来不利影响。另一方面，考虑到我国正积极加入 WTO《政府采购协定》，出价清单尤其是国有企业的出价问题成为谈判重点，国际公共采购工具以"缺乏互惠"为由对投标采取单方面的限制措施，也将成为促使我国在 WTO《政府采购协定》谈判中进一步扩大出价的杠杆。

（三）《欧盟反胁迫条例草案》

自 2021 年 2 月 2 日欧盟委员会、欧盟理事会和欧洲议会共同发布《关于阻止或抵制第三国胁迫性行为的联合声明》后，① 2021 年 12 月 8 日，欧盟委员会提出《关于保护欧盟及其成员国免受第三国经济胁迫的条例草案》（简称《欧盟反胁迫条例草案》），以打击所谓的第三国经济胁迫行为。② 截至本报告完成前，该条例正处于欧洲议会一读程序，欧盟成员国对该条例所持立场存在分歧。2022 年上半年，欧盟轮值主席国法国对该条例表示支持，但瑞典、捷克等更多成员国认为该条例存在保护主义风险，可能使欧盟卷入贸易战。有学者从国际法角度出发对该条例草案提出质疑，并指出根据该条例草案的规定，欧盟普惠制（GSP+）要求第三国在环境、劳工或人权保护等领域采取欧盟支持的政策以获得欧盟援助的行为可能被认定为"经济胁迫"，使欧盟陷入自相矛盾的境地。③

该条例草案将授权欧盟委员会对其认定的使用经济手段干涉欧盟或其成

---

① Joint Declaration of the Commission, the Council and the European Parliament on an Instrument to Deter and Counteract Coercive Actions by Third Countries, OJ C 49/1, 12. 2. 2021.

② European Commission, "Proposal for a Regulation of the European Parliament and of the Council on the Protection of the Union and Its Member States from Economic Coercion by Third Countries", COM（2021）775 final, Brussels, 8. 12. 2021.

③ Freya Baetens, Marco Bronckers, "The EU's Anti-Coercion Instrument: A Big Stick for Big Targets", 19 January 2022, https://www.ejiltalk.org/the-eus-anti-coercion-instrument-a-big-stick-for-big-targets/，最后访问日期：2022 年 2 月 18 日。

员国政策选择的任何第三国实施贸易和金融限制。根据条例草案，欧盟委员会认定第三国使用或威胁使用影响贸易或投资的措施干涉欧盟或其成员国合法选择时，欧盟委员会将同相关第三国接触以寻求停止胁迫的途径；若接触不能停止所谓经济胁迫，该条例草案授权欧盟委员会采取一系列反制措施，单方面中止欧盟承担的相关国际义务。

条例草案所称的经济胁迫行为包括多种形式，如第三国明确对欧盟使用胁迫和贸易保护工具、对来自某个欧盟成员国的货物进行选择性的边境和食品安全检查、抵制特定原产地货物等。欧盟委员会的反制措施包括暂停关税优惠、征收新关税或提高关税、对货物进出口征收任何额外费用；对货物进出口实施或增加限制，包括配额、进出口许可、货物付款等方式；对过境货物采取措施从而限制货物贸易；限制参与公共采购程序招标，包括将第三国的货物、服务或货物或服务供应商排除在公共采购之外，或实施强制性价格评估处罚（price evaluation weighting penalty）；对属于欧盟出口管制的货物出口施加限制；暂停有关服务贸易的适用国际义务，并限制服务贸易；实施影响外国直接投资的措施等。

值得注意的是，条例还可能将相关自然人与法人作为潜在适用对象。条例草案指出，同第三国的接触未能停止经济胁迫，或有必要采取行动保护联盟及成员国的利益与权利，或行动符合欧盟利益时，欧盟委员会可以通过实施法案以采取一系列反制措施。若自然人或法人与相关第三国政府存在"联系"或"关联"（connected or linked），欧盟委员会可指明（designate）该自然人或法人同样受欧盟反制措施的约束，欧盟境内受第三国胁迫活动影响的自然人或法人有权向上述自然人或法人就相应损害进行追偿。然而，该条例草案并未就其所称的"联系"或"关联"做出解释，这为欧盟委员会留有极大的任意解释空间。有报道称，欧盟将利用该条例采取贸易与投资限制措施，作为对中国就立陶宛采取行动的回应。① 该条例有可能成为欧盟在

---

① "EU Plan for Anti-coercion Trade Measure Faces Scepticism", 7 September 2021, Reuters, https：//www.reuters.com/business/eu-plan-anti-coercion-trade-measure-faces-scepticism-2021-12-07/，最后访问日期：2022 年 2 月 18 日。

政治目的驱动下采取单方贸易保护措施的又一合法性借口，也将对我国企业的涉欧贸易与投资活动带来新的风险。

（四）欧盟发布首份《外资安全审查报告》

欧盟《外资安全审查条例》生效一年后，欧盟委员会于 2021 年 11 月 23 日发布了《外资安全审查报告》,[①] 该报告是欧盟委员会关于《外资安全审查条例》适用情况的第一份年度报告。

报告认为，过去几年的投资者概况和投资模式发生明显变化，即越来越多的投资者（偶尔有政府支持或指导）对特定投资的动机并不总是完全出于商业目的。就条例的实施情况而言，报告称，欧盟委员会已审查超过 400 个成员国通报的投资案例，多数在第一阶段结束审查，欧盟委员会仅对不到 3% 的案例发表了意见；所审查交易主要涉及制造业、信息与通信技术、批发零售业；上述外国直接投资主要来源于美国、英国、中国、加拿大和阿拉伯联合酋长国。申报主要涉及《外资安全审查条例》第 4 条列明的关键基础设施、技术和两用项目、敏感信息的访问以及潜在的政府所有权或控制权对外国投资者的影响等因素。报告认为，2020 年，成员国适用各自的国家外国直接投资审查法，旨在消除安全和公共秩序的潜在风险。外国直接投资迅速通过批准的比例高达 80%；正在审查的 20% 案例中，有较高比例无条件批准，小部分案例有条件批准；对外国直接投资颁布禁令仍属例外。审查外国投资的成员国，以及整个欧盟，仍然对外国直接投资非常开放，仅在极少数情况下干预以避免可能发生的交易影响安全或公共秩序。

报告称，欧盟 27 个成员国中已有 24 个成员国采取与外国直接投资立法相关的行动，包括出台国家层面的外国直接投资审查机制、修订现有机制、启动磋商机制等。欧盟委员会将《外资安全审查条例》及成员国合作机制

---

① European Commission, "Report from the Commission to the European Parliament and the Council-First Annual Report on the Screening of Foreign Direct Investments into the Union", COM (2021) 714 final, Brussels, 23. 11. 2021.

视为"有价值且有效率"的工具，然而从执行情况来看，至少目前成员国对于欧盟层面的安全审查与合作机制缺乏积极性。2020 年 10 月 11 日至 2021 年 6 月 30 日，欧盟委员会审查的 265 个投资案例中 90%由奥地利、法国、德国、意大利和西班牙通报，上述五国在欧盟提出《外资安全审查条例》前已出台本国国内的外资安全审查机制。这在一定程度上表明，尽管已有 18 个成员国建立外资安全审查机制，但多数成员国并不倾向于向欧盟委员会通报外国直接投资项目。此外，亦有成员国就《外资安全审查条例》实施的程序性问题提出质疑，包括工作人员水平、审查期限、补充信息程序等。

四　双边与多边领域

就贸易防御措施而言，截至 2021 年 12 月 31 日，欧盟共有 111 项反倾销措施（31 项延长）与 19 项反补贴措施（1 项延长）正在生效，原产于中国的钢铁产品仍然是欧盟反倾销反补贴的重点对象。[①]

双边经贸关系层面，2020 年 12 月 30 日，中国与欧盟在原则上达成《中欧全面投资协定》，然而，欧盟发起的制裁与中方的反制裁导致进程受阻。此外，2021 年《欧盟—英国贸易与合作协定》正式生效，欧盟与澳大利亚、新西兰、印度尼西亚、菲律宾的双边经贸条约正在谈判。2021 年 6 月 15 日欧美峰会期间，欧美贸易与技术理事会（EU-US Trade and Technology Council, TTC）正式启动，该理事会旨在多个领域扩大欧美双边贸易与投资的合作面，成为欧盟对外经贸关系立场中不可忽视的重要因素。

多边层面，欧盟积极参与联合国贸易法委员会关于改革现有投资者诉东道国争端解决机制（ISDS）的谈判并主张建立"多边投资法院"制度，而其谋求与美国达成合作共识以推动世界贸易组织改革的尝试却因 WTO 第十二届部长级会议的推迟而落空。

---

① European Commission, "Trade Defence Statistics Covering 2021", 14 February 2022.

（一）欧盟双边经贸条约

1.《中欧全面投资协定》批准受阻

2020 年 12 月 30 日，中国与欧盟在原则上达成《中欧全面投资协定》,[①]该协定为中欧经贸关系建立新的法律基础，将增强中欧之间双向投资的法律确定性，进一步深化中欧之间的经贸合作。对于欧盟而言，在拜登政府上台前同中国在原则上达成《中欧全面投资协定》是其在中美欧三方博弈的背景下，试图摆脱美国影响、实施立足于自身利益与考量的"战略自主"、坚持多边主义的体现。对中国而言，《中欧全面投资协定》就市场开放、国有企业、补贴和可持续发展等重大议题做出承诺，反映了我国在新时代背景下的高水平对外开放与制度型开放，也体现了我国融入国际经贸规则并推动国际经贸规则朝着更公平、更绿色和可持续方向发展的决心。对投资者而言，《中欧全面投资协定》将进一步推动市场开放，维护公平的竞争环境，明确市场监管，提高透明度，便利双方投资者的经济活动。欧盟委员会主席冯德莱恩称，"该协定是欧中关系以及欧中基于价值观的贸易议程的重要里程碑"。[②]

2021 年 1 月 22 日，欧盟委员会公布原则上达成一致的《中欧全面投资协定》文本,[③]协定包括序言与六个章节，分别为：目标和一般定义、投资自由化、监管框架、投资和可持续发展、争端解决机制和最终条款。协定的核心承诺主要在于进行高水平的市场开放，维护公平竞争环境，并且融入可持续发展目标。在市场开放方面，协定采取准入前国民待遇加负面清单的市

[①] European Commission, "EU and China Reach Agreement in Principle on Investment", Brussels, 30 December 2020, https：//trade. ec. europa. eu/doclib/press/index. cfm? id＝2233，最后访问日期：2022 年 3 月 18 日。

[②] European Commission, "EU and China Reach Agreement in Principle on Investment", Brussels, 30 December 2020, https：//trade. ec. europa. eu/doclib/press/index. cfm? id＝2233，最后访问日期：2022 年 3 月 18 日。

[③] European Commission, "EU-China Comprehensive Agreement on Investment (CAI): List of Sections", https：//trade. ec. europa. eu/doclib/press/index. cfm? id＝2237，最后访问日期：2022 年 3 月 18 日。

场准入承诺模式，不仅承诺开放大部分服务业和制造业，而且对与市场准入有关的政府权力施加严格约束。在公平竞争方面，协定引入竞争中性原则，并在国有企业、政府监管机制、补贴透明度等方面做出承诺。一方面引入竞争中性原则以约束政府权力，限制国有企业的行为，提升补贴透明度；另一方面在规则上为国有企业争取发展空间。在可持续发展方面，协定纳入劳工、环境保护和企业社会责任等条款，将价值观嵌入缔约方投资监管体制，要求缔约方通过加入和批准相关公约来承担更多的国际义务。协定暂未纳入投资保护条款和 ISDS 机制，双方约定在未来两年内完成最终谈判。《中欧全面投资协定》是迄今为止中国与主要贸易伙伴达成的开放程度最高、监管更加全面和平衡的国际投资协定，就接受更高水平投资规则而言，《中欧全面投资协定》在不少方面接近甚至超过《全面与进步跨太平洋伙伴关系协定》（CPTPP）和《欧盟—日本经济伙伴关系协定》。

然而，由于美国因素的影响与欧盟内外反华势力的鼓动，《中欧全面投资协定》在欧盟的后续讨论受到操纵而趋于政治化。2021 年 3 月，美国借口所谓"人权问题"对中国新疆实施制裁后，欧盟理事会迅速通过决议，依据欧盟全球人权制裁机制对几乎相同的中国个人与实体实施制裁。次日，中国宣布对欧盟实施反制裁。对此，欧洲议会于 2021 年 5 月 20 日通过一项政治性决议，[1] 称欧洲议会"合理冻结"对《中欧全面投资协定》的任何讨论，并以此要求中国解除制裁。根据《里斯本条约》，《中欧全面投资协定》的批准需获欧洲议会同意，欧洲议会的政治性决议给协定的通过带来阴影。此外，某些欧盟成员国在中美关系上选边站队，也可能影响欧盟理事会内部决策，并进而阻碍《中欧全面投资协定》的后续批准进程。近年来，欧盟在贸易政策领域奉行"开放的战略自主"，强调基于欧盟自身战略利益与政策目标做出选择，欧盟能否批准《中欧全面投资协定》将成为对其实现战略自主的真正决心与能力的考验。

---

① European Parliament, "European Parliament Resolution of 20 May 2021 on Chinese Countersanctions on EU Entities and MEPs and MPs", 2021/2644（RSP）, Brussels, 20. 5. 2021.

2. 《欧盟—英国贸易与合作协定》正式生效

2021 年 5 月 1 日，《欧盟—英国贸易与合作协定》正式生效，为英国"脱欧"后双边的经贸活动及其他领域的合作提供了法律基础。① 经过 10 个月谈判，双方于 2020 年 12 月 24 日就协定文本达成一致并完成谈判，协定在双方完成各自的批准程序后正式生效。

该协定包括以下内容：一般性条款和机构条款、经济安排（包括有关贸易和公平竞争保障的规则）、刑事执法和司法合作安排，以及争端解决、基本价值观和保障措施的规定。协定不仅涵盖商品与服务贸易，还包括符合欧盟利益的投资、竞争、国家援助、税收透明度、空运和公路运输、能源和可持续性、渔业、数据保护和社会保障协调等其他领域，对符合适当原产地规则的货物实行零关税和零配额。协定还为刑事和民事事务的执法和司法合作建立新的法律框架，并保持双方在打击和起诉跨境犯罪和恐怖主义方面的合作。为提升法律的确定性，双方将建立联合伙伴关系理事会（Joint Partnership Council），负责监督和促进协定的解释和准确适用。协定还规定了具有约束力的执行和争端解决机制。

《欧盟—英国贸易与合作协定》是英国脱欧后双边最重要的经贸法律规则，但未能完全解决双方在经贸领域的重大分歧。作为双方在英国"脱欧"后的法律框架协定，《欧盟—英国贸易与合作协定》为双方提供英国脱欧后经贸活动和刑事司法合作方面的规则基础，是双边经贸和司法合作关系的新起点。对欧盟而言，该协定维护了在英国脱欧后欧盟内部市场的统一性。与此同时，由于双方的一些重大分歧未能得到有效解决，再加上部分协定条款过于模糊，这可能会对协定的执行和未来双边关系带来不确定性。在协定生效后，双方关于北爱尔兰边境的贸易问题和英法捕鱼权争议又起，欧盟与英国关系再度呈现不稳定的状态。

---

① Trade and Cooperation Agreement between the European Union and the European Atomic Energy Community, of the one part, and the United Kingdom of Great Britain and Northern Ireland, of the other part, OJ L 149, 30. 4. 2021.

3. 欧盟推迟与澳大利亚、新西兰间自由贸易协定谈判

由于澳大利亚与法国的紧张关系，原定于 2021 年 11 月举行的《欧盟—澳大利亚自由贸易协定》第十二轮谈判被推迟至 2022 年 2 月举行。[①] 欧盟和澳大利亚自 2018 年 7 月正式启动双边自由贸易协定谈判。截至 2021 年末，双方共开展 11 轮谈判，并就协定中关于服务和投资、货物贸易、贸易技术壁垒、贸易和可持续发展、包括地理标志在内的知识产权、卫生和植物卫生措施等章节进行了谈判并取得进展，关于专业服务一章暂时完成谈判。欧盟委员会希望该自由贸易协定能使来自欧盟的出口商或投资者享受澳大利亚对外签订的其他双边自由贸易协定以及《全面与进步跨太平洋伙伴关系协定》下同等的贸易和投资待遇；并希望澳大利亚进一步开放政府采购市场。此外，根据欧盟理事会对欧盟委员会的谈判授权，该协定应当只包括与贸易和外国直接投资相关的内容，这表明《欧盟—澳大利亚自由贸易协定》可能具有"单一协定"的特征，未来在欧盟一方可能只需要完成欧盟层面的批准程序。[②]

与《欧盟—澳大利亚自由贸易协定》同期进行的《欧盟—新西兰自由贸易协定》于 2018 年 6 月正式启动谈判，在 2022 年 6 月 30 日宣布完成谈判。欧盟是新西兰的第三大贸易伙伴，欧盟委员会希望通过未来的协定减少双边货物贸易和服务贸易壁垒，并确保来自欧盟的企业可以与其他国家，尤其是已与新西兰签订贸易协定的国家的企业公平竞争。[③]

（二）多边贸易与投资谈判

1. 参与联合国贸易法委员会关于改革 ISDS 的谈判

联合国贸易法委员会（UNCITRAL）关于改革 ISDS 的谈判自 2017 年开始，

[①] 关于《欧盟—澳大利亚自由贸易协定》的谈判进展，可参考欧洲议会网站，https：//www. europarl. europa. eu/legislative-train/theme-a-balanced-and-progressive-trade-policy-to-harness-globalisation/file-eu-australia-fta，最后访问日期：2022 年 3 月 20 日。

[②] 欧盟委员会关于《欧盟—澳大利亚自由贸易协定》谈判的情况，可参见 https：//ec. europa. eu/trade/policy/in-focus/eu-australia-trade-agreement/，最后访问日期：2022 年 3 月 20 日。

[③] 欧盟委员会关于《欧盟—新西兰自由贸易协定》谈判的情况，可参见 https：//ec. europa. eu/trade/policy/in-focus/eu-new-zealand-trade-agreement/，最后访问日期：2022 年 1 月 1 日。

旨在通过改革解决当前仲裁制度导致的裁决透明度、可预测性与一致性缺乏以及仲裁员独立性等问题，谈判在联合国贸易法委员会第三工作组主持下展开。[①]工作组在第一阶段已确定谈判将关注仲裁裁决一致性、连贯性、可预测性、正确性问题；仲裁员的公正问题；争议解决的成本与期限问题及其他问题。第二阶段，工作组得出结论，将对现有制度进行改革。截至 2022 年 3 月，谈判已进入第三阶段，即向工作组提交改革方案以供讨论并最终确定改革方案提交至联合国贸易法委员会，工作组已发布关于 ISDS 成员的遴选与任命、上诉机制与执行、审裁员行为准则（code of conduct for investment adjudicators）、建立咨询中心、调解与其他形式的非诉讼纠纷解决机制（ADR）等多项改革方案初稿。

近年来，欧盟积极推动改革 ISDS，并率先在欧盟同加拿大、新加坡、越南和墨西哥的国际投资协议中引入"投资法院制度"（Investment Court System），同时在多边层面主张建立多边投资法院（Multilateral Investment Court，MIC）。2018 年 3 月，欧盟理事会提出关于多边投资法院的以下谈判诉求：多边投资法院应是常设的国际机构；法官应终身任职、合格并领取永久薪酬，应保证其公正性与独立性；多边投资法院应以透明的方式处理诉讼案件；多边投资法院应允许对裁决提出上诉；应确保有效执行多边投资法院的裁决；多边投资法院应就各国决定交由法院管辖的未来或现有投资条约下产生的争端做出裁决。[②]2021 年，欧盟相继就设立国际投资法咨询中心（Advisory Centre on International Investment Law）、审裁员行为准则、常设多边机制成员的遴选与任命条款、投资者—国家调解条款等多个问题向第三工作组提交意见。

2. 推动世界贸易组织改革

2021 年 2 月，欧盟发布贸易政策审议文件，将世界贸易组织改革明确列为欧盟优先事项，同时以附件方式发布"WTO 改革：迈向可持续、有效

① 联合国贸易法委员会第三工作组关于投资者—国家争端解决改革的历次会议，可参见 https：//uncitral. un. org/en/working_ groups/3/investor-state，最后访问日期：2022 年 3 月 18 日。
② Council of the EU，"Multilateral Investment Court：Council Gives Mandate to the Commission to Open Negotiations"，20 March 2018，https：//www. consilium. europa. eu/en/press/press - releases/2018/03/20/multilateral-investment-court-council-gives-mandate-to-the-commission-to-open-negotiations/。

的多边贸易体系"通讯文件。① 欧盟委员会在通讯文件中为推动 WTO 改革提出了雄心勃勃的建议，包括以下四项主要行动。其一，改革上诉机构、恢复充分运作的争端解决机制。欧盟委员会称其为最紧迫的改革，并就上诉机构的改革方向阐明立场，包括上诉机构的作用应严格限于解决上诉中提出的法律问题，严格遵守强制性时间限制，坚持反向协商一致规则等。其二，重建 WTO 作为谈判贸易规则和自由化论坛的有效性和可信度。为此，欧盟委员会建议 WTO 成员方继续谈判讨论关于数字贸易、服务和投资的新规则，建立严格的补贴规则以防止竞争扭曲，维护公平竞争环境，更新市场准入承诺，恢复农业谈判等。其三，加强世贸组织对可持续发展的贡献，重建WTO 共识。欧盟委员会承诺完成渔业补贴谈判、提出一项关于贸易和气候的倡议、寻求同他国合作提出与循环经济有关的环境倡议等。其四，改善WTO 运作机制。对此，欧盟委员会建议在欧盟委员会层面改进对成员国贸易政策的监测，并对 WTO 的机构活动进行评估。

在 2021 年 6 月欧美峰会中，欧盟称已与美国在推动世贸组织改革方面达成共识，尤其是推进世贸组织谈判职能的恢复与争端解决机制的正常运作。② 然而，原定于 2021 年 11 月 30 日举行的 WTO 第 12 届部长级会议（MC12）由于疫情原因无限期推迟。③

五　结语

2021 年，欧盟法制进程在危机与挑战中推进。尽管已启动欧洲未来大

---

① European Commission, "Annex to the Communication from the Commission to the European Parliament, the Council, the European Economic and Social Committee and the Committee of the Regions: Trade Policy Review-an Open, Sustainable and Assertive Trade Policy", ANNEX, Brussels, COM (2021) 66 final, 18. 2. 2021.

② European Council, "EU-US Summit", Brussels, 15 June 2021, https://www.consilium. europa. eu/en/meetings/international-summit/2021/06/15/。

③ WTO, "General Council Decides to Postpone MC12 Indefinitely", 26 November 2021, https://www. wto. org/english/news_ e/news21_ e/mc12_ 26nov21_ e. htm。

会，但欧盟成员国在多个基本议题上仍有分歧，大会前景面临不确定性。同时，欧盟内部法治危机有增无减，欧洲法院关于《预算附加法治条件条例》合法性的裁决有望维护欧盟机构在法治问题上的权威，但部分成员国在法治问题上的观念分歧并未消除。

内部市场建设方面，2021年，欧盟在数字经济、竞争政策现代化以及绿色新政等方面推出一系列立法草案，这些立法动议一方面反映了欧盟的雄心，另一方面表现了欧盟对竞争力与领导力的焦虑。作为一支规范性力量，欧盟希望在新兴领域继续为全球制定规范或树立典范，但是否能够造福国际社会并为发展中国家带来发展机遇与普遍福祉，需要实践和时间加以证明。在对外经贸领域，特别是在单边层面，2021年，欧盟立法动议具有明显的保护主义色彩，强调维护欧盟自身利益，并要求互惠、对等的市场开放，应警惕国际公共采购工具、欧盟外国补贴条例以及欧盟反胁迫条例等经贸领域立法被滥用，防范其成为欧盟贸易保护主义工具。

中欧双边关系层面，《中欧全面投资协定》批准进程因欧盟发起的制裁与中方的反制裁而受阻。《中欧全面投资协定》在欧盟的后续讨论与批准将真正考验欧盟是否能够摆脱美国因素影响与欧盟内外反华势力的鼓动，坚持"战略自主"，基于欧盟自身战略利益与政策目标做出选择。此外，2021年，《欧盟—英国贸易与合作协定》正式生效；2022年6月，《欧盟—新西兰自由贸易协定》宣布完成谈判；欧盟与澳大利亚、印度尼西亚、菲律宾等国家的双边经贸条约正在谈判。

多边层面，一方面欧盟积极参与联合国贸易法委员会关于改革ISDS的谈判，致力于在多边层面推广其"多边投资法院"制度；另一方面，欧盟对WTO改革提出雄心勃勃的建议，但短期来看，其谋求与美国达成合作共识以推动WTO改革的尝试因会议推迟而落空。

B.6

欧洲对外关系:"规范性地缘外交"

赵晨 张超*

摘 要: 欧盟曾长期标榜自身为一支国际舞台上的"规范性力量",但近年来,在一系列内外危机的冲击下,欧盟越来越以"地缘政治"视角看待国际事务,注重自身"硬实力"建设。本报告提出"规范性地缘外交"的概念,并以此对欧美关系、欧俄关系、欧非关系和《欧盟印太合作战略》进行分析。尽管欧洲也许最终能够成为一支具有更强大安全和防务能力的力量,但欧盟将自己的规范或经济软实力"武器化"的做法,可能会使其付出高昂的信用和经济代价。

关键词: 规范性地缘外交 规范性力量 地缘政治 印太战略 战略罗盘

　　冷战结束以来,欧盟在世界舞台上一直自诩为一支"规范性力量"(normative power),按照英国学者伊恩·曼纳斯(Ian Manners)的归纳,欧盟具有四项核心规范,包括和平、自由、民主、法制与人权,以及四项次要规范,分别为社会团结、反歧视、可持续发展和良治。欧盟通过展现这些价值观,并借助由价值观所产生的规则及运用的观念来规范世界,使其有别于世界其他传统霸权力量,在"利他主义"的基础上,通过普世规范的吸引

---

* 赵晨,法学博士,中国社会科学院欧洲研究所研究员、欧洲国际关系研究室主任,新华社特约评论员,中国社会科学院大学教授,博士生导师,主要研究领域为欧洲国际关系、欧盟政治、全球治理;张超,法学博士,中国社会科学院欧洲研究所助理研究员,主要研究领域为欧盟发展合作政策、中国对外援助、三方发展合作等。

力，让其他行为体主动接受并遵守欧盟的规范，愿意按照规范对自身进行改造①。欧盟在冷战结束后的不断东扩，就是运用其软实力和价值观向东拓展其民主理念和欧洲模式的过程②。

但 2009 年欧债危机之后，伴随着欧洲难民危机、乌克兰危机、欧洲发生一系列恐怖袭击事件、民粹主义在全球崛起、特朗普入主白宫后对欧美传统盟友关系的冲击，以及欧洲经济和政治力量在全球新格局中相对地位的下降，欧盟自身的危机感和紧张感不断上升，地缘政治意识在欧盟决策思维中明显提高。2019 年欧洲议会选举后，出任欧盟委员会主席的乌尔苏拉·冯德莱恩（Ursula von de Leyen）将此届欧委会称为"地缘政治委员会"。欧盟外交开始向地缘政治转型，力图增强自身的地缘凝聚力，并尝试建设以欧盟为核心框架的战略自主。在外交上，欧盟一方面在其所谓的"普世原则"基础上同其他国家接触，力求维护"基于规则的国际秩序"，继续发挥其"规范性力量"；另一方面着重以加强自身一体化的方式，努力增强集团实力和地缘影响力，这种看似有一定自相矛盾，又易被世界其他地区抨击为"双重标准"的外交战略，我们可以称之为"规范性地缘外交"。

一　欧盟"规范性地缘外交"

欧盟外交与安全政策高级代表约瑟夫·博雷利（Josep Borrell）于 2020年 9 月在一次关于多边主义的线上国际研讨会上如此概述欧盟当下的全球战略：此战略既涉及增强欧洲的地缘战略凝聚力和战略自主权（必要时采用诸边方式并在可能时实施多边方式），也要与其他国家接触并支持各项"普世原则"；这两大支柱是相辅相成的——一个更具凝聚力和战略自主权

---

① Ian Manners, "Normative Power Europe: A Contradiction in Terms?", *Journal of Common Market Studies*, Vol. 40, No. 2, 2002, pp. 235-258.

② 赵晨:《欧盟如何向外扩展民主:历史、特点和个案分析》,《世界经济与政治》2007 年第5 期。

的欧盟可以更有效地寻求多边解决方案，而一个更具合作性的世界秩序将有助于增强集团的影响力并证明其存在的意义①。前一支柱具有地缘政治属性，而后一支柱则仍要依赖欧盟传统的"规范性"价值、所谓的"道德制高点"和吸引力。

"地理意识的丧失是一个渐进的过程，这个时间段大致就是柏林墙倒塌后的那段日子"，美国知名地缘政治专家罗伯特·卡普兰（Robert Kaplan）如是说②。欧盟在经历了 20 年的自由主义迷梦之后，开始觉醒。欧盟仰仗自己的市场和规范性吸引力在冷战后不断向东、向南扩张，在一定程度上忽视了硬实力的重要性，以及因地理和民族文化因素所形成的认同政治。尽管欧盟的规范性力量同"全球化"的前进方向一致，但欧盟及美国自由派精英将西方的"自由""人权""民主"定义抬升为全球化背后的垄断性思想基础的做法，将其锚定为历史发展的道德方向和国际安全体系的支撑思想的"自以为是"引发了世界其他地区的强力反抗。2022 年 2 月 24 日，俄罗斯总统普京宣布在乌克兰开展"特别军事行动"，俄乌冲突全面爆发，就是这种反抗的集中体现。

面对地缘政治的回归和周边安全状况的恶化，欧盟近年来开始加强防务领域的一体化，以提升自身的"硬实力"。2021 年，欧盟酝酿出台可加强其防务自主性的"战略罗盘"（Strategic Compass）计划，该计划准备成立一支类似"欧洲军"的 5000 人欧盟快速反应部队，预计 2025 年成军，届时无须经过 27 个欧盟成员国的批准，即可将其投入战斗。在 2022 年 1 月法国任欧盟轮值主席国后，3 月，"战略罗盘"计划通过，欧盟快速反

---

① Josep Borell, "The EU in the Multilateral System", Speech by the High Representative/Vice-President Josep Borrell at the United for a New, Fair and Inclusive Multilateralism online International Conference, 18 September 2020, https: //www. eeas. europa. eu/eeas/eu-multilateral-system_ en; Kemal Dervis, Sebastián Strauss, "How Europe Can Work with Biden?", *Project Syndicate*, 12 November 2020, https: //www. project - syndicate. org/commentary/europe - america - joe - biden - multilateralism-by-kemal-dervis-and-sebastian-strauss-2020-11.

② 〔美〕罗伯特·D. 卡普兰：《即将到来的地缘战争》，涵朴译，广东人民出版社，2013，第12 页。

应部队将于 2023 年进行首次实弹演习，并将进行日常海陆实战演习；欧盟还会制定网络防御政策以更好地应对网络攻击，提高自身情报分析能力，发展欧盟的安全与防务太空战略等①。该计划的出台标志着欧盟不希望自己仅停留在贸易集团等经济领域，如博雷利在此正式文本的前言中所说，"我们现在需要确保将欧盟的地缘政治觉醒转变为一项更永久的战略举措"，"欧洲处在危险之中"，"欧洲人依旧将支持对话而非对抗、外交而不是武力、多边主义而不是单边主义"，但是"若想对话、外交和多边主义能够成功，你需要它们之后有权力的支撑"，所以欧盟必须"学会权力的语言"，用权力说话②。

在英国脱离欧盟之后，法国和德国这两个欧盟核心国家对以强化防务的形式加强欧盟战略自主给予更多的重视，特别是法国总统马克龙一再呼吁设立统一的欧盟预算机制和建设"欧洲军"。伴随着世界不安定因素的增加，以及欧洲自身周边地缘情势的日趋紧张，欧盟军工产业出现明显的复兴趋势。美国卡内基欧洲中心发表的《欧洲的防务雄心：理解欧盟防务技术工业复合体的兴起》报告认为，目前，欧盟各机构、欧洲国防工业、跨国利益集团和专家机构之间的关系日益紧密，已经形成欧洲的防务技术工业复合体（European Defense Technological and Industrial Complex）。该报告认为这一复合体产生的根源是英国"脱欧"和美国对欧政策调整带来的地缘政治压力，再加上欧洲各国对全球技术竞争的担忧推动欧盟委员会在防务政策上的工作方式逐渐由"政府间主义"转向"超国家主义"。报告作者拉鲁卡·克瑟纳托利（Raluca Csernatoni）认为，这种技术工业复合体不同于一般的军工复合体，其本质是一个密集、多层次的组织机构网络，欧盟各机构、各成员国政府、防务工业代表和游说团体在竞争与合作中制定政策，而欧洲防务

① EEAS, "A Strategic Compass for Security and Defence: For a European Union That Protects Its Citizens, Values and Interests and Contributes to International Peace and Security", https://www.eeas.europa.eu/sites/default/files/documents/strategic_ compass_ en3_ web. pdf.

② Josep Borell, "The Forward of 'A Strategic Compass for Security and Defence'", https://www.eeas.europa.eu/sites/default/files/documents/strategic_ compass_ en3_ web. pdf.

基金的启动更是增强了此类复合体的影响力①。

2022 年 2 月 24 日,俄罗斯在乌克兰展开"特别军事行动",更进一步加剧了欧盟的战略阵痛。俄罗斯总统普京的直接目标是"将顿巴斯人民从针对他们的'种族灭绝'中解放出来",但这场"特别军事行动"的根本目标是重塑欧洲安全秩序,解决俄罗斯的安全空间问题。2021 年 12 月 17 日,俄罗斯外交部向美国和北约提出了三点安全保障要求,包括北约承诺不把乌克兰等国纳入北约、美国不在非北约成员国的原苏联加盟共和国领土上建立军事基地(即恢复到 1997 年前状态)、北约不同这些国家开展军事合作。2022 年 1 月 26 日,俄罗斯收到美国和北约关于俄方所提安全保障建议的书面答复,但这并不是一份积极的答复。在外交谈判无果的情况下,普京选择用武力为俄罗斯开拓安全空间,尝试扭转冷战结束以来俄罗斯战略空间一再被压缩的被动局面,将乌克兰变为自己同西方之间的缓冲地带。

俄乌冲突是二战结束以来欧洲地域爆发的一场最大的军事冲突,它对冷战后的安全秩序构成了重大挑战。回顾冷战结束后北约的五次东扩和欧盟的三次东扩(2004 年波兰、匈牙利、捷克、斯洛伐克、斯洛文尼亚、爱沙尼亚、拉脱维亚、立陶宛等八个中东欧国家同马耳他、塞浦路斯这两个东南欧国家加入欧盟,2007 年罗马尼亚和保加利亚加入欧盟,2013 年东南欧的克罗地亚加入欧盟),北约和欧盟实质上以提供安全保障和经济社会援助的形式,再加上欧洲的"规范性"吸引力,使脱离苏联控制的东欧国家以"回归欧洲"的名义进入西方的势力范围和保护伞之下。对于乌克兰、格鲁吉亚等更加"东部"的原苏联加盟共和国,北约和欧盟也相互呼应,不断以鼓动"颜色革命"等方式,消解俄罗斯对它们的地缘影响力。在此进程之中,欧盟作为世界上最成功的一体化的范例和"繁荣富裕""欧洲"等概念的代名词,对乌克兰等归属欧洲地域的原苏联加盟共和国产生了极大的

① Raluca Csernatoni, "The Emergence of a European Defense Technological and Industrial Complex", *Carnegie Europe Paper*, 6 December 2021, https://carnegieeurope.eu/2021/12/06/eu-s-defense-ambitions-understanding-emergence-of-european-defense-technological-and-industrial-complex-pub-85884.

"磁吸"作用。欧盟尽管出于种种实际考虑，甚至在是否将乌克兰列为"联系国"问题上不断反复，但依然不吝使用观念影响、利益诱导、施加国际压力等"规范性权力"和经济援助等"软实力"在关键时刻"引导"乌克兰民心和内政走向①。在 2004 年乌克兰爆发的"橙色革命"和 2014 年持亲俄立场的乌总统亚努科维奇政权被颠覆当中，都活跃着欧盟和欧洲国家的影子。乌克兰发生的这些"事变"表明欧盟外交政策并非近年才出现"地缘政治转向"，在欧盟的近邻地区，甚至包括中东和中亚地区，欧盟的"规范性力量"早已同地缘政治结合在一起，"规范性地缘外交"已是一种"日常操作"。

尽管冷战后欧盟外交热衷于"规范性"和满足通过制定市场规则来影响世界，在一定程度上使欧盟缺乏应对地缘战略变化的军事手段②，但这并不妨碍欧盟将规范作为权力，主动参与"改造"其周边国家和世界其他地区，在与其他行为体的互动中，对其进行"社会化"（Socialization）③，希望目标对象国向它的标准、规范甚至道德准则靠拢。即使是在当下，欧盟在亚洲、非洲、拉美，以及其周边地区也并未放弃宣扬其所谓价值观外交，在贸易协定中加入包含"人权""良治"条款的附加条件，甚至以所谓的"违反人权"的名义，不经调查、不听辩解就单边挥舞制裁"大棒"。另外，欧盟在自身安全形势紧张之后，开始投入更多精力于防务建设方面，过度担心产业链和供应链安全，甚至浸入将经济相互依赖"武器化"（weaponize）的"迷思"之中，这种"逆全球化"的保护主义心态，是非普世的、地方化的、同地理空间密切相关的地缘政治思维。

欧盟外交政策的"规范性"和"地缘政治"两面，在 2021 年和 2022

① 赵晨：《欧盟如何向外扩展民主：历史、特点和个案分析》，《世界经济与政治》2007 年第 5 期。

② Ian Manners, "Normative Power Europe: A Contradiction in Terms?" *Journal of Common Market Studies*, Vol. 40, No. 2, 2002, pp. 235-258; Doug Strokes, Richard G. Whitman, "Transatlantic Triage? European and UK Grand Strategy after the US Rebalance to Asia", *International Affairs*, Vol. 89, No. 5, 2013, p. 1097.

③ Tobias Lenz, "EU Normative Power and Regionalism: Ideational Diffusion and Its Limits", *Cooperation and Conflict*, Vol. 48, No. 2, 2013, pp. 211-228.

年鲜明地体现在它同俄罗斯、美国、非洲和印太地区国家的关系之中，下面我们分别进行总结论证。

二　欧美关系

乔·拜登（Joe Biden）入主白宫后，改变了特朗普时期美国政府轻视欧洲的态度，高度重视包括欧盟和德国、法国等欧洲大国在内的美国既有盟友。拜登领导下的美国很明显与特朗普的"蛮权力"外交切割，在向奥巴马政府时期的"巧权力"外交模式回归，欧洲在美国外交政策"雷达"中的亮度上升。拜登政府一方面以"民主同盟"意识形态和"共同价值观"对欧洲盟友进行"绑定"；另一方面在经济和安全领域对欧洲"让利"，力求缓和特朗普政府时期的美欧矛盾[①]。欧洲方面尽管总体上欢迎"美国回归"，在意识形态和价值观领域也同拜登政府持相似立场，但出于对欧洲经济利益和维持稳定地区局势的考虑，并不愿听从拜登政府的要求，在中美之间"选边站队"；同时，阿富汗撤军问题，以及美英澳三国不通知法国，就废弃法国与澳大利亚的潜艇合同，成立所谓的"奥库斯"（AUKUS）集团，也让欧洲深刻意识到拜登的"美国回来了"的表态并不可靠。

2021年初拜登在履职总统的第一天就宣布美国重新加入《巴黎协定》，并公布2050年实现碳中和的目标，得到欧洲领导人的赞赏和认可。同时，拜登积极开展电话外交，和欧盟及欧洲主要大国领导人通电话，表达改善对欧关系的意愿。在1月24日同法国总统马克龙的通话中，拜登就表达了希望加强与美国"最古老盟友"之间双边关系的愿望，并强调"致力于通过北约，以及美国欧盟之间的伙伴关系，来加强跨大西洋关系"。此后，拜登政府持续释放对欧善意，与欧盟和欧洲国家进行了密切互动。3月5日，拜登与欧盟委员会主席冯德莱恩通电话，双方同意把因飞机补贴争端而施加的

---

① 赵晨：《从"蛮权力"回归"巧权力"：拜登政府对欧政策初评》，《当代美国评论》2021年第3期。

进口关税暂停 4 个月；3 月 22 日，美国国务卿布林肯访问欧洲，会见欧盟领导人；3 月 25 日，拜登应邀参加了欧盟 27 个成员国的一场线上会议，继续寻求改善与欧盟及其成员国关系；5 月 25 日，拜登宣布停止对"北溪-2号"项目相关企业和人员的制裁，进一步缓和与德国的关系。在德国总理默克尔访问华盛顿后，拜登政府正式对"北溪-2 号"管线放手。

2021 年 6 月，拜登选择欧洲进行其任内首次出访，他连续参加七国集团和北约领导人会晤，并与欧盟领导人举行了美欧领导人峰会，这些会面标志着美欧关系出现重要的缓和。美欧领导人峰会后，双方发表联合声明，就结束新冠疫情，保护地球和推动绿色增长，加强贸易、投资和技术合作，建设更加民主、和平和安全的世界等议题达成广泛的合作意向。其中，在经贸和科技领域，美欧决定建立一个"高级别贸易和技术委员会"（TTC），建立关于半导体供应链的伙伴关系机制和"技术竞争政策对话"机制，加强在技术领域的竞争政策制定和执行方面的合作。此外，双方还决定建立"大型民用飞机合作框架"，协调解决在该领域欧洲空中客车公司与美国波音公司长达数十年之久的补贴争端。11 月，美国与欧盟达成钢铝进口贸易协议，双方相互结束了特朗普开启的钢铝关税惩罚性措施。

欧方领导人对于美国政府立场的转变总体持欢迎态度。在 2021 年 9 月的"盟情咨文"中，冯德莱恩热情地将美国称为欧洲"最亲密的盟友"，强调与美国等盟友的伙伴关系是维护欧洲稳定、安全和繁荣的保障。她宣称"欧盟和美国将永远携手更加强大"[1]。但是，此后围绕阿富汗撤军问题引发的争端表明，欧美之间依然存在严重的分歧。2021 年 8 月，阿富汗塔利班出乎意料地重新占领喀布尔。阿富汗局势骤变引发国际社会的密切关注，美国和北约欧洲国家军事和民事力量加快撤离。但在撤离行动中，美国不仅仓促应变，遭受重大损失，还根本不顾及欧洲盟友的利益，不与它们进行充分的协调，导致欧洲国家对拜登政府对自身的重视程度产生了怀疑[2]，并进一

---

① "2021 State of the Union Address by President von der Leyen", 15 September 2021, https：//ec. europa. eu/commission/presscorner/detail/en/SPEECH_ 21_ 4701.

② 张健：《从阿富汗变局看欧盟战略困境》，《现代国际关系》2021 年第 9 期。

步刺激了欧洲增强自身防务能力的强烈意愿。欧洲理事会主席米歇尔就表示,欧洲不需要另一个像阿富汗这样的地缘政治事件来促使自己认识到,欧盟必须努力争取更大的决策自主权和更强的全球行动能力①。

作为民主党传统的建制派,拜登政府对所谓的"民主价值观"高度重视,认为它是构筑美欧同盟关系的重要基石。奉行"巧权力"战略的拜登政府重视对欧外交,力图把意识形态作为促进美欧"大西方"团结的黏合剂。2021年3月,白宫发布的《国家安全战略临时指南》宣称:拜登政府将外交视为解决国家安全问题的第一工具,民主是其最大的资本;盟友是美国最大的"战略资产",美国政府要与想法相似(like-minded)② 的盟友联手打击以"民主国家"为目标的新型攻击模式,包括跨境入侵、网络攻击、虚假信息传播、数字威权主义、利用基建与能源投资进行胁迫等;重点打击"威权国家"利用腐败破坏"民主制度"的行为;发展和保护重要可靠的供应链和科技基础设施,主导新兴技术、环境、人权等领域国际规范的建设③。

拜登屡屡提出用于统合欧美关系及其所谓的"全球民主联盟"的"基于规则的国际秩序"这一概念,得到其欧洲盟友的"规范性"认同。美国国务卿布林肯对此的解释是:"我们要维护的是我们几十年来共同建立、倾注心血的,基于规则的自由开放的国际秩序。如果有人以任何方式挑战该秩序,我们就将站出来捍卫它。"④ 在慕尼黑安全政策会议主席沃尔夫冈·伊辛格(Wolfgang Ischinger)和提出"软实力"概念的美国学者约瑟夫·奈牵头撰写的报告《当心差异:跨大西洋中国政策的优先事项》(Mind the Gap:

---

① 《欧洲国家从阿富汗撤军太混乱,德防长透露将提议建"欧盟快速反应部队":我们该自己行动》,环球网,2021年9月18日,https://world.huanqiu.com/article/44orFzR2CwM。

② 国内媒体一般将"like-minded"翻译为"志同道合",偏褒义,笔者认为直译为"想法相似"是更合适的中性表述。

③ The White House, "Interim National Security Strategic Guidance", March 2021, https://www.whitehouse.gov/wp-content/uploads/2021/03/NSC-1v2.pdf.

④ Antony Blinken, "Secretary Antony J. Blinken and German Foreign Minister Heiko Maas at a Joint Press Availability", 23 June 2021, https://www.state.gov/secretary-antony-j-blinken-and-german-foreign-minister-heiko-maas-at-a-joint-press-availability/.

Priorities for Transatlantic China Policy—Report of the Distinguished Reflection Group on Transatlantic China Policy）中，明确指出现实的美欧关系发展目标就是针对不同议题，分别设置不同的成员资格，以结盟（coalition）的手段保证以规则为基础的国际机制（rules based international institutions）顺利运行①。但是美欧建制派政治精英力图通过将跨大西洋内部协调出的"规则"不经过与世界其他国家和地区商议，就"放之于四海"，把它变成普遍适用规则，这明显是一种"小集团"式的思维。2021年7月3日，时任中国国务委员兼外交部长王毅在清华大学出席第九届世界和平论坛开幕式并发表主旨演讲，就这一概念阐明中国的立场。王毅指出："动辄声称维护'基于规则的国际秩序'，并以此向别国施压，是强权政治的翻版。实际上是把自己的意志和标准强加于人，用少数国家的帮规取代普遍接受的国际法则。到底基于的是什么'规则'，维护的是什么'秩序'，必须明确界定，不能语焉不详。中国的立场十分鲜明。那就是，各国共同认可的体系只能是以联合国为核心的国际体系，各国共同维护的秩序只能是以国际法为基础的国际秩序，各国共同遵守的规则只能是以联合国宪章宗旨和原则为根基的国际关系基本准则"②。

　　"基于规则的国际秩序"实际上只是美国"巧权力"对外战略核心概念——"自由主义国际秩序"的一个同义词而已。《国际组织》（*International Organization*）2021年第1期就"自由主义国际秩序"进行了专题讨论，美国学者大卫·莱克（David Lake）、莉萨·马丁（Lisa Martin）和德国学者托马斯·里瑟（Thomas Risse）对"自由主义国际秩序"的概念进行了解析，指出，"自由主义国际秩序"往往需要在前面加上限定词，或者是"美国领

① Aspen Strategy Group, MERICS and Munich Security Conference, "Mind the Gap: Priorities for Transatlantic China Policy—Report of the Distinguished Reflection Group on Transatlantic China Policy", 14 July 2021, p. 42, https://www.aspeninstitute.org/wp-content/uploads/2021/07/210706_ ReflectionGroupTransatlanticChinaPolicy_ Report_ Digital.pdf.

② 《王毅：动辄声称维护"基于规则的国际秩序"是强权政治的翻版》，新华网，http://www.xinhuanet.com/world/2021-07/03/c_ 1127620324.htm。

导的"，或者是"开放的"，或者是"基于规则的"①。拜登政府反复使用的"基于规则的国际秩序"显然是特指这种所谓的"基于规则的自由主义国际秩序"，但是这一"国际秩序"的两个定语"基于规则"和"自由主义"相互矛盾。莱克等学者认为，将"自由主义国际秩序"描述为"基于规则"是不充分的。比如19世纪的"欧洲协调"以开创了大国协调为特征的维也纳体系为代表和以民族国家为基本单元的威斯特伐利亚体系（Westphalian System）都是基于规则的，但它们都不是自由主义的②。更重要的是，如果按照美国拜登政府和英国约翰逊政府的说辞，只是所谓的"民主阵营"国家才能制定规则，那么这种规则就是排外的，是合法性不足的规则，制定这种规则的方法就不符合自由主义的"开放"和"包容"原则。如此建立的"基于规则的国际秩序"更是对第二次世界大战后创建的以联合国为核心的主权国家国际体系的一种背离，如果不是各主权国家"共商、共建、共享"，共同参与确立可使国际社会广泛受益的国际规则，那么这种国际规则就不具有权威性，无法令世界其他地区信服。

我们再从历史角度来看一看美欧建制派政治人物所推崇的"自由主义国际秩序"的演进过程。在前述的《国际组织》专题中，德国学者坦妮娅·布泽尔（Tanja Böerzel）和迈克尔·祖恩（Michael Züern）撰写了《争论中的自由国际秩序：从自由多边主义到后民族国家自由主义》一文。该文将第二次世界大战后的自由主义国际秩序的演化过程划分为冷战期间的多边自由主义和冷战后的后民族国家自由主义两个部分，指出二战后建立的联合国和布雷顿森林体系都是以规则为基础的多边主义机制，这些机制能够促进自由贸易、保护国家自由管理本国经济的权力，并因此可以降低失业率。但是冷战后出现的"自由主义国际秩序"（即"后民族国家自由主义"）已经演变为一种"侵入性自由国际秩序"（Intrusive liberal order），它已不再

---

① David Lake, Lisa Martin, Thomas Risse, "Challenges to the Liberal Order: Reflections on International Organization", *International Organization*, Vol. 75, No. 2, 2021, pp. 225-257.

② David Lake, Lisa Martin, Thomas Risse, "Challenges to the Liberal Order: Reflections on International Organization", *International Organization*, Vol. 75, No. 2, 2021, pp. 225-257.

"以规则为基础"，而是公开为西方世界的自由派人士的所谓"社会理想"（如所谓的"人权""法治""民主""自由迁徙""性别宽容"等理念）背书，并且得到 20 世纪 90 年代和 21 世纪初建立的一些国际组织和制度安排的保护。这种"秩序"受到多方关于双重标准、固化国家间不平等、不公平分配的批评，给它带来无法自我解决的合法性问题①。21 世纪以来，美国入侵伊拉克并推翻萨达姆政权、美欧联合干涉利比亚和叙利亚、国际刑事法庭选择性地判处波黑塞族军队前司令姆拉迪奇终身监禁、美欧力挺所谓"南海仲裁"结果，这些均为"侵入性自由国际秩序"过度侵犯国家主权、导致不公正结果的鲜明体现。在 2022 年 2 月俄乌冲突爆发后，欧盟和大部分欧洲国家政府并未反省"侵入性自由国际秩序"对这场地缘政治冲突的"贡献"，反而同美国进行深度"绑定"，不但突破战时不向冲突参与方提供武器的历史惯例，而且迅速出台一系列前所未有的对俄经济制裁措施，开辟了乌克兰军事战场之外的"第二战场"，甚至反向运用其在各级国际组织中的"规范性"权力，同美国一道将俄罗斯排挤出欧洲理事会，俄罗斯运动员和代表队被禁止参加冬残奥会、花样滑冰世锦赛和足球世界杯预选赛，国际足联和欧足联将俄罗斯驱逐出 2022 年世界杯，俄罗斯被暂停参加所有国际足球比赛。甚至连俄罗斯的猫也没有逃脱制裁，猫科国际动物联合会呼吁本机构下属的各国分会停止进口饲养于俄罗斯境内的猫，并禁止与俄罗斯有关联的机构参加该组织举办的展会和比赛。

三 欧俄关系

2021~2022 年，欧俄关系经历了从疑虑、争执到彻底破裂的快速螺旋下降过程。2021 年，作为增强欧俄经济相互依赖度和战略互信的标志性工程——"北溪-2 号"天然气管线克服美国和部分中东欧国家的层层阻力，

---

① Tanja Böerzel, Michael Züern, "Contestations of the Liberal International Order: From Liberal Multilateralism to Postnational Liberalism", *International Organization*, Vol. 75, Special Issue 2, 2021, pp. 282-305.

在9月完成铺设工作，但就在即将通气之时，11月16日，德国审批机构又以此管线公司注册地并非德国为理由，宣布暂停"北溪-2号"天然气运营商资格认证程序。到2022年俄乌冲突爆发后，美国宣布制裁设于瑞士的"北溪-2号"天然气管道运营商Nord Stream 2 AG公司，该公司不得不申请破产，荷兰壳牌等石油公司宣布退出在俄罗斯的业务，不再参与"北溪-2号"项目。"北溪-2号"的多舛的个体命运正是欧俄整体关系走向的生动演示。

2021年，白俄罗斯与欧盟之间发生难民外交争端，大批中东难民聚集在白俄罗斯与波兰边界，希望赴欧盟寻求政治避难。自2020年8月开始，白俄罗斯国内因大选问题发生大规模游行示威活动，欧盟方面以此为由对白俄罗斯实施了数轮制裁措施，恶化了双方之间的关系。而此次难民问题的发生，使白俄罗斯与欧盟之间的关系进一步复杂化。波兰和立陶宛方面则指责白俄罗斯"企图侵犯北约和欧盟的东部边界"。11月10日，欧盟27国大使在布鲁塞尔举行会议，一致认为白俄罗斯鼓励大批移民尝试进入波兰的做法，可以被看作一种"混合攻击"。同日，欧洲理事会主席米歇尔访问波兰，以表达对波兰的支持。他表示，波兰正面临"严重危机"和"野蛮进攻"，并表示欧盟正考虑出资在其东部边境修建一堵墙或其他障碍物，以阻拦非法移民涌入。

在危机发展过程中，波兰等部分欧洲国家指责俄罗斯是"幕后黑手"。波兰总理莫拉维茨基在11月9日召开的波兰议会特别会议上声称，数千名非法移民面对波兰警察和军队的边境对峙是俄罗斯故意安排的，这些非法移民被用作"人肉盾牌"，以"破坏波兰、波罗的海国家和整个欧盟的稳定"①。对于这种指责，俄罗斯总统普京表示，俄罗斯与波兰和白俄罗斯边境难民危机毫无关系，认为那些指责俄罗斯的人只是想借此推脱责任，倒打一耙。同时，俄白两国也加强协调以共同应对来自欧方的压力。普京强调，他不认可白俄罗斯是危机的责任方。俄罗斯外交部长拉夫罗夫则指出，俄白

---

① 《波兰总理：普京"指挥"移民危机！俄回应：你们要为自己行为负责》，腾讯网，https://new.qq.com/omn/20211110/20211110A072KI00.html。

两国将"密切协调措施",并呼吁欧盟国家在解决白俄罗斯难民危机时避免采用双重标准,建议欧盟仿效处理土耳其难民问题的方式,向白俄罗斯提供资金以解决难民问题。在他看来:"这场危机源于北约和欧盟国家多年来在中东和北非推行的政策,这些国家试图把所谓的'更好的生活和西方的民主理念'强加给他们……因此,在采取任何措施时,都必须记住这一切问题的起源和谁该为此负责。"①

2021年底,顿巴斯地区的安全形势急剧恶化,法国总统马克龙和德国总理朔尔茨紧急开展穿梭外交,奔波于莫斯科、基辅和华盛顿,力求延长"诺曼底模式"的生命力,调解俄乌双方矛盾,寻求妥协方案。在俄罗斯对乌克兰发起"特别军事行动"之前,德国总理朔尔茨在2月19日举行的第58届慕尼黑安全会议上,向乌克兰总统泽连斯基提议乌"放弃加入北约",建议乌克兰"在西方与俄罗斯之间更广泛的'欧洲安全协议'中保持中立",但遭到泽连斯基的拒绝,泽连斯基表示"普京不会相信,也不会支持朔尔茨提出的这一协议",并且乌克兰国内大多数人都支持乌克兰加入北约②。2015年,德国前总理默克尔和法国前总统奥朗德尚有权威和能力,在美英不直接参与的状况下,让乌克兰在顿巴斯战场军事失败后应允谈判,以俄乌法德四方会谈的"诺曼底模式"实现临时停火,签署《明斯克协议》。但7年后,随着美英深度介入乌克兰军事准备工作,法德的外交说服力已经难以阻止俄乌任何一方做出实质性让步。

面对俄乌冲突,欧洲在短时间内迅速将对俄经济制裁升级到"顶格"层次,与美国一道冻结俄罗斯在欧洲国家银行的资产、禁止购买和交易新的俄罗斯主权债券、取消俄罗斯的最惠国待遇、关闭部分俄罗斯主要银行对环球同业银行金融电讯协会国际资金清算系统(SWIFT)的访问权限,禁止对

---

① 《波兰总理:普京"指挥"移民危机!俄回应:你们要为自己行为负责》,腾讯网,https://new.qq.com/omn/20211110/20211110A072KI00.html。

② Michael R. Gordon, Bojan Pancevski, Noemie Bisserbe and Marcus Walker, "Vladimir Putin's 20—Year March to War in Ukraine-and How the West Mishandled It", *The Wall Street Journal*, 1 April 2022, https://www.wsj.com/articles/vladimir-putins-20-year-march-to-war-in-ukraineand-how-the-west-mishandled-it-11648826461.

俄出口半导体、飞机零部件和采掘机械等高科技产品，并先于美国对俄罗斯关闭领空，冻结与普京关系密切的俄罗斯富商在欧洲的各类资产，做到了英国首相约翰逊所说的"有史以来最大规模和最严厉的"经济制裁。甚至连传统中立国瑞士也遵守欧盟的制裁令，冻结上千亿欧元的俄罗斯存款；宜家、爱马仕、路易威登等欧洲零售业和奢侈品企业关闭在俄门店，欧盟对俄的禁止出口门类已近400个，奔驰、宝马、保时捷和大众集团都已宣布停止向俄罗斯出口汽车。

俄乌冲突爆发后，整个欧洲处在一种情绪高亢的"激动期"，主要是出于以下三点原因。

第一，欧洲普遍认为普京的"特别军事行动"挑战了冷战后的欧洲安全秩序。德国总理朔尔茨在2月28日的德国联邦议会演讲中指出："普京'武装入侵'乌克兰的目的，不仅仅是想把一个独立的主权国家从世界地图上抹去，这场战争的目的也是试图推翻建立在1975年《赫尔辛基最后文件》原则之上，已经存在了近半个世纪的现有欧洲安全秩序。"这一安全秩序其实就是美国和西欧在所谓的"人权"、"自由"和"民主"理念引导下，向后苏联空间不断扩展西方意识观念，并在冷战后把北约和欧盟双东扩作为制度形式所塑造出的欧美主导下的"和平"。当俄罗斯为了自己的安全空间奋起反击时，欧美就自然认为"普京把自己推到了整个国际文明社会的边缘"。

第二，俄罗斯的"特别军事行动"让很多东欧和北欧国家心生恐惧，极大地增加了欧洲的不安全感。如果乌克兰成为中立国或者附庸国，俄军能够进驻乌克兰，俄军坦克部队可在五个小时内抵达八个东欧和北欧国家首都，使北约整体从攻势转为守势。这种前景展望令处于"新前沿地带"的欧洲国家夜不能寐，惴惴不安，并令已维持中立传统达上百年的瑞典和芬兰也在积极考虑加入北约。

第三，欧洲也与美国联手，通过经济战和意识形态战鼓动俄国内反战情绪，以制裁普京身边"寡头"来挑动他们反对普京，动摇普京的执政基础，从而逼迫普京撤军，甚至进而彻底颠覆普京政府。如俄罗斯安全会议副主席梅德韦杰夫4月8日在他的电报频道上所写，西方"对俄罗斯的非法制裁旨在从根本上削弱我们的国家并引起对政权的不满,以便推翻它"①。欧洲国家,特别是英国舍弃"私有财产不可侵犯"的资本主义国家神圣原则,冻结俄寡头、知名商人及其直系亲属在欧洲的银行账户,没收其豪宅、游艇、体育俱乐部等有形资产,背后的意图是"精准打击"普京的"身边人"和"小圈子"。

当秩序发生变动时,常常是以流血为代价的。欧洲在享受长时间的和平后,再次遭遇大规模冲突。除了处于交战状态的乌克兰和俄罗斯的军人大量伤亡、乌克兰平民生命和财产安全难以保障外,欧洲各国也在承担高昂的经济成本。欧洲和俄罗斯的经济关系远比美国同俄罗斯要紧密得多。仅德国一国,2019 年与俄罗斯的贸易总额即达到 570 亿美元,同年俄美的贸易总额则只有 270 亿美元左右。对俄进行严厉的经济制裁,甚至彻底断绝俄美贸易给美国造成的损失很小,俄对美反制裁会引发少许门类原材料涨价,增加供应链安全风险并进一步推高美国通货膨胀率,但这些负面效应同欧洲国家付出的代价相比要小得多。

欧洲国家除与俄罗斯贸易相互依存度高外,能源供应畸形依赖俄罗斯,欧盟进口能源产品中 41% 的天然气、46% 的煤炭和 27% 的石油来自俄罗斯。俄乌冲突爆发后,欧洲天然气价格上涨 10 倍,创下每 1000 立方米近 3900 美元的历史新高。尽管欧盟于 3 月 8 日宣布拟在 2022 年底前减少 2/3 的俄气进口,但如欲真正实现难度极高。此外还有难民问题,截至 2022 年 4 月底,乌克兰流出的 300 多万名难民主要由欧洲大陆国家接收,仅波兰一国即已超过 200 万人,其接纳能力已达极限。考虑到乌克兰人口多达 4500 万人,如果冲突延长,还会有更多难民向西迁徙。在 2014~2016 年涌向欧洲的百万级别的叙利亚(人口仅有 1800 万人)难民已让德国等欧洲国家不堪承受,乌克兰难民造成的冲击波会使欧洲处于更艰难的境地。

2022 年 3 月 18 日,中国国家主席习近平在与美国总统拜登视频通话时给出俄乌和平之路的"中国方案":"当务之急是继续对话谈判,避免平民

---

① 《梅德韦杰夫:制裁俄罗斯的目的是要引起对政权不满以推翻它》,澎湃新闻,https://www.thepaper.cn/newsDetail_ forward_ 17534137。

伤亡，防止出现人道主义危机，早日停火止战。长久之道在于大国相互尊重、摒弃冷战思维、不搞阵营对抗，逐步构建均衡、有效、可持续的全球和地区安全架构。""我们向来从事情本身的是非曲直出发，独立自主作出判断，倡导维护国际法和公认的国际关系基本准则，坚持按照联合国宪章办事，主张共同、综合、合作、可持续的安全观。"① 俄乌冲突既要尊重乌克兰的主权领土完整，但同时也应秉持安全不可分割理念，回应俄方的安全关切。只有当欧洲的安全格局恢复平衡、欧洲的安全机制不偏不倚，才能化解双方的心结和忧虑，真正实现长久稳定的欧洲和平。

当下俄乌冲突仍在延续，假如这场军事冲突变成阿富汗式的长期消耗战，对美国有利，对欧洲则不利。在度过"浪漫的狂躁期"后，欧洲很可能回归理性，重新思考建设包括俄罗斯在内的泛欧洲安全秩序和制度安排，毕竟，俄罗斯的核心领土距离美国很远，但离欧洲很近，俄罗斯是欧洲国家"搬不走的邻居"。法德等西欧国家也素有将俄罗斯纳入泛欧洲安全框架的计划。冲突爆发前，相较于美国拜登政府不回应俄罗斯的安全保障诉求，以北约军演、加强美国在东欧军力部署等方式反复"拱火"，而"核心欧洲"的代表——法国和德国领导人却在紧密地穿梭外交，试图缓和冲突。即使在冲突爆发后，德国总理朔尔茨也表态"欧洲的长期安全确实离不开俄罗斯"，法国总统马克龙在 2022 年 3 月 8 日法国大选选民会见活动上发表讲话称，俄罗斯及其人民需要受到尊重，没有俄罗斯的参与，欧洲大陆就不可能实现长期和平。他还表示，如果俄罗斯停供天然气，欧洲的下个冬天将更艰难。无论从地缘政治，还是经济安全角度思考，以谈判方式和平化解冲突，并建构一个均衡且可持续的欧洲安全新秩序，符合欧盟与俄罗斯之间的共同利益。

四 欧非关系

2019 年新一届欧盟领导人上台后，高度重视对非洲关系。冯德莱恩就

---

① 《习近平同美国总统拜登视频通话》，中国政府网，http：//www. gov. cn/xinwen/2022－03/18/content_ 5679795. htm。

任欧盟委员会主席后，第一次出访欧盟以外的地区就选在了非盟总部亚的斯亚贝巴。2020年2月27日，她又带领创纪录数量的欧盟官员赴亚的斯亚贝巴出席第十次欧盟—非盟委员会全体会议。在新一届欧盟领导人看来，"欧洲和非洲是天然的伙伴"①，"欧洲未来的一部分与非洲息息相关。面对我们共同的挑战，我们需要一个强大的非洲，而非洲需要一个强大的欧洲"②。新一届欧盟委员会将自身定位为"地缘政治委员会"，而非洲就是落实这一理念的试验场。此外，随着欧盟提出"绿色新政"和"全球门户"倡议，非洲在其自身发展和对外战略中的地位也更加凸显。

2021年，欧非关系发展重点围绕两个方面展开。

第一，敲定新的欧盟和非洲、加勒比、太平洋地区国家（非加太国家）伙伴关系协定。2000年，欧盟与非加太国家在贝宁政府所在地科托努签署《非加太国家与欧共体及其成员国伙伴关系协定》（即《科托努协定》），作为规范欧盟和这79个发展中国家（包括48个非洲国家）政治、经济和发展援助关系的基本文件，有效期为20年。为了给后《科托努协定》时代的欧盟和非加太国家关系发展提供政策框架，欧盟与非加太国家于2018年9月开启谈判进程，但进展缓慢，不得不将原定于2020年2月到期的《科托努协定》延长至2021年11月30日。2020年12月，欧盟和非加太国家谈判代表团就新的伙伴关系达成协定，并于2021年4月草签了这一协定，双方谈判正式结束，协定进入批准程序。2022年2月，该协定尚未正式生效。

新的伙伴关系协定确定欧盟和非加太国家将在民主和人权、可持续经济增长和发展、气候变化、人类和社会发展、和平和安全、移民和流动等领域重点开展合作。协定在为欧盟和非加太国家合作设定基本框架的基础上，还包含了分别针对非洲、加勒比和太平洋地区国家的三个区域性协定，以更好

---

① "A Record Number of College Members Travel to Addis Ababa for the 10th European Union-African Union Commission-to-Commission Meeting", 25 February 2020, https：//ec. europa. eu/commission/ presscorner/detail/en/ip_ 20_ 317.

② "EU Paves the Way for a Stronger, More Ambitious Partnership with Africa", 9 March 2020, https：//ec. europa. eu/commission/presscorner/detail/en/IP_ 20_ 373.

地适应不同地区的特点。其中在非洲区域性协定中,欧非双方确定了六个优先合作领域,分别是:包容性和可持续性经济增长和发展,人类和社会发展,环境、自然资源管理和气候变化,和平和安全,人权、民主和治理,移民和流动等。此次欧盟和非加太国家针对新的伙伴关系协定的谈判过程曲折漫长,反映出欧盟相对实力的弱化以及非洲实力和政治自主性的增长,并体现出全球发展治理格局以及以中国为代表的新兴经济体的兴起等新的变化,而即使这一协定在未来生效,其实际落实效果和影响力也可能较为有限①。

第二,为第六次欧非领导人峰会做准备。2017 年 11 月,欧非领导人在科特迪瓦经济首都阿比让举行了第五次领导人峰会。按照计划,双方的第六次领导人峰会在 2020 年 10 月召开,但由于新冠疫情等原因而推迟到 2022 年 2 月。此次峰会是在全球地缘政治竞争和新冠疫情的背景下召开的,对于未来欧非关系发展的意义十分重大,受到欧非双方的格外关注。欧洲理事会主席米歇尔将其描述为是构建"非洲和欧洲之间新范式、新路径和新联盟的一个机会"②,欧盟轮值主席国法国总统马克龙则表示,此次峰会的目标是"彻底改革"欧非关系③。

2021 年 5 月,法国发起主办"非洲经济融资峰会",试图协助非洲国家筹措发展资金,从新冠疫情的冲击中恢复。此次会议吸引了约 30 位国家元首和政府首脑、国际机构负责人出席,重点就支持非洲抗疫、减免非洲国家债务和国际货币基金组织特别提款权三个问题进行讨论。会上,马克龙呼吁富裕国家转让特别提款权,以使非洲国家提款总额达到 1000 亿美元,并加大对非疫苗援助力度,尽快提高非洲疫苗接种率。2021 年 10 月,欧盟和非

① 赵雅婷:《〈科托努协定〉续订谈判与欧非关系前瞻》,《国际论坛》2021 年第 1 期。
② "Intervention by President Charles Michel at the 'Climate and Energy in the Africa-Europe Partnership' Debate", 20 January 2022, https://www.consilium.europa.eu/en/press/press-releases/2022/01/20/intervention-by-president-charles-michel-at-the-climate-and-energy-in-the-africa-europe-partnership-debate/.
③ "French President Emmanuel Macron Press Conference Speech", 13 December 2021, https://presidence-francaise.consilium.europa.eu/en/news/french-president-emmanuel-macron-press-conference-speech/.

盟国家外交部门负责人齐聚卢旺达首都基加利，出席第二届欧盟—非盟外交部长会议。会议重点讨论了应对新冠疫情、数字化和绿色转型、安全和治理、教育、科技和技能培训等议题，并为2022年2月欧非领导人峰会的召开做准备。

2022年2月，第六届欧盟—非盟峰会在因疫情等因素推迟了一年多之后，终于在比利时首都布鲁塞尔召开。此次峰会主要聚焦疫苗与新冠疫情、非洲繁荣发展、气候变化与能源转型、地区和平安全以及移民等议题，对欧非关系未来发展走向具有重大影响。尤其值得关注的是，在此次峰会期间，欧盟宣布将通过"全球门户"倡议在未来六年向非洲投资1500亿欧元，主要投入基础设施、互联互通、能源与绿色转型、可持续增长与创造就业以及卫生和教育等领域。此外，欧盟还就支持非洲抗击新冠疫情、维护和平稳定、应对气候变化和移民问题等做出具体承诺。通过加大对非投入力度，欧盟一方面试图发挥其地缘政治影响力，在互联互通等领域巩固其影响力，并挤压中国在非洲的活动空间；另一方面，呼应非洲需求，落实其与非洲构建"平等伙伴关系"的承诺，从而达到最终维护其在非洲传统优势地位的目的。

在欧非关系取得一定进展的同时，双方之间关系也存在一些重要的障碍。

第一，欧盟持续加大对非洲外交和经济资源投入力度，但承诺落实问题难以解决。2019年新一届欧盟领导人上台后，对非关注度明显提高。除在政治上拉近与非洲关系外，欧盟积极利用援助工具，加大对非洲各类资源投入力度。在"欧盟多年度财政框架（2021~2027年）"中，尽管面临英国"脱欧"的不利影响，欧盟用于发展援助的资金依然保持了稳中有升的态势，其中用于撒哈拉以南非洲的资金达到了291.81亿欧元（现价，以2018年不变价计算为260亿欧元），略微增长1%。

尽管如此，欧方的慷慨承诺如何落到实处一直是一个大问题，这也引发了对此次峰会实际效果的担忧。欧洲智库"欧洲发展政策管理中心"（European Center for Development Policy Management）的一篇文章就指出，欧非峰会"往往在口头承诺方面给人留下深刻印象，在创造形容词来界定伙伴关系方面很有创意……但在产生切实成果方面无能为力"①。而面对中国和沙特阿拉伯等国家进入非洲的趋势，"非洲领导人可能会发现结交新朋友比留住老朋友更容易"②。在此次峰会结束后的新闻发布会上，在面对"欧方如何能够保证 1500 亿欧元对非投资计划得到落实"这一问题时，冯德莱恩等欧方领导人只给出了模糊答案，未说明 1500 亿欧元的资金来源，也没有公布具体支持项目名单。

第二，欧非之间的深刻矛盾难以完全消弭。一方面，随着非洲经济发展和自身团结的增强，非洲越来越要求在对欧关系中的平等地位和相互尊重，而尽管欧盟口头上表态愿与非洲国家建立平等的伙伴关系，但在实践中仍坚持"欧洲中心"立场。2021 年 11 月，南非科学家发现奥密克戎变异病毒后，欧盟不与非洲国家协商就停止了和部分非洲国家的航班，引发了它们的强烈不满。而欧盟等发达经济体在分配疫苗上的不公，也引发了非洲国家的批评。2021 年 11 月，在发表于《经济学家》网站的一篇文章中，南非总统西里尔·拉马福萨（Cyril Ramaphosa）呼吁国际社会结束"疫苗种族隔离"行为③；12 月，加纳总统阿库福-阿多（Akufo-Addo）在欧洲议会发表演讲，批评欧盟等发达国家和地区的"不道德的疫苗民族主义"④。

另一方面，欧非之间的发展阶段和诉求存在较大差别。比如，尽管欧盟和非洲都试图推进绿色转型，但欧洲国家减少化石能源使用可能会危及非洲能源出口国的利益，这是它们不愿意看到的。此外，在移民和难民、气候变

---

① Lidet Tadesse, "The EU-AU Summit: Geopolitics, a Pandemic and a Partnership that Struggles to Thrive", 7 February 2022, https://ecdpm.org/talking-points/eu-au-summit-geopolitics-pandemic-partnership-struggles-thrive/.

② Brandon Locke, "Lessons Learned from the 5th AU-EU Summit", Brussels International Center for Research and Human Rights, January 2018, https://www.bic-rhr.com/sites/default/files/inline-files/PDF-%20Lessons%20Learned%20from%20the%20AU-EU%20Summit.pdf.

③ "Cyril Ramaphosa Says the World Must End Vaccine Apartheid", 8 November 2021, https://www.economist.com/the-world-ahead/2021/11/08/cyril-ramaphosa-says-the-world-must-end-vaccine-apartheid.

④ "Ghana President Slams 'Vaccine Nationalism' in EU", 14 December 2021, https://guardian.ng/news/ghana-president-slams-vaccine-nationalism-in-eu/.

化融资、碳边境调节机制等方面，双方也存在较大的分歧。就碳边境调节机制来说，非洲国家担忧该机制可能扼杀它们脆弱的工业基础。非盟轮值主席国塞内加尔总统马基·萨勒（Macky Sall）明确提出，非洲国家不应成为欧盟碳边境调节机制的目标，呼吁欧盟领导人"达成一项共同战略，但同时也考虑到非洲国家的发展水平"①。此外，就移民和难民问题来说，欧洲国家间对待移民问题的态度不一，匈牙利等国家希望采取更强有力措施阻止非洲移民进入欧洲，而非方则指责欧洲是一个难以进入的"堡垒"②，力图为非洲民众特别是非洲年轻人进入欧洲创造更多条件。

第三，就中欧非三方关系来说，欧盟在涉非议题上视中国为竞争者，但非洲国家普遍不愿意站队欧盟。近年来，欧盟一些政客、媒体和智库抹黑中国在非洲的活动，将"一带一路"倡议视为中国扩展在非洲影响力的工具。受"地缘政治"思维影响，欧盟领导人试图进一步巩固和扩张在非洲的存在，挤压中国在非洲的活动空间。2021年底，欧盟推出了价值3000亿欧元的"全球门户"倡议，其主要目的之一就是要"对抗"中国的"一带一路"倡议③，而非洲就是其与中国交锋的"主战场"。对非洲来说，欧盟长期以来说教多而成果少，其"家长式"做派早已使非洲精英和民众普遍感到厌烦，非洲对与欧洲合作信心较低。有非洲专家就指出，"谁倾听并了解非洲国家的运营环境，谁将成为非洲更好的发展伙伴"，而"欧盟是不倾听的那个"④。与欧盟相反，中国在对非合作中坚持真实亲诚理念和正确义利

---

① Benjamin Fox, "Africa Must Not Be Targeted by EU Carbon Levy, Warns Senegal's President", 21 January 2022, https://www.euractiv.com/section/africa/news/africa-must-not-be-targeted-by-eu-carbon-levy-warns-senegals-president/.

② Tom Collins, "Fortress Europe", 5 February 2018, https://newafricanmagazine.com/16297/.

③ Sébastian SEIBT, "With Its 'Global Gateway', EU Tries to Compete with China's Belt and Road Initiative", 3 December 2021, https://www.france24.com/en/europe/20211203-with-its-global-gateway-eu-tries-to-compete-with-the-china-s-belt-and-road.

④ Chloé Farand, "As EU Seeks to Rival China's Infrastructure Offer, Africans Are Sceptical", 14 December 2021, https://www.climatechangenews.com/2021/12/14/eu-seeks-rival-chinas-infrastructure-offer-africans-sceptical/.

观，坚持相互尊重、共同发展，突出务实导向，合作成果丰硕①。2021 年底，中非合作论坛第八届部长级会议成功举办，中国宣布了一系列对非合作新计划，赢得非洲国家和国际社会的普遍赞扬。利比里亚公共工程部前部长、知名智库"全球发展中心"高级研究员居德·摩尔（Gyude Moore）等就表示，此次论坛"展示了中非关系令人印象深刻的深度和广度"②。此外，对非洲国家来说，中欧竞争可能压低项目成本，使非洲当地国处于更好的谈判地位，它们在某些方面乐见中欧竞争。

五 印太战略

2021 年 9 月，欧盟发布了《欧盟印太合作战略》（以下简称《印太合作战略》），释放出欧盟对外战略调整的重要信号。在此之前，英国、法国、德国和荷兰已相继发布自己的"印太战略"，欧盟也于 2021 年 4 月发布了《欧盟印太合作战略报告》。欧盟发布这一战略，体现了欧盟对印太地区在其经济和对外关系中地位的重视。欧洲外交与安全政策高级代表博雷利就曾表示，"无论从地缘经济还是地缘政治的角度来看，世界的重心正在向印太地区移动。欧盟和印太地区的未来是相互关联的"③。为此，欧盟将从可持续和包容性繁荣、绿色转型、海洋治理、数字治理和伙伴关系、互联互通、安全和防务、人类安全等七个领域着手，深度介入该地区事务。

欧盟的《印太合作战略》主要有以下五个方面的特点。

第一，以价值观为底色。欧盟宣称，其对印太地区事务的参与将基于推动民主、法治、人权等。在欧盟决策者看来，"民主原则和人权正受到该地

---

① 《新时代的中非合作》，中国政府网，http：//www. gov. cn/zhengce/2021-11/26/content_ 5653540. htm。
② Mikaela Gavas, W. Gyude Moore, "The Make or Break EU-Africa Summit", 13 January 2022, https：//www. cgdev. org/blog/make-or-break-eu-africa-summit。
③ "EU and Indo-Pacific：Natural Partners", 16 September 2021, https：//ec. europa. eu/commission/ presscorner/detail/en/IP_ 21_ 4704。

区专制政权的威胁，使该地区的稳定处于危险之中"①。2021年9月，冯德莱恩在"盟情咨文"中强调，该战略的出台"反映了该地区对我们的繁荣和安全日益增长的重要性，但也反映了专制政权利用该地区来扩大影响力的事实"②。为此，欧盟宣称将继续捍卫"人权"和"民主"，推动基于共同价值观和原则的多边合作，并运用政治和人权对话与磋商、贸易优惠以及制裁等多种手段确保达成欧方目标。

第二，以伙伴关系为基础。为推动《印太合作战略》的实施，欧盟计划加强与该地区国家、地区间国际组织特别是东盟，以及其他国际组织等的合作，以构建广泛的伙伴关系网络。此外，在该文件中，欧盟还表达了和印太地区外国家，特别是英国和美国以及"四国机制"（美国、日本、印度、澳大利亚）在气候变化、技术和疫苗等领域合作的意愿。

第三，以经贸合作为重点。在欧盟看来，印太地区对其未来经济的复苏和可持续增长至关重要。欧盟特别强调其与该地区的紧密经贸关系，指出欧盟是印太地区的最大投资者和主要发展援助资金提供者，2019年，两个地区间的贸易额达1.5万亿欧元。欧盟提出将继续强化与印太地区国家的贸易关系，实施与日本、韩国等的贸易和投资协议，并致力于与印度、澳大利亚、新西兰等达成经贸协议。欧盟特别提到，批准与中国的全面投资协定符合双方共同利益，同时，将寻求与中国台湾地区建立更加紧密的贸易和投资关系。

第四，以安全防务为保障。在欧盟看来，"近年来，印太地区的地缘政治动态引发了激烈的竞争，包括围绕有争议的领土和海域的紧张局势"③。

---

① European Commission and High Representative of the Union for Foreign Affairs and Security Policy, "Joint Communication to the European Parliament and the Council：The EU Strategy for Cooperation in the Indo-Pacific", https：//ec. europa. eu/info/sites/default/files/jointcommunication_ indo_ pacific_ en. pdf, p. 2.

② "2021 State of the Union Address by President von der Leyen", 15 September 2021, https：// ec. europa. eu/commission/presscorner/detail/en/SPEECH_ 21_ 4701.

③ European Commission and High Representative of the Union for Foreign Affairs and Security Policy, "Joint Communication to the European Parliament and the Council：The EU Strategy for Cooperation in the Indo-Pacific", https：//ec. europa. eu/info/sites/default/files/jointcommunication_ indo_ pacific_ en. pdf, p. 2.

欧盟宣称，其与印太地区伙伴国面临相似的安全挑战和威胁。为此，欧盟计划进一步加强在该地区的海军存在，提升在该地区执行海上任务的能力，并加强与伙伴国的协作，以打击贩毒、人口贩卖、野生动物犯罪以及非法资金流动。此外，欧盟还计划针对网络安全、反恐、核安全和核不扩散、化学和生物武器、"外国信息操纵和干预"等领域协助伙伴国提升相应能力，并加强与它们的合作。

第五，以绿色转型和互联互通为抓手。就绿色转型来说，欧盟认识到该地区对全球环境和气候治理的重要性。为此，欧盟计划在与日本建立绿色联盟的基础上，与该地区其他国家建立类似的绿色伙伴关系。同时，欧盟还表示将加强与中国等温室气体排放大国的接触，推动该地区淘汰煤炭的进程，并加强与该地区在保护生物多样性、解决塑料污染问题等方面的合作。就互联互通来说，欧盟宣称将继续在可持续、全面和基于规则的基础上推进与该地区全方位的互联互通合作，特别是数字领域的合作。欧盟将印度、日本和东盟作为在该地区推进互联互通的关键合作伙伴，计划加强与该地区的交通、航空、海上运输和安全、太空等领域的对话，并着力构建数字合作伙伴关系。

欧盟发布《印太合作战略》的主要目的是在新的国际环境下更好地维护自身利益。新一届欧盟领导人在"战略自主"和"地缘政治"等理念的指引下，以更加积极和强势的姿态参与全球事务，而印太地区正是大国竞争的重要地区之一，且该地区持续变动的地缘政治和经济局势可能对欧盟的安全和繁荣产生直接影响。在这种认知的驱动下，欧盟决心进一步介入印太地区事务，确保该地区未来走向符合其利益。此外，欧盟出台这一战略也有与美国协调的考量。拜登上台后，欧美关系显著改善，欧美在对外政策协调上取得较大进展。在 2021 年 6 月举行的欧美领导人峰会上，双方表达了就"印太战略"协调立场的意愿，表示将"与我们的合作伙伴共同努力，建立一个自由开放的印太地区"①。欧盟智库"欧洲对外关系委员会"（European

---

① "EU-US Summit 2021 - Statement：Towards a Renewed Transatlantic Partnership", https：//www. consilium. europa. eu/media/50758/eu - us - summit - joint - statement - 15 - june - final - final. pdf, p. 6.

Council on Foreign Relations）在 2021 年 9 月发布的一份调查报告表明，过半的欧洲国家精英认为欧盟《印太合作战略》的出炉和欧美关系发展密切相关，其中有六个国家的精英将该战略视为与美国结盟，在该地区支持美国行动的体现[①]。但这并不是说，欧盟将来会在印太地区彻底追随美国的步伐。法国总统马克龙就表示，"我们在印太战略方面的方针是不与任何人结盟"[②]。

尽管欧盟在印太地区雄心勃勃，但其战略想落到实处还需要克服多方面的挑战[③]。

第一，欧盟成员国间需要形成一致意愿。针对欧盟出台《印太合作战略》，在其内部来说，主要是受到法国、德国和荷兰的推动，而其他国家特别是中东欧国家在印太地区没有重大的利益关切，参与兴趣较低。"欧洲对外关系委员会"的调查表明，尽管一些欧盟国家将《印太合作战略》视为部分与中国竞争的工具，但更多国家（12 个）将中国视为重要的合作伙伴。该调查还显示，就安全议题来说，21 个欧盟国家认为网络安全比海洋安全更重要，而在实践中，尽管有 12 个国家宣称准备好参与该地区的航行自由行动，但只有德国和西班牙愿意在该地区建立或增加军事存在，也只有它们和比利时、荷兰四个国家有意向这一地区派遣军舰[④]。事实上，即使是积极鼓动欧盟参与印太事务的法国和德国，对介入印太的方式也存在差异。相对来说，法国着重维护其"主权"，具有较浓厚的军事色彩，而德国却淡化安全领域冲突而着重关注地区治理，不愿意深度卷入该地区敏感事务。德国社会民主党外交事务发言人尼尔斯·施密德（Nils Schmid）就曾表示，"我认为欧洲国家，尤其是德国，不会做出太多贡献"，"因为事实是欧洲没有真

---

① Frédéric Grare, Manisha Reuter, "Moving Closer: European Views of the Indo-Pacific", European Council on Foreign Relations, 13 September 2021.

② 《北约峰会前，马克龙称法国的印太战略是不与任何人结盟，还喊话欧盟》，环球网，https://world.huanqiu.com/article/43UafQZmeey。

③ 汪金国、张立辉：《欧盟加速推动"印太战略"及其影响》，《国际论坛》2022 年第 1 期。

④ Frédéric Grare, Manisha Reuter, "Moving Closer: European Views of the Indo-Pacific", European Council on Foreign Relations, 13 September 2021.

正的印太国家"①。因此，尽管欧盟强调其《印太合作战略》的落实将通过成员国的团结协作来实现，但内部意愿不一致将导致欧盟难以形成合力。

第二，欧盟需要提升深度介入印太地区事务的能力。近年来，在移民、难民和安全危机的影响下，欧盟将战略重点和资源投入重心放在了周边和非洲地区。截至2020年7月，欧盟正在海外执行的民事和军事任务达17项，全部集中在周边国家和地区以及撒哈拉以南非洲，而能够算在印太范围内的只有位于索马里的3项任务②。就发展援助来说，在2021年欧盟敲定的2021~2027年对外援助预算中，专门用于周边国家和地区以及撒哈拉以南非洲的资金占到了欧盟全部对外援助预算的近40%，而用于亚太地区的资金则仅占8.5%。这表明，周边国家和地区以及非洲依然是欧盟对外政策的主要关切。在这一背景下，很难期待欧盟拿出足够的资源支撑其在印太地区的野心。实际上，有欧洲学者就指出，欧洲鼓吹"印太战略"的人士以牺牲欧洲"后院"更紧迫的挑战为代价。随着美国继续向印太地区转移，东欧、中东和非洲的权力真空引发了新的不稳定，而这里才是欧洲应该去的地方。对欧洲国家在印太地区的角色来说，"在该地区应对恐怖主义、海盗、国家失败和地区强权政治，可能比不时派遣海军舰艇穿越南海更能打动其印太伙伴国"③。

第三，欧盟在印太地区的战略和美国存在差异和竞争。尽管欧美的印太战略存在明显的协调痕迹，但两者并非完全一致，相反，从根本上说，都是服务于欧美各自的利益。美国印太战略的核心是通过"四国机制"（美国、日本、印度、澳大利亚）和奥库斯实现其军事目标，对抗特征较为突出，而欧盟的战略则强调包容性和平衡性，认为有必要在共同关心的问题上对华

---

① Finbarr Bermingham, "EU Unveils Indo-Pacific Strategy, and Admits US' New 'Aukus' Alliance Came as a Surprise", 17 September 2021, https://www.scmp.com/news/china/article/3149057/eu-unveils-indo-pacific-strategy-and-admits-us-new-aukus-alliance-came.

② "EU Missions and Operations", July 2020, https://www.eeas.europa.eu/sites/default/files/eu_military_operations_and_civilian_missions_july_2020.pdf.

③ Jonathan Holslag, "The EU's 'Backyard' Is Not in the Indo-Pacific", 23 September 2021, https://euobserver.com/opinion/152997.

开展接触和合作。从这一点来说，美国在印太地区加强与中国的竞争，从而加剧该地区的紧张局势，并不符合欧盟的利益。

在欧盟发布其《印太合作战略》的同一天，美国、英国和澳大利亚宣布组建奥库斯安全合作机制，提升安全和防务合作水平，并由美英帮助澳大利亚建造核动力潜艇。澳大利亚政府由此宣布取消先前与法国达成的建造12艘常规动力潜艇的协议，引发了法国和欧盟的强烈不满。法国外交部长勒德里昂（Jean-Yves Le Drian）将美英澳的做法称为"背后捅刀"的行为，法国一度召回驻美国大使和驻澳大利亚大使。① 奥库斯的组建和法澳潜艇争端冲击了欧美之间刚刚回暖的关系，体现了欧美之间的深刻分歧②。

针对奥库斯的组建，欧洲对外关系委员会亚洲项目主任扬卡·欧特尔（Janka Oertel）指出，奥库斯给欧盟的印太战略带来了严峻的问题。她强调，"真正的问题是，以美国为首的在印太地区对中国在安全方面的抵制是否符合欧洲的战略利益"。"如果是的话，那么奥库斯可能是欧盟印太战略的重要组成部分，并且可以和欧洲在印太地区的行动互相补充。如果不是的话，那么欧洲将不得不想出自己的答案来可靠地支持地区合作伙伴——而且要尽快这样做。"③ 美国在不事先告知欧方的情况下组建奥库斯，表明欧美之间缺乏有效的协调和沟通。在此情况下，欧盟领导人有理由担心是否应当响应美国的要求，增加在该地区的安全和军事存在，以支持美国在该地区的行动。就经贸领域来说，欧美都将该地区作为未来经济增长的重要一极，增加对这一地区的资源投入。这种投入从长远来看，可能在该地区造成欧美企业和产业竞争的加剧，以及双方在规则和标准制定上的竞争。

---

① 《真怒了！法国召回驻美澳大使，莫里森辩称退出潜艇协议早有警告》，新浪网，https：//finance. sina. com. cn/tech/2021-09-18/doc-iktzscyx4972717. shtml。
② 崔洪建：《AUKUS对欧盟"战略自主"建设的影响》，《世界知识》2021年第22期。
③ Finbarr Bermingham, "EU Unveils Indo-Pacific Strategy, and Admits US' New 'AUKUS' Alliance Came as a Surprise", 17 September 2021, https：//www. scmp. com/news/china/article/3149057/eu-unveils-indo-pacific-strategy-and-admits-us-new-aukus-alliance-came.

六 总结及展望

　　欧盟近年来的外交政策出现明显的地缘政治转向，开始在其"规范性"力量的基础上添加军事硬实力，欧洲防务一体化在 2021 年和 2022 年取得重大突破，欧盟"战略罗盘"计划的通过使欧盟可在未来拥有一支超国家性质的快速反应部队。同时，俄乌冲突的爆发也在一定程度上使德国等抱持和平主义传统的欧盟国家开始强化自身防务，2022 年 2 月底，德国联邦议会通过了高达 1000 亿欧元的国防特别预算，在当年实现军费开支超过 GDP 2%的北约标准。

　　另外，欧盟及其成员国并未放弃其道德优越感和为世界定规则的"规范性权力"，它们同美国民主党政府一道，依然认为自己是"基于规则的国际秩序"的维护者，只是它们对规则的定义日益"小圈子化"，排他性色彩逐日浓厚。特别是在俄乌冲突爆发后，欧盟将俄欧贸易等经济社会往来大规模"武器化"，不顾国际法基本准则，在未宣战的前提下直接没收或冻结俄银行和个人资产，将能源领域之外的俄银行踢出 SWIFT，对俄关闭领空，其力度远超特朗普任总统期间的美国政府，向世人展现了为地缘政治目标而反向运用"规范性力量"和"市场性力量"的生动案例。欧洲也许最终学会了使用"权力的语言"，但将自己的规范或经济软实力"武器化"，运用这样的"权力"无疑会付出高昂的信用和经济成本。

B.7
中欧关系：欧洲对中国机遇和挑战的认知和政策

刘作奎*

摘　要： 2021年的中欧关系延续了新冠疫情暴发以来的低位发展态势，总体呈现合作与竞争并存的局面。欧盟对中欧关系的塑造，以不断巩固和夯实对华关系三个定位（伙伴、竞争者、对手）为特点。本报告以认知、决策和实践为分析逻辑，系统阐释欧盟对华政策的特点以及对中欧关系造成的影响。报告认为，欧盟对中国是机遇还是威胁的认知观已经发生变化，在视中国仍为发展机遇的同时，突出了中国在制度、价值观、高科技等多个领域对欧盟造成的威胁和挑战。在这种认知观的支配下，欧盟对华决策的讨论更加强调如何应对来自中国的"威胁"，日益强调如何防范中国，突出价值观导向和合作对等互惠，加强对欧盟自身利益的保护等。2021年的主要成果是重拾盟友外交，推动跨大西洋对华政策协调；奉行规则优先战略，加强在关键领域规则制高点的控制与争夺以及自我保护；寻求合作，在气候变化等全球治理领域寻找和扩大共识；推进印太战略，积极寻求有所作为等。2022年，由于俄乌冲突爆发，中欧关系中共识和分歧也再度出现。总体而言，中欧合作的韧性和张力仍在，但合作已经远离舒适区。

* 刘作奎，历史学博士，博士生导师，中国社会科学院欧洲研究所副所长、研究员，主要研究领域为中东欧问题、中国—中东欧国家合作和中欧关系。本报告内容和具体框架由刘作奎搭建并具体执笔撰写，报告撰写过程中，黄萌萌、赵俊杰、杨迪（法国巴黎政治学院博士生）、贺之杲、张超、杨成玉、张磊提供了必要的参考材料，在此一并致谢。由于篇幅所限，本报告着重关注欧盟对中欧关系的塑造方面，而中方的政策则相对弱化。

关键词： 中欧关系　价值观外交　跨大西洋协调　俄乌冲突

2021 年的中欧关系延续了新冠疫情暴发以来的低位发展态势，总体呈现寻求合作新亮点但竞争持续强化的特征。欧盟对中欧关系的塑造，以不断巩固和夯实对华关系三个定位（伙伴、竞争者、对手）为特点。欧盟机构对华政策思路明显转变，即分领域应对来自"中国的威胁"、寻求合作机会，欧洲议会对华决策塑造更加积极主动，欧盟委员会则在欧盟内引领气候变化等务实合作上有所作为，欧盟成员国的内政和外交陆续完成对华政策调整，多元化趋势明显。2022 年，欧亚大陆爆发的俄乌冲突将中欧之间的共识和分歧充分展示出来。中国一贯重视欧洲的作用，中国和欧洲是维护世界和平的两大力量，也是促进世界共同发展的两大市场，更是推动人类进步的两大文明。中欧关系不针对、不依附，也不受制于第三方。双方在相互尊重、互利共赢基础上开展对话合作，将为动荡的世界局势提供更多稳定因素。①

一　基本态势

2021 年 3 月，欧盟宣布对中国部分人员实施制裁，中国则实施反制裁，由此《中欧全面投资协定》被搁置，双边关系全年低位运行。中欧关系的韧性和张力依然存在，但合作中的矛盾日益突出。欧洲对中国"威胁"的认知加深与对自身危机缠身的焦虑感和对地缘政治变化的不安全感相伴，驱动着欧洲对华政策调整。这背后是欧洲对中欧关系的塑造持续加力。欧盟对华政策遵循认知、决策和实践②的传动效应，具体而言，欧洲对中国的认知

---

① 《王毅谈中欧关系：不针对、不依附、也不受制于第三方》，人民网，https：//world.people.com.cn/nl/2022/0307/c/002-32368721.htm。

② 认知就是对华的具体认识（perception），决策是指欧盟内部各方对华决策的具体讨论情况和进程，实践就是经过讨论后具体政策及其工具落地情况。这三者之间是逻辑统一的，并且相互影响和相互促进。

驱动决策的调整，继而影响到具体政策实践的落地和实施。

自1975年中欧建交以来，欧盟出现两次对华政策重要调整（2006年、2019年）。具体来看，欧洲对华的认知深度影响其对华决策的讨论和实践，而对华认知基本围绕中国是机遇还是威胁两个方面。过去近50年中，欧洲总体判断是机遇大于威胁，对华政策以接触和合作为主。伴随着中国的快速发展，美国挑起中美全方位战略博弈，而欧洲持续性危机使其产生不安全感和焦虑感，欧洲的对华认知也发生变化（以2019年为分水岭），这体现在其将中国视为伙伴、竞争者和制度性对手的三重定位上。[①] 欧洲从认为中国带来的机遇大于威胁转为与中国在经贸、气候变化等领域仍需合作或机遇大于威胁，在价值观和制度、高技术等多个领域威胁大于机遇，而在互联互通、地区和全球治理等领域机遇和威胁并存。因此，欧洲对华政策坚持对等、互惠合作并寻求接触和对话，但在途径和方式上明显变化，强调分领域确定中国的机遇和威胁，采取差异化应对办法，融合了盟友外交、价值观外交并强化对自身市场、制度、利益的保护。

反观中国，中国对欧洲的认知较为稳定，随着发展和安全利益的扩展，中国对欧洲战略价值的认定明显在提升，总体仍认为中欧是伙伴不是对手。中欧没有根本利害冲突，合作远大于竞争，共识远大于分歧。[②]

二 认知变化：欧洲对华认知的多维性

一是受"东升西降"的大趋势影响，欧盟对华认知朝着负面方向发展。

世界处于百年未有之大变局，"东升西降"[③] 的大趋势加深欧洲对中国快速发展的警惕和敌意，欧洲日益强调中国发展对欧洲带来的挑战。欧盟

---

① "European Commission and HR/VP Contribution to the European Council, EU-China: A Strategic Outlook", https://ec.europa.eu/info/sites/default/files/communication-eu-china-a-strategic-outlook.pdf.

② 《习近平会见欧洲理事会主席米歇尔和欧盟委员会主席冯德莱恩》，中国政府网，http://www.gov.cn/xinwen/2022-04/01/content_5683038.htm。

③ 关于国际秩序中"东升西降"的大趋势问题，中国学界有不同的看法，此处不做讨论。

委员会在其官方文件表述中，对中国，由原来强调"可信合作伙伴"到强调"制度性对手"，认为在发展过程中中国没有采用欧洲的经济和政治模式，而是采用了具有市场保护色彩的体制。① 2021 年 12 月初，法国智库德洛尔研究所（Institut Jacques Delors）发布的报告认为，欧盟长期将注意力集中于周边地区与跨大西洋关系，一直忽视中国的快速发展，而中国与"自由模式"完全不同的发展实践给欧盟带来挑战，其快速发展可能导致二战后国际秩序改变，令人担忧。② 法国总统马克龙更是认为，"几个世纪以来，全世界都已习惯以西方霸权为基础的国际秩序。中国和俄罗斯的战略在过去几年中取得了更大的成功……不仅扰乱了欧洲塑造的国际秩序，而且在国际经济秩序中扮演关键角色。它们有一种真正的哲学，一种欧洲在一定程度上已经失去的智慧。所有这些都对欧洲产生了重大影响，世界正重新洗牌"。③

2021 年，欧洲东部边境危机、能源危机以及延续不断的难民危机继续给欧洲带来不安全感和焦虑感。2021 年中国实际经济规模超过了欧盟 27 国的总和，成为真正意义上的世界第二大经济体。④ 中国制度的动员能力与欧洲政治生态的多元化和碎片化相互映衬，凸显"东升西降"趋势的加剧。欧洲由此对中国的快速发展形成了两种心态：一种是嫉妒和唱衰心态，认为中国发展不具有可持续性；另一种是防范和警惕心态，炒作"中国威胁论"，打响价值观和制度"保卫战"。如法国经济部长勒梅尔将中国定位为"21 世纪法国和欧洲共同面临的挑战"。他认为，"法国和欧盟要向中国展

---

① Mario Esteban, Miguel Otero Iglesias, "EU Policy in the Face of the Chinese Challenge-Real Instituto Elcano", https：//www. realinstitutoelcano. org/en/commentaries/eu－policy－in－the－face-of-the-chinese-challenge/.

② Elvire Fabry, Sylvie Bermann, "Building Europe's Strategic Autonomy Vis-À-Vis China-Institut Jacques Delors", https：//institutdelors. eu/en/publications/construire-lautonomie-strategique-de-leurope-face-a-la-chine/.

③ "Macron Speech-The End of Western Hegemony", https：//thestandard. org. nz/macron-speech-the-end-of-western-hegemony/.

④ 《分水岭：中国 GDP 超越欧盟》（2022 年 2 月 1 日），欧盟中国商会微信公众号，https：//mp. weixin. qq. com/s/62Xs66zbshiyXia1_ vRwtA。

示自由民主体制能够并且将为人民带来更多的科技成果、更多的创新、更多的就业和更好的（经济）增长"。①

二是欧盟及其成员国内部政党政治变化，助推了欧洲对华政策朝着消极化方向发展。

近年来，欧盟和成员国层面上都面临政党政治格局变化的挑战，共同性是长期执政的中间派政党衰落，新兴中间派壮大，具有民粹主义色彩的激进政党崛起。欧洲政治生态的极化和民粹化趋势难以在短时间消失或取得明显改善。有西方学者从制度层面分析当前欧洲面临的最大危机，即政治碎片化所产生的长远影响。② 更有权威研究得出相似结论，欧洲国家自二战结束以来传统上占主导地位的中左翼和中右翼主流政党及联盟正在瓦解，碎裂成新的右翼和左翼政党，以及一些更加碎片化的小党。③

2019 年欧洲议会选举后，第九届欧洲议会的党团组成更加碎片化，欧洲议会的总体权力平衡但略向左移。党团力量对比的变化对欧洲议会的政策倾向产生多重影响。中左翼和中右翼力量相对更加平衡的议会更倾向贸易政策的规范化而非往届议会（中右翼力量在贸易领域占主导地位）更强调自由贸易。就对华立场而言，人民党党团和保守党党团相对更加重视贸易问题，认为中欧之间应当互相尊重对方的选择；绿党党团和复兴欧洲党团相对更加重视人权；社会民主党党团更加重视劳工权利；人民党党团内部宗教色彩较重的议员相对来说对涉疆、涉藏问题更加热衷。在国际贸易协定方面，社会民主党党团、复兴欧洲党团和绿党党团都要求协定包含人权、社会和环境条款。复兴欧洲党团和绿党党团力量在欧洲议会的进一步巩固，在一定程度上促使人权议题在本届议会议程中的重要性日益增强。

---

① "Les démocraties peuvent relever le 'défi' de la Chine, selon Bruno Le Maire", 2021, En ligne, https：//www. francetvinfo. fr/monde/chine/les - democraties - peuvent - relever - le - defi - de - la - chine-selon-bruno-lemaire_ 4282021. html.

② 《民主国家面临的最大困境是什么？》，纽约时报中文网，https：//cn. nytimes. com/opinion/ 20211230/democracy-fragmentation-america-europe/。

③ F. Casal Bértoa, "Database on WHO GOVERNS in Europe and beyond", PSGo. Available at https：// whogoverns. eu.

在成员国议会层面，也存在类似情况。在 2021 年欧洲多国举行的议会选举中，这种情况在多个国家体现得较为明显（见表 1）。

表 1 2021 年议会选举碎片化较为明显的欧洲国家的相关情况

国家	时间	执政党或执政联盟	是否连续执政
荷兰	3 月	1. 自由民主人民党（主要执政党，中右政党） 2. 基督教民主联盟（中右政党） 3. 六六民主党（中左政党） 4. 基督教联盟（中右政党）	是
保加利亚	11 月	1. "我们继续变革"联盟（主要执政党，新政党） 2. "为了保加利亚"联盟（以社会党为主，中左政党联盟） 3. "有这样的人民"（民粹主义政党） 4. "民主保加利亚"（中右政党）	否
冰岛	9 月	1. 独立党（主要执政党，中右政党） 2. 进步党（中右政党） 3. 左翼绿色运动（中左政党）	是
捷克	10 月	1. "在一起"政党联盟（公民民主党、基督教民主联盟-捷克斯洛伐克人民党以及"传统、责任、繁荣党"） 2. 海盗党/市长联盟（民粹主义政党）	否
德国	9 月	1. 社民党（主要执政党，中左政党） 2. 绿党（左翼政党） 3. 自民党（中右政党）	否
斯洛伐克	3 月	1. 普通公民和独立个人组织（民粹主义政党） 2. 我们是家庭党（民粹主义政党） 3. 自由与团结党（右翼政党） 4. 惠民党（中间主义政党）	政府改组
罗马尼亚	9 月	1. 社会民主党（主要执政党，中左政党） 2. 国家自由党（总理所在党，中右政党） 3. 匈牙利族民主联盟党（民族性政党）	政府改组

注：2021 年，欧洲多国进行了总统和议会选举，具体情况如下：1 月、8 月和 11 月，葡萄牙、爱沙尼亚和保加利亚进行了总统选举；荷兰（3 月）、塞浦路斯（5 月）、德国（9 月）、冰岛（9 月）、挪威（9 月）、捷克（10 月）、保加利亚（11 月）、斯洛伐克（3 月政府改组）、罗马尼亚（9 月政府改组）、奥地利（10 月政府改组）则进行了议会选举。

资料来源：笔者根据相关国家资料整理。

可以看出，多个国家政党经历了重组，政治连续性不强。欧洲政党政治生态的变化造成欧盟成员国政策延续性不强、欧盟内部共识与团结缺失，继而在中国和欧洲需要加强合作的大背景下，给中欧关系带来诸多不确定性。[①]

无论是欧洲议会还是成员国层面，尝试将人权问题与经贸关系挂钩的趋势增强，也反映出在左右平衡背景下，欧洲政党对华政策"左倾"化趋势增强，凸显各层级议会价值观外交取向。在新冠疫情期间，欧洲议会和多个国家议会对华态度非常强硬，欧洲议会更是在2021年3月因相互制裁而宣布冻结《中欧全面投资协定》，为中欧关系发展踩了急刹车。

三是中美博弈加速全球地缘竞争，欧洲对中欧关系的地缘性竞争看法上升。

特朗普执政后美国挑起同中国的贸易摩擦和科技竞争，并奉行"美国优先"（America First）策略，跨大西洋关系出现明显恶化迹象。拜登上台后重拾盟友外交和价值观外交，加大对欧合作力度。2021年6月拜登欧洲之行在推动欧美应对中国问题上取得进展，推动或建立了一系列机制如美欧贸易和技术委员会等并形成多个政策工具应对中国挑战。美欧都针对中国的快速发展调整其结构性政策，加速对华政策的地缘政治转向，尤其是美国，其"美国优先"政策经过同联盟伙伴深度协调后，逐渐形成较为一致的价值观优先（Value First）、规则优先（Rule First）和利益优先（Interest First）的政策原则，得到欧洲伙伴的积极响应。德国智库认为美国国务卿布林肯于2021年提出的"竞争、合作、对抗"的对华战略与欧盟在2019年发布的"合作伙伴、竞争者与制度性对手"三位一体的对华战略具有共通性，即都认为在对华关系上存在竞争、合作和敌对的领域，在相应领域应当采取竞争、合作和对抗的方法。[②]法国智库德洛尔研究所也坚持认为，法国应该采

---

① 郑春荣：《欧洲政治碎片化与中欧关系走向》，《当代世界》2020年第6期。

② Stefan Mair, "Partner oder Rivalen? Vom Umgang mit autoritären Mächten", in "Deutsche Außenpolitik im Wandel-Unstete Bedingungen-Unstete Bedingungen, neue Impulse", Berlin, SWP-Studie, 15 September 2021.

取战略性现实主义策略，一同与欧洲重塑跨大西洋伙伴关系，尤其是在数字、气候议题上以及重塑地缘战略格局方面，面对中国，法国的立场要依靠欧洲和跨大西洋伙伴关系①。

四是新冠疫情对欧盟对华政策认知产生多方面负面影响。

疫情对欧洲的影响是全方位的，总体上，疫情期间，欧洲主要媒体和部分政客对中国的污名化言论及宣传，导致欧洲整体对华舆论氛围发生转折。而在具体实践上，欧洲日益担心产业对华依赖问题，欧洲开始追求产业链和供应链的多元化。

各国抗疫政策迥异，疫情期间减少对华产业链依赖以及针对亚洲的供应链多元化的诉求上升。欧洲议会呼吁欧盟委员会在可能的情况下，在国家及地方层面就某些战略重要部门和关键部门（包括药品供应）对中国的依赖程度进行审计。欧盟应保障数字和技术主权，提高战略自主性，进行投资创新和研究，并在微芯片和半导体生产、稀土开采、云计算和电信技术等领域制定具有竞争力的主权产业战略，以减少对中国的依赖。德国产业界也表现出追求供应链和产业链合作多元化的倾向。比如，因知识产权、数据保护以及营商规则等方面的分歧，德国与中国在科技创新以及产业升级领域的竞争加剧。德国对中德关系的社会认知从中国市场为德国带来机遇，经过中国是合作机遇但与风险并存阶段，发展至当前日益加重的"中国威胁论"。法国在疫情发生后，就在医疗必需品问题上呼吁欧洲要摆脱对中国供应链的绝对依赖，实现供应链多元化。总体而言，欧洲以"保护欧洲""捍卫主权"等为由实施保护主义政策，保护欧洲战略产业、供应链多元化布局，积极推动落地供应链法、碳关税、反胁迫等经济保护工具，不再"天真"面对全球化，对华经贸政策更趋保守、强硬。

五是具体利益认知推动欧洲继续加强对华合作，但对等互惠要求增多。

中欧经贸关系的合作韧性依然存在，欧洲对华认知虽以合作为主但更突

---

① Elvire Fabry, Sylvie Bermann, "Building Europe's Strategic Autonomy Vis-À-Vis China-Institut Jacques Delors", https://institutdelors.eu/en/publications/construire – lautonomie – strategique – de-leurope-face-a-la-chine/.

出竞争性、公平性和互惠性的特征。

2021年在全球疫情发酵和中欧关系出现波折的情况下，中欧合作仍展现出强大的活力、韧性与潜力。据中国海关总署统计数据，2021年，中国与欧盟贸易额高达8281.1亿美元，同比增长27.5%。中国继续保持欧盟第一大贸易伙伴、第一大进口来源地和第三大出口市场地位，欧盟则为中国第二大贸易伙伴。① 此外，中欧班列开行数量再创新高，依据中国国铁集团公布的数据，2021年，中欧班列共开行1.5万列，同比增长22%，运送146万标箱，同比增长29%，铺划运行线超过70条，通达欧洲23国180个城市，运输货品5万余种，为共建"一带一路"国家和地区经济社会发展提供了强有力的运输支撑。②

中欧关系就一系列全球性挑战进行合作空间依然很大，在气候变化和生物多样性等方面，没有中国的参与就没法解决问题。在核裁军、恢复经济、应对公共卫生危机和多边组织改革等方面，中国依然是欧盟的重要伙伴。③

从欧洲主要跨国企业的反馈看，它们多数看好中国市场增长潜力，认为是难以割舍的机遇。比如中国德国商会和毕马威联合发布的《2020/2021年在华德国企业商业信心调查》④ 显示，德国是中国在欧洲最大的贸易伙伴，尽管受到新冠疫情的冲击，在华德国企业普遍对中国市场前景持乐观态度，77%受访企业预计其所处行业在中国的表现将优于其他市场，72%受访企业预计其在华销售额将继续上升，72%受访企业愿意未来增加对华投资，它们非常看重中国市场的发展机遇。

但与之相伴的是，欧洲企业对中国未能完全开放感到不满，它们开始寻

---

① 《中欧双边经贸创新高 凸显活力韧力与潜力》，人民网，http：//world.people.com.cn/n1/2022/0129/c1002-32343257.html。

② 于洋：《中欧班列开辟互利共赢新通道》，人民网，http：//world.people.com.cn/n1/2022/0212/c1002-32350542.html。

③ "A New EU-China Strategy-Thursday", 16 September 2021, https：//www.europarl.europa.eu/doceo/document/TA-9-2021-0382_EN.html.

④ 中国德国商会、毕马威：《2020/2021年在华德国企业商业信心调查》，https：//china.ahk.de/market-info/economic-data-surveys/business-confidence-survey。

求对等和互惠。在欧洲议会贸易委员会的讨论中，这种观点最为集中和突出，即强调中欧经贸和投资关系的重要性，但认为中欧之间缺乏公平贸易、市场准入不平等、存在强制技术转移等问题。①

上述情况基本奠定了中欧之间合作的韧性以及由此带来的竞争，合作的利益仍然很大，欧盟无法放弃中国庞大的市场规模和利益，对华定位也不可能像美国那样突出强调竞争性和对抗性，但同时也越来越希望用更多杠杆撬动中欧所谓公平贸易，获得更多中国市场准入机会，在双边关系中其日益关注与中国的制度竞争。

三　决策讨论：欧洲对华决策系统的复杂化

欧洲关于对华政策的讨论屡见不鲜、形式多样。在了解欧盟外交政策决策过程时，必须认识到这是一个认知和利益复杂互动的过程，欧盟成员国政府、欧盟机构（欧盟委员会、理事会和欧洲议会）、利益集团（企业界）、智库等行为体，以及欧盟条约所涵盖的法律法规和价值规范、民意等因素都会影响欧盟外交政策的制定。2019 年，欧盟对华政策出现新的重要调整，提出的对华"三个定位"就基于欧盟各界对华政策讨论，并且这些讨论的结果在 2021 年逐渐固化成一些具体政策和实践。从各界的公开反馈和讨论看，欧盟决策生态系统对华认知整体呈现负面化，虽然其认为中国发展是欧盟的机遇，但更加突出中国带来的"威胁"。

第一是欧洲议会日益活跃，在对华决策讨论中更加积极主动，影响力提升。

在 2018~2021 年的对华政策讨论中，欧洲议会扮演了重要角色。2019 年新一届欧盟机构成立后，机构的权能经历了潜移默化的调整。欧洲议会充分利用其提案能力、丰富的网络资源和部分议员的作用来重塑中欧关系的内

---

① European Parliament, "Report on the State of EU-China Relations", https：//www.europarl. europa. eu/doceo/document/A-8-2018-0252_ EN. pdf.

容和原则，并开始寻求增加在中欧关系关键议题上的话语力量。不管是对
《中欧全面投资协定》的审查，还是在涉及关键议题上开始寻求主导相关方
向的讨论，欧洲议会均被认为在寻求扩大影响力。欧盟决策系统的复杂性使
欧盟委员会难以完全主导中欧关系全面讨论，欧洲议会则抓住机会充分扩大
了其决策能见度，突出其对华政策的价值观和意识形态因素。具体而言，欧
洲议会从 2018 年 3 月 26 日①出台中欧关系草案开始，到 9 月 12 日通过关于
中欧关系状况的讨论，历时近 6 个月，其间经历了五次讨论，最终定稿获得
通过，定稿成为欧盟委员会决策的依据。此次讨论是 2019 年 4 月欧盟出台
《欧盟—中国：战略展望》之前比较集中的一次讨论，此次讨论衔接了 2016
年欧盟新战略要素的出台并延续《欧盟—中国：战略展望》中讨论的内
容②，至关重要。

2021 年 9 月 1 日，欧洲议会外委会以压倒性票数通过"欧盟—台湾政
治关系与合作"报告，呼吁在电动汽车、智能制造和半导体技术领域与中
国台湾建立更紧密伙伴关系，建议欧盟委员会就签署"欧台"双边投资协
定开展可行性评估，并建议把在台湾的"欧洲经贸办事处"更名为"欧盟
驻台湾办事处"。9 月 16 日，欧洲议会又以压倒性多数（570 票支持，61 票
反对）通过"新欧中战略报告"。报告以维护欧洲的价值观为核心，促进基
于规则的多边秩序，并根据整个欧盟的利益塑造与中国的关系。一方面，报
告强调欧洲需要与中国合作，没有中国，欧洲无法有效应对气候变化、恐怖
主义和新冠疫情等全球挑战；另一方面，欧盟不应在价值观上妥协，需采用
一种新的、更强有力的策略来处理中欧关系，使欧盟能够在贸易、数字、安
全和防务等领域获得战略自主权以捍卫欧洲的价值观和利益，适应变化的地

---

① European Parliament, "Draft Report on the State of EU-China Relation", https://www.europarl. europa.eu/doceo/document/AFET-PR-619387_EN.pdf.
② European Commission, "Joint Communication to the European Parliament and the Council, Elements for a New EU Strategy on China", http://eeas.europa.eu/archives/docs/china/docs/ joint_communication_to_the_european_parliament_and_the_council_-_elements_for_ a_new_eu_strategy_on_china.pdf.

缘政治和经济形势。①

2021 年 3 月，作为对欧盟制裁中国的回应，中国宣布制裁欧洲议会及部分成员国的议员，在中欧竞争氛围升级的背景下，荷兰、比利时、瑞士、捷克、斯洛文尼亚、波罗的海三国等国议会纷纷通过涉台、涉疆、涉港动议。捷克参议院议长维斯特奇尔、欧洲议会立陶宛籍议员库比柳斯和奥什特列维丘斯、欧洲议会德籍议员比迪科菲尔、欧洲议会法籍议员格鲁克斯曼等炒作台湾问题，在本国或欧洲议会提出针对台湾动议，并在最终形成反华决议上发挥重要作用。部分中东欧国家官员或议员以经贸合作为名频频"访台"，在中国"一中"原则红线边缘游走。2021 年 11 月 28 日，爱沙尼亚、拉脱维亚、立陶宛议会议员组团"访台"，而捷克、斯洛伐克等国政要、议员也多次往来于"欧台"之间。

第二是企业界在中欧关系中的作用依然关键，商会组织和企业对华合作表现出谨慎态度。

经贸和投资合作长期以来是中欧关系的压舱石和稳定器，作为经贸和投资合作主体的企业一直扮演推动中欧关系发展的关键性角色之一。但近些年来，企业在涉华态度和政策上发生一定的变化，成为推动对华决策的重要力量。总体来看，因为利益考量，企业对中欧看法相对积极，但在恶化的欧洲政治生态中，其对华态度也日益谨慎和多面化。

欧洲商业人士近些年主要关注市场准入不平衡问题以及本土遭遇的更多的"竞争性威胁"问题。新冠疫情发生后，欧洲产业链布局从"效率至上"转向"效率与安全并重"，甚至"产业安全"至上。即使传统上与中国关系紧密的德国企业，也在高科技等领域加快了多元化的布局。

欧盟中国商会多次出台报告分析中国营商环境变化，在认定中欧务实合作仍有较大空间的同时，也指出双方关键产业脱钩和重组风险正在加大。商

---

① European Commission, "Joint Communication to the European Parliament and the Council, Elements for a New EU Strategy on China", http: //eeas. europa. eu/archives/docs/china/docs/joint_ communication_ to_ the_ european_ parliament_ and_ the_ council_ -_ elements_ for_ a_ new_ eu_ strategy_ on_ china. pdf.

会认为，中欧可能在数据领域相互脱钩，欧盟应对半导体、相关制造设备、软件等关键产品对中国出口实施有针对性限制。在德国商会中，德国联邦工业联合会因推动决策层将中国定位为"制度性对手"而闻名。德国联邦工业联合会主席鲁斯武姆（Siegfried Russwurm）认为，欧盟和中国双方市场开放不对等，并不是德国经济界面临的唯一问题。他呼吁德国企业在中国开展业务时应当坚持尊重人权，并认为人权问题无法妥协。①

第三是智库和媒体的作用日益负面，强化"中国威胁论"宣传。

近些年来，欧洲智库加强反华议题研究，在媒体和舆论场不断发声。过去 10 年，欧洲对中国的认识持续恶化，智库群体起了助推作用，集中强化"中国威胁""锐实力"等话语表述，智库和舆论界整体对华不友好的氛围已经形成。值得注意的是，中欧在 2021 年实行了相互制裁，中方坚持对等原则，但在具体界别上有所差异，中国将制裁还指向了智库界代表人物，因为一些智库进行了恶意的、脱离客观实际的宣传，起到严重恶化中欧合作氛围的作用。如德国研究对华政策的重要智库墨卡托研究所，其大量研究充斥着意识形态鼓噪，对中欧关系发展具有负面影响作用。

中国在国际上取得的重要成就，也被西方智库界选择性忽视或者进行污蔑，中国在"互联互通""共同富裕""人类命运共同体"等理念引导下的具体实践取得很好的成果，却被欧洲舆论大肆挞伐、指责，一些欧洲智库以所谓的"强迫劳动"为借口，攻击中国。

媒体和智库界相互呼应，发挥了引导舆论的作用。媒体借助民意调查等手段，从不同角度宣扬"中国威胁"，并宣传欧洲对华看法总体上出现恶化。美欧舆论场也很好地利用了各种关系网络和资本，德国、美国和英国政府除了大量资助西方智库开展相关研究外，还整合了智库、媒体、学界和决策者资源，舆论场和政治场、经济场深度融合。

第四是作为"票仓晴雨表"的民意对华认知表现不佳，也影响政治家

---

① "BDI-Präsident appelliert an deutsche Firmen: Auf Einhaltung der Menschenrechte in China achten. RND", 6 June 2021, https://www.rnd.de/politik/menschenrechte-in-china-industrie-praesident-appelliert-an-deutsche-firmen-auf-einhaltung-7T4AYYCGPURNBDKIVJLQ7YMKJU.html.

的决策考量。

美国皮尤研究中心（Pew Research Center）① 在 2021 年 3 月对 14 个国家开展的一项调查显示，近年来，许多发达国家民众对中国的态度恶化，尤其是 2020 年负面情绪飙升。在接受调查的 9 个欧洲国家中，有 8 个国家的多数受访者对中国持不利看法，这一比例从瑞典的 80%到西班牙的 57%不等。只有希腊人对中国的态度是总体积极的，有 52%的人看法积极，42%的人看法不积极。德国有 71%的受访者对中国持负面看法，这一比例比 2019年高 15 个百分点。

《国际政治》杂志委托民意调查机构福尔萨（Forsa）于 2021 年 8 月进行的一项问卷调查②显示，绝大多数德国民众赞成对中国采取更强硬的态度。其中，58%的德国民众表示，即使对华经贸关系会受到消极影响，德国政府未来也应当对华采取更强硬的立场，并更积极地捍卫德国自身的利益。17%的德国人认为，在两国经贸关系不受影响的前提下，应采取更强硬的对华政策；还有 19%的受访者原则上反对对华采取任何强硬的措施。56%的左翼党选民认为，即便中德经贸关系会因此蒙上阴影，也应当对华采取更强硬的立场；63%的绿党选民、62%的自民党支持者以及 68%的德国另类选择党追随者也持同样的看法。相对而言，基民盟/基社盟和社民党支持者的对华态度虽然没有那么激进，但是超过半数（51%）的支持者支持不计后果地对华采取更强硬的立场；25%的基民盟/基社盟支持者赞成在不对中德经贸关系产生负面影响的情况下采取更强硬的立场。

第五是部分欧洲国家采取反华政策，使中欧关系在具体议题和问题上遭受局部性损伤，但坚持务实合作的国家仍是主流。

---

① Pew Research Center, 30 June 2021, https：//www. pewresearch. org/global/2021/06/30/large-majorities-say-china-does-not-respect-the-personal-freedoms-of-its-people/；DW, 6 October 2020, https：//www. dw. com/de/chinas - ansehen - in - industrieländern - stark - gesunken/a - 55175883.

② Internationale Politik, 30 August 2021, https：//internationalepolitik. de/de/sollte - die - bundesregierung-kuenftig-eine-haertere-haltung-gegenueber-china-einnehmen.

总体来看，影响欧盟及成员国对华的各种要素及互动背景均发生变化，民意好感度的下降、智库等舆论界对"中国威胁论"的大肆宣扬、企业对华态度的多面化以及议会的积极鼓动，导致欧盟及其成员国对华决策生态系统受到侵蚀，对华日益表现出价值观化和敌对色彩。在这种生态环境下，欧盟机构及部分成员国对华政策日益表现出激进化倾向。

2021年5月，立陶宛宣布退出"中国—中东欧国家合作"机制，7月又宣布与中国台湾互设"代表处"。9月，欧盟轮值主席国斯洛文尼亚呼吁欧洲国家团结支持立陶宛，应对所谓"中国威胁"。波罗的海三国等将中国列为"本地区安全威胁"，并推出系列举措。

尽管如此，欧盟大国德国和法国仍然是力推对华务实合作的代表性力量，在中欧关系经历一系列损伤的背景下，大国保持了一定的自主性。南欧国家以及巴尔干国家还是中欧关系发展的积极推动者。

四　实践分析：欧洲对华政策工具及评估

2021年是中欧关系转换的关键年，既是承接以前对华战略讨论的重要年份，又是一系列决策文件和工具集中落地的关键年份，也是深受突发事件影响的一年，如《中欧全面投资协定》被冻结等。

欧盟陆续出台以防范中国为主的法律和政策措施，将价值观问题与经贸捆绑，推行有利于自身利益的保护主义政策。2021年以来，欧盟以应对"中国快速发展""中美竞争加剧"等新挑战为由，调整政策，设置更加以价值观和规范为导向的政策工具。

一是重拾盟友外交，推动跨大西洋对华政策协调。

美欧协调一直存在，历史上美欧之间关系或远或近的情况均有发生，但把中国议题作为增强协调的动力或者纽带还不多见。美欧之间的贸易战与波音、空客补贴等一系列问题的解决，在某种程度上是放在如何更好地应对中国背景下实现的。中国因素在很多方面成为美欧合作的驱动因素，这个合作不是基于市场原则，而是更倾向于一种地缘政治选择，欧洲对华政策的地缘政治化取向愈发明显，在政治领域夯实跨大西洋对华政策协调机制，在经贸和科技上强化跨大西洋贸易和技术委员会的作用。

拜登于 2021 年 6 月访欧取得较多应对中国的实际成果。2021 年 12 月，双方举行"中国问题"双边对话机制第二次高级别会议，聚焦经济技术、多边主义、安全、价值观等议题，强调寻求与中国在利益一致的领域开展"以结果为导向的合作"。双方表明，要充分尊重各自与中国关系的多样性，并在投资、发展经济和与中国合作的方式上保持密切联系，显示了欧美在开展对华经济合作方面达成一定共识。

在美欧加强协调背景下，欧盟及部分成员国政策明显偏转，在欧盟大国德国和法国以及部分中东欧国家的政策中体现得较为明显。德国新政府在意识形态外交框架下强调同美国协作的作用。拜登上台后，美国重返国际组织以及强调跨大西洋盟友重要性的言论，令德国政界认为这是改善跨大西洋关系的最佳窗口期。在 2021 年新组建的德国政府的《联合执政协议》的对华政策部分展现了德国对"中国威胁论"的政治担忧，强调德国与跨大西洋盟友（美国、加拿大）对华政策相协调，并和印太"志同道合"的民主国家深化伙伴关系；德美对华政策协调领域聚焦高科技、经贸投资规则、国际法以及人权等方面。法国虽强调在中美之间"不选边站队"，但与美国的意识形态相近，在涉疆、涉藏、涉台、涉港及南海问题上与美国有很多共同的诉求。

2021 年，在中美博弈持续背景下，欧洲对华政策总体呈现多样化图景。除上述提到法德对华采取务实为主外交外，北欧和南欧对华外交总体保守，中东欧国家对华外交分化明显。

二是奉行规则优先战略，加强在关键领域规则制高点的控制与争夺以及自我保护。

欧盟通常以规范性行为体自居，并在国际力量版图中占有一席之地，这成为其施展影响力之源。2021 年，欧盟在多个领域发力，同中国争夺在规范和规则制定领域的领导力和话语权，主要集中在互联互通、供应链安全等方面。

2018 年，欧盟发布《联通欧亚：欧盟互联互通战略要素》文件，2021年 7 月又出台了"全球联通欧洲"计划，并在同年 9 月将其命名为"全球门户"倡议，加强同美国"重建更好世界"方案相协调，以应对中国在互联互通领域日益增强的影响力和话语权的趋势愈发明显。欧盟委员会主席冯德莱恩宣称，欧洲的"全球门户"倡议以价值观为基础，向合作伙伴提供"透明度"和"良治"，"我们想创造联系而不是依赖"。① 对于这一倡议的实施，冯德莱恩强调：一是需要欧盟成员国的团结合作；二是从 2022 年 2 月的欧非峰会开始，将其纳入地区间峰会的议程，从而将这一概念推广出去。② 2021 年 12 月 1 日，"全球门户"倡议实施计划正式出炉，欧盟将在2021~2027 年投入 3000 亿欧元，协助发展中国家兴建铁路、道路、电网、光纤等基础建设。

在供应链合作等领域，欧盟也强化人权等价值观导向，成为中欧之间产生矛盾的另一个领域，这突出体现在供应链法的起草上。此外，因人权问题上的相互制裁，《中欧全面投资协定》被欧盟搁置。

欧盟在 2021 年 4 月承诺，将拟定供应链法，就欧盟企业全球供应链中的强制性的人权和环境尽职调查问题提出新规定，这将作为欧盟委员会2021 年工作计划和"欧洲绿色新政"的一部分，而针对企业的强制性的可持续性尽职调查进行立法，旨在识别、预防、减轻和说明企业、子公司或价值链在经营中涉及的侵犯人权和破坏环境的行为，打击全球供应链中的低社会责任现象和低环境标准。2022 年 2 月 23 日，欧盟委员会正式提出《公司可持续性尽责指令提案》。

2021 年 6 月 11 日，德国联邦议院通过的《供应链法》将企业在其供应链中注重人权价值、环境保护的行动从自律约束转变为法律约束。该法从2023 年 1 月 1 日起生效。法国也通过了类似法案。这些法案的通过，将对

---

① "2021 State of the Union Address by President von der Leyen", 15 September, 2021, https：//ec. europa. eu/commission/presscorner/detail/en/SPEECH_ 21_ 4701.
② "2021 State of the Union Address by President von der Leyen", 15 September, 2021, https：//ec. europa. eu/commission/presscorner/detail/en/SPEECH_ 21_ 4701.

德国、欧洲，乃至全世界的商业环境产生重要影响。

2021 年，欧盟在立法领域另一项举措是出台有关反胁迫问题的草案。2021 年 12 月 8 日，欧盟委员会公布《关于保护欧盟及其成员国免受第三国经济胁迫的条例草案》（以下简称《欧盟反胁迫条例草案》）。欧盟委员会称，该立法旨在授权欧盟委员会采取反制措施，以应对来自第三国的经济胁迫。欧洲对外关系委员会（ECFR）是《欧盟反胁迫条例草案》的主要推动者之一。其建议，在面对世界大国使用经济胁迫手段严重侵犯欧洲或其成员国主权时，欧盟需要拥有有效、快速的应对工具，而当前欧盟缺乏这种工具。这一建议得到欧盟委员会的响应，并于 2021 年 2 月向欧洲理事会和欧洲议会承诺在当年出台用于"威慑"和"反制"外国胁迫的全新立法工具。在进行公众咨询之后，欧盟委员会如期公布立法草案。

欧盟并不讳言其草案系针对美国，当然《欧盟反胁迫条例草案》也有防范与针对中国的目的。从《欧盟反胁迫条例草案》拟采取的反制措施来看，其中包括限制知识产权、限制进出口、中止化学品认证以及检验检疫等措施，这些措施对中国具有明显的威慑意味。

三是寻求合作，在气候变化等全球治理领域寻找和扩大共识，但仍存在矛盾和冲突。

环境和气候问题是中欧始终保持接触和对话的重要议程。虽然近一年来，欧盟受到人权问题、经贸竞争、美国施压等因素影响而愈发强调中国作为"竞争者"和"制度性对手"的角色，但环境和气候问题始终是中欧作为"合作伙伴"的重要议程。在 2020 年 9 月 22 日第 75 届联合国大会上，中国国家主席习近平做出的"在 2030 年之前达到碳排放峰值"和"在 2060 年之前实现碳中和"的承诺为中欧进一步在气候问题上的沟通和接触创造了信任基础。

2020 年 9 月，中国国家主席习近平与欧盟委员会主席冯德莱恩及欧洲理事会主席米歇尔进行了视频会议，双方同意建立"环境与气候高级别对话"（HECD）机制。2021 年 2 月 21 日和 9 月 27 日，"欧洲绿色新政"执行副主席与欧盟委员会第一副主席蒂默曼斯和中共中央政治局常委、国务院副总理韩正分别进行了第一轮和第二轮对话。在 2 月的第一次 HECD 会议上，蒂默曼斯向中方介绍了欧盟即将推出的欧洲"绿色新政"计划，而韩正则向蒂默曼斯介绍了中国即将出台的"十四五"规划。① 与英美类似，蒂默曼斯及欧盟同样希望中国承诺在未来十年更快地减少排放，并停止在国内外建造新的燃煤电站。而在9月的第二次HECD会议上，虽然中欧在3月相互实施制裁后双边关系遇冷，但中欧HECD谈判仍卓有成效。中欧双方发表了联合公报，再次确认了中国和欧盟之间积极的环境合作关系。2021年11月COP26会议期间，中美达成《中美关于在21世纪20年代强化气候行动的格拉斯哥联合宣言》后，蒂默曼斯在推特发文表示："中国和美国在气候问题上找到了共同点，这是一个超越政治的挑战。"②

2021年7月，欧委会以防止碳泄漏为由推出碳边境调节机制，着手对进口产品生产过程中产生的碳排放支付碳关税。此举对中国有较强的针对性，对中欧经贸关系带来负面影响。中国对欧出口的电子设备、机械、服装、金属、家电、钢铝等产品多为制造过程碳排放密集型产品。未来欧洲对中国产品征收碳关税，无疑将抬高关税壁垒和市场准入门槛，不利于中国产品参与欧洲市场竞争。

四是推进印太战略，积极寻求有所作为。

2021年4月19日，欧盟外长理事会发布《欧盟印太合作战略报告》，详细阐述欧盟参与印太地区事务的背景、考量、路径及愿景。在此基础上，2021年9月，欧盟正式发布了《欧盟印太合作战略》通讯文件。《欧盟印太合作战略》的出台体现了欧盟积极参与印太地区事务的意图。欧盟宣称，其对印太地区事务的参与将"基于推动民主、法治、人权等"。因此，欧盟将继续捍卫"人权"和"民主"，并运用政治和人权对话与磋商、贸易优惠以及制裁等手段确保达成目标。欧盟还表达了和域外国家，特别是英国和美国以及"四国机制"（美国、日本、印度、澳大利亚）在气候变化、技术和

① 《蒂默曼斯积极评价欧中环境与气候高层对话》，中国商务部网站，http://www.mofcom.gov.cn/article/zwjg/zwxw/zwxwoz/202102/20210203039338.shtml。

② 张佳欣：《令人鼓舞！外媒点赞中美气候宣言》，中国科技网，http://m.stdaily.com/guoji/shidian/2021-11/12/content_1231518.shtml。

疫苗等领域合作的意愿。《欧盟印太合作战略》以经贸合作为重点。在欧盟看来，印太地区对未来欧洲经济的复苏和可持续增长至关重要。因此，欧盟将继续强化与该地区的贸易关系，实施与日本、韩国等的贸易和投资协议，并努力与印度、澳大利亚、新西兰等达成经贸协议。此外，欧盟还将寻求与中国台湾地区建立更加紧密的经济合作关系。

《欧盟印太合作战略》以绿色转型和互联互通为抓手。就绿色转型来说，欧盟认识到该地区对全球环境和气候治理的重要性，因此计划在与日本建立绿色联盟的基础上，与该地区其他国家建立类似的绿色伙伴关系。同时，欧盟将加强与中国等碳排放大国的接触，推动该地区淘汰煤炭，深化在生物多样性、塑料污染等问题上的合作。就互联互通来说，欧盟宣称将继续在可持续、全面和基于规则的基础上推进与该地区"全方位的"互联互通合作，特别是数字领域的合作，并将印度、日本和东盟作为推进互联互通的关键合作伙伴。

五 对中欧关系前景的判断

第一是中欧关系具有韧性，合作的基础仍有待夯实。

经贸等务实合作依然是中欧合作的基础，在后疫情时代，双方合作的潜力不是缩小了而是蕴含更多的机遇。中国会扩大高水平对外开放，为外商投资企业营造公平、公正、非歧视的营商环境。欧盟如能以积极态度对待中国，一定能够扩大并加强中欧在多个领域的合作。

双方在气候变化领域合作将持续。欧洲的绿色新政将推动中欧在绿色合作上取得更深的成果。双方可加强气候政策对话和绿色发展领域合作，积极将应对气候变化打造成中欧合作的重要支柱，全面落实《巴黎协定》，共同构建公平合理、合作共赢的全球气候治理体系。

第二是中欧关系已经远离"舒适区"。

在一些关键议题和判断上，双方难以有交集，很难形成纽带，比如在对多边主义看法上的矛盾已经浮出水面。在价值观和发展模式上竞争激烈，在贸易互惠问题上的分歧短期内难以弥合。

　　中欧关系难以回到以经贸等务实合作为压舱石、以人文交流为纽带的过去，主要是因为中国和欧洲都发生了变化，正如前文指出的，关系中的两个主体中国和欧盟均发生变化，还用老思路和旧框框发展双边关系，注定走不通。中欧关系以远离舒适区为特点的前景表现得比较明显，欧洲突出中国的对手角色，这种定位促使中欧关系不得不远离舒适区，从而步入以竞争与合作相互交织为特点的新型关系层面。

　　随着欧盟持续谋求"战略自主"，出台"全球门户"倡议和《欧盟印太合作战略》，中欧发生竞争和摩擦的领域可能增多。而欧盟后续立法陆续落地，将加剧双方的不舒适感。

　　2021 年 5 月，欧盟委员会针对可能扭曲欧盟市场的"外国政府补贴"，发布立法草案，拟引入针对外国政府补贴的全新审查制度，预计将于 2022 年完成立法程序。新的审查制度将目标瞄准获得外国政府补贴的企业，对其在欧盟的并购和投标实施更为严苛的申报、审查与处罚规定。欧盟将加强对中国企业在欧洲经营的"硬性约束"，倒逼企业提高"透明度"并履行资金的申报义务，并为企业附加"一票否决"和限制性条件。

　　2021 年 10 月，欧洲议会国际贸易委员会开展了对国际采购文书的审议工作，并积极在欧洲议会和欧盟推动该文书进入落实阶段。文书规范了欧盟内部公共采购的管理标准，一旦落地，中国企业就可能被排除在欧盟基础设施等领域公共采购合同之外。一方面，欧盟公共采购市场规模每年约为 2 万亿欧元，中国企业就无法获得其境内公路、桥梁、铁路网、电网等公共采购合同；另一方面，欧盟此举意在剔除"中国竞争对手"的同时对华施压，迫使中国对欧开放公共采购市场。

　　第三是欧洲的中国观决定中欧关系的前景，决策生态系统转变要经历一个时期。

　　从目前欧洲对华政策可以看出，意识形态和价值观上的不同日益变得突出。[1]

---

　　[1]　刘作奎：《欧盟和中国关系中的西巴尔干问题——场域理论视角下"对手"语境的形成与启示》，《欧洲研究》2021 年第 2 期。

欧盟决策生态系统对中国已出现整体恶化的迹象，这同欧盟面临时代之变所做出的具体感知有关，也跟欧盟当下的政治思潮和政治生态变化有关。一种思潮短期内很难褪去，需要一定的认知调整期，这也将充分考验中国的战略定力。

第四是美国因素影响具有相对性，美欧对华矛盾仍然存在。

美国对欧政策的影响既是绝对的也是相对的，在某些具体领域和具体国家，美国有实实在在的影响，但在另一些领域和国家，美国的影响又不是绝对的。阿富汗撤军和美英澳"奥库斯"集团的建立破坏了欧美关系的改善势头，使欧洲人怀疑特朗普主义是否仍在华盛顿占主导地位。欧美在贸易、科技、数据和涉华等议题上的分歧在 2022 年持续存在，4 月法国大选和 11 月美中期选举后，双方关系的发展出现变数。美欧在能源合作和美国出台《通胀削减法案》上矛盾凸显。即使在具体政策领域，尽管欧盟推出了《欧盟印太合作战略》，但其参与印太事务的政治意愿仍有待观察，而欧美分歧可能导致两者难以在该地区开展联合行动。因此，印太地区很可能成为评估 2022 年欧美关系状况的试验田之一。

第五是俄乌冲突的爆发使中欧关系面临新的考验。

俄乌冲突对于中欧关系既是挑战，也是机遇，它增加了美国因素的权重，加深了欧洲对中俄关系的猜忌，但欧洲比以往任何时候都认识到中国和中欧关系的重要性。中欧有相似的优先事项，即寻求俄乌通过谈判解决冲突，冲突的爆发、扩大或延长都不符合中欧的利益。中欧之间也避免因这次危机加深两个体系和价值观阵营的分歧，中国和西方脱钩不符合中欧利益，双方仍希望进行有针对性的经济和技术交流。2022 年 4 月 1 日，中欧领导人峰会再次确认了和谈是避免局势紧张升级的唯一可行路径，通过和平方式和外交手段解决俄乌冲突符合中欧双方共同利益。目前，欧洲对中国立场的看法不一，欧洲既担心中国"挺俄反欧"，又需要中国"下场斡旋"，但"劝和促谈"的呼声不断高涨。中国则对俄乌冲突有着自身独立的判断，中国在乌克兰问题上从事情本身的是非曲直出发，独立自主做出判断，倡导维护国际法和公认的国际关系基本准则，坚持按照《联合国宪章》宗旨和原则办事，主张共同、综合、合作、可持续的安全观。

专题报告
Special Reports

B.8
波兰宪法法院裁决及其影响

孔田平*

摘　要： 2021 年 10 月 7 日，波兰宪法法院做出裁决，称《欧洲联盟条约》的一些条款不符合波兰宪法。这一裁决直接挑战欧盟法高于成员国法律的欧盟法律秩序。宪法法院的裁决加剧了波兰国内的政治冲突，恶化了本已紧张的波兰与欧盟的关系。宪法法院的裁决旨在为法律与公正党在不受欧盟法院和欧盟限制的条件下，实现其政治议程创造空间。波兰宪法法院的裁决加剧了对波兰脱欧的忧虑。

关键词： 波兰　欧盟　宪法法院　波兰脱欧

　　2015 年 11 月法律与公正党上台后，波兰与欧盟的法治争议不断。欧盟

---

* 孔田平，法学博士，中国社会科学院欧洲研究所研究员，主要研究领域为中东欧国家转型。

法院针对波兰司法体系的变化做出一系列裁决，认定波兰的司法改革不符合欧盟法。2021 年 3 月 2 日，欧盟法院做出裁决，称 2018 年波兰实行的法官遴选新制度违反欧盟法。波兰总理莫拉维茨基诉诸宪法法院，申请就欧盟条约条款的合宪性进行裁决。[①] 10 月 7 日，波兰宪法法院做出裁决，认为《欧洲联盟条约》（TEU，以下简称"欧盟条约"）第 1 条、第 19 条等不符合波兰宪法。[②] 宪法法院的裁决直接挑战欧盟法律秩序，这在欧盟历史上尚属首次。10 月 12 日，波兰《法律公报》公布宪法法院裁决。宪法法院的裁决对波兰国内政治、波兰与欧盟关系将产生重大影响。

一 宪法法院裁决是法治争议升级的结果

2015 年 11 月法律与公正党主政波兰后，在政治上推行"良变"，推动司法领域的变革。法律与公正党主席雅罗斯瓦夫·卡钦斯基为"良变"的总设计师，司法部长兼总检察长焦布罗是司法改革的主要推手。焦布罗、卡钦斯基认为，1989 年后波兰的转轨导致形成了"后共产主义体制"，该体制控制波兰的机构，以牺牲普通波兰人的利益为代价服务"后共产主义"精英，并获得国家法律秩序的支持。因此，法律与公正党上台后推行司法改革，改变原有的法律秩序。司法改革的目的在于清除旧政党势力对司法体系的影响。

法律与公正党上台后，通过了 30 多项法律，涉及法院改革，法官任命、调动、解职、监督以及惩罚。宪法法院为改革首要目标。尽管面临法官抵制和大规模的社会抗议，但法律与公正党一意孤行，在 2016 年通过修改法律，实现了对宪法法院的政治控制，削弱了宪法法院的制衡功能。波兰学者孔策

①　"Prime Minister Morawiecki Application for Constitutional Review of the Treaty on the European Union Dated 29 March 2021", https：//ruleoflaw. pl/wp-content/uploads/2021/05/K_ 3-21_ application. pdf.

②　"Assessment of the Conformity to the Polish Constitution of Selected Provisions of the Treaty on European Union", https：//trybunal. gov. pl/en/hearings/judgments/art/11662-ocena-zgodnosci-z-konstytucja-rp-wybranych-przepisow-traktatu-o-unii-europejskiej.

维奇用"宪法俘获"描述波兰的政治发展，认为 2016 年将作为波兰宪制史上特殊的一年。"宪法俘获"始于对宪法法院、法治、制衡和司法独立的前所未有的攻击，以全面的宪法危机结束。[①] 随着宪法法院院长热普林斯基的退休，卡钦斯基的密友普日文布斯卡继任，法律与公正党实现了对宪法法院的控制。2017 年，法律与公正党利用其议会多数修改法律，改变了国家司法委员会的任命方式，实现了对国家司法委员会的政治控制。国家司法委员会 25 名成员中的 15 名原来由法官选举产生，现在则由众议院多数选举产生。除最高法院院长和最高行政法院院长为国家司法委员会成员外，其余 8 名成员均属政治任命。同年，法律与公正党也加强了对最高法院和普通法院的政治控制。法律与公正党政府改革法官纪律制度引发巨大争议。2018 年，第一项法律生效，规定最高法院所有 65 岁以上的法官自动退休，缩短了首席院长的任期，建立了新的法官纪律制度，并设立两个新的特别法庭即特别监督和公共事务庭与纪律庭。在 2019 年通过并于 2020 年 2 月生效的第二项法律加强了纪律庭的权力，要求法官申报其政治或结社关系，并允许对适用欧洲法律某些条款或将初步问题提交欧洲法院的法官进行纪律处分。

欧盟高度关注波兰的司法改革，欧盟委员会多次针对波兰发起违法诉讼（Infringement Procedure）。2016 年，欧盟对波兰启动法治框架，就法治展开对话。2017 年，欧盟委员会对波兰启动欧盟条约第 7 条。欧盟法院曾 12 次裁决波兰司法改革违反欧盟法律。2021 年，波兰与欧盟的法治争议升级。7 月 14 日，欧盟法院下令波兰政府冻结受理取消法官豁免权案件的最高法院纪律庭。7 月 15 日，欧盟法院裁定波兰法官的惩戒制度不符合欧盟法律。同日，波兰司法部长焦布罗在新闻发布会上怒斥："这是欧盟对波兰攻击的又一表现，是企图限制我们的主权，是对波兰法律秩序的攻击。"10 月 6 日，欧盟法院的一项判决对 2018 年改革后的司法机构的合法性提出质疑，强调新的国家司法委员会参与任命的法官的裁决是无效的。对法律与公正党

---

① Tomasz Tadeusz Koncewicz，"Constitutional Capture in Poland 2016 and beyond：What Is Next?"，https：//verfassungsblog.de/constitutional-capture-in-poland-2016-and-beyond-what-is-next/.

政府而言,这是一项具有毁灭性的判决。自 2018 年以来,每 10 名波兰法官中就有 1 名是由新国家司法委员会任命的。从法律与公正党政府司法系统的角度来看,承认欧盟法院的这一判决将是一场灾难,250 万项判决可能会受到质疑。① 10 月 7 日波兰宪法法院的裁决是波兰与欧盟法治之争的升级。

二　宪法法院裁决加剧了国内政治冲突

10 月 7 日宪法法院的裁决在波兰引起巨大反响。执政联盟的政治家视之为波兰的胜利。法律与公正党主席卡钦斯基欢迎宪法法院的裁决,称"波兰最高的法律为宪法,所有在波兰生效的欧盟法规必须符合宪法"②。司法部长焦布罗称,"该法院设定了欧洲一体化和欧盟对波兰事务的允许干涉的宪法界限。超出条约范围的非法行为对波兰没有约束力。因为向欧盟转移权能并没有使它们合法化。这也是宪法法院裁决的结果"。"宪法法院给司法部门和整个国家的无政府主义设置了一道屏障。它确认波兰共和国宪法高于欧盟法律和欧盟法院的政治裁决。"③ 执政联盟的政治家欢呼雀跃,称宪法法院的裁决为波兰主权的胜利,称宪法法院坚定捍卫了波兰的主权。④ 司法部副部长卡莱塔宣称,宪法法院的裁决"并不是反对派和不利于波兰政府的媒体所声称的走向脱欧的方式,而是一种保护我们免受欧盟机构非法施

---

① "Andrzej Stankiewicz, Mamy się zakochaćw polexicie. Wyjście z Unii Europejskiej staje się naturalnym kierunkiem polityki PiS", https：//www.onet.pl/informacje/onetwiadomosci/zakochajmy - sie - w - polexicie-wyjscie-z-ue-staje-sie-naturalnym-kierunkiem-polityki-pis/gjexb31, 79cfc278.

② Anna Wlodarczak-semczuk, "Polish Court Rules Some EU Law Is Unconstitutional, Deepening Dispute", https：//www.reuters.com/world/europe/polish - constitutional - tribunal - some - articles-eu-treaties-unconstitutional-2021-10-07/.

③ Fala komentarzy po decyzji TK. "Polska wygrała", "wezwanie dla organów UE", "spełnia się marzenie Kaczyńskiego", https：//wiadomosci.onet.pl/kraj/tk - orzekl - w - sprawie - prawa - unijnego-fala-komentarzy/gqzy57x.

④ "Artur Bartkiewicz: Po wyroku TK-Czy suwerenno ści ąmo żna się udławi ć?", https：//www.rp.pl/opinie-polityczno - spoleczne/art18998221 - artur - bartkiewicz - po - wyroku - tk - czy - suwerennoscia-mozna-sie-udlawic.

压和勒索的方式"①。

波兰法律界和法学界对宪法法院的裁决反响强烈。律师瓦夫雷基耶维奇称"这是真正的塔尔戈维察联盟②！反对波兰加入欧盟的反民主力量联盟！这是波兰历史上的黑暗的一天"③。他认为，宪法法院的裁决否认欧盟运作的基础即忠诚原则和欧洲法优先于成员国法律。这是两项基本原则，没有这两项原则，就不可能成为欧盟成员国。④ 10 月 10 日，包括几位宪法法院前院长在内的 26 名退休法官发表声明，认为宪法法院的裁决是不正确的。"这一裁决引起了公众的极大关注，因为它对波兰共和国作为欧洲联盟成员国的地位产生了可预见的破坏性后果。"⑤ 10 月 12 日，波兰科学院法学委员会发表声明，认为宪法法院超越了其权力范围，宣布欧盟条约的规定违宪，这超出了宪法法院管辖权的法律范围。根据欧盟与成员国之间权限划分的原则，对欧盟条约的解释属于欧盟法院的专属权限。宪法法院的裁决"忽视了真正的法律问题——波兰司法机构的变革违反了波兰共和国宪法、欧盟条约和《欧洲人权公约》。宪法法院的主张旨在使这些变化合法化，主要是通过破坏欧盟法院判决的法律效力。宪法法院的裁决威胁到整个欧盟的基础，干涉欧盟法院的权力，并限制波兰法院直接适用欧盟法律的权限。因此，这使波兰置身于欧洲法律空间之外。它还危险地限制了个人获得有效救济的权利，以及由依法设立、独立于任何其他当局和公正的法院审理案件的权

---

① "Andrzej Gajcy, Wiceminister sprawiedliwości o wyroku TK：UE nie ma prawa ingerowaćw polskie są downictwo, ale to żaden polexit", https：//wiadomosci. onet. pl/kraj/wiceminister - sprawiedliwosci-o-wyroku-tk-to-zaden-polexit/stcmqsl.

② 塔尔戈维察联盟指 1792 年 4 月 27 日波兰和立陶宛大封建主在俄国政府的支持下于圣彼得堡成立的叛国联盟。该联盟反对"1791 年五三宪法"，特别是其中关于限制贵族特权的规定。1792 年 5 月 14 日，该联盟在塔尔戈维察镇公布其纲领，因此得名。

③ Fala komentarzy po decyzji TK. "Polska wygrała", "wezwanie dla organów UE", "spełnia się marzenie Kaczyńskiego", https：//wiadomosci. onet. pl/kraj/tk - orzekl - w - sprawie - prawa - unijnego-fala-komentarzy/gqzy57x.

④ "Mec. Wawrykiewicz po wyroku TK：z tym się kojarzy Targowica", https：//www. rp. pl/sady-i-trybunaly/art18996281-mec-wawrykiewicz-po-wyroku-tk-z-tym-sie-kojarzy-targowica.

⑤ "Statement of Retired Judges of the Constitutional Tribunal of 10 October 2021", https：// ruleoflaw. pl/statement-of-retired-judges-of-the-constitutional-tribunal-of-10-october-2021/.

利——这是法治的基础"①。波兰15所大学的法学院院长发表声明，强调宪法法院的裁决违反波兰共和国宪法，其参与者无权裁决，裁决事实上超出了公认的宪法法院的权责范围，宪法法院的权责不包括对司法裁决的监督，包括欧盟法院的裁决。"这一结论限制了欧盟法律在波兰的适用，剥夺了波兰公民因波兰加入欧洲联盟而享有的一些权利，并破坏了在加入欧盟全民公决中通过的欧洲联盟运作和波兰在其中的存在的基本假设（责任）。它还破坏了司法机构的独立性，使波兰司法机构的变革永久化，违反了分权和制衡原则以及法治原则。"②

自2015年11月法律与公正党执政后，法律与公正党不失时机地推动自己的政治议程。政府在公共媒体、司法以及少数群体权利上的政策导致执政党与在野党对抗加剧。波兰主要的在野党公民纲领党一直反对执政党的司法改革。宪法法院的裁决在波兰政界反应强烈。公民纲领党认为波兰宪法与欧盟条约没有冲突，是法律与公正党政府违反宪法。前总理、公民纲领党主席图斯克称"这是叛国罪，背叛了最重要的国家利益，背叛了我们普通波兰人的安全、繁荣、自由梦想"。图斯克认为波兰没有真正的宪法法院，宪法法院的裁决是雅罗斯瓦夫·卡钦斯基的决定③。公民纲领党认为，法律与公正党政府正在带领波兰脱离欧盟。欧洲议会议员、波兰前总理米莱尔认为宪法法院裁决是波兰"脱欧"的开始。这意味着"我们正在离开欧洲法律空间。反过来，这意味着我们将离开欧洲财政空间"④。10月10日，首都华沙

---

① "Committee of Legal Sciences of the Polish Academy of Sciences Resolution on the Constitutional Tribunal's Ruling of 7 October", https：//ruleoflaw. pl/committee - of - legal - sciences - of - the - polish-academy-of-sciences-resolution-on-the-constitutional-tribunals-ruling-of-7-october/.

② "Statement of Deans of Law Faculties of Polish Universities Regarding the Constitutional Tribunal's Conclusion of 7 October 2021 in Case K3/21", https：//ruleoflaw. pl/statement-of-deans-of-law-faculties-k3-21/.

③ "Donald Tusk：Kto wyprowadza Polskę z UE nie jest patriot ą, zdradza nasz interes narodowy", https：//www. rp. pl/polityka/art18998561-donald-tusk-kto-wyprowadza-polske-z-ue-nie-jest-patriota-zdradza-nasz-interes-narodowy.

④ "Kucharka rz ądzi państwem". Miller cytuje Lenina, https：//dorzeczy. pl/opinie/208606/leszek-miller-atakuje-przylebska-i-tk. html.

237

和全国 120 多个城市举行声势浩大的游行，反对宪法法院的裁决，支持波兰留在欧盟。妇女抗议领导人莱姆帕尔特参加示威，强烈批评宪法法院的裁决，呼吁欧盟帮助波兰捍卫欧洲的价值观。宪法法院裁决后，反对波兰"脱欧"日益成为公民纲领党动员其支持者的新议题。

三 宪法法院裁决加剧了波兰与欧盟的冲突

莫拉维茨基总理将欧盟条约合宪性提交宪法法院后，欧盟高度关注波兰的动向。2021 年 6 月，欧盟委员会要求波兰政府撤回寻求波兰宪法法院就本国宪法和欧盟条约孰轻孰重进行裁决的动议。法律与公正党主席卡钦斯基称"这是一项动摇我们主权、宪法秩序和波兰共和国取得成功权利的""难以置信的要求"。欧盟委员会的要求是"在野党推翻民选政府的企图的组成部分，是在欧洲强加新的革命秩序的工具"①。波兰宪法法院并未听取欧盟建议，虽然数次推迟开庭，但最终于 10 月 7 日做出裁决。

波兰是第一个直接挑战欧盟法至高无上地位的欧盟成员国。波兰宪法法院的裁决震动了欧盟，宪法法院裁决后，欧盟立即做出反应。欧洲议会议长萨索利强调，波兰的裁决不能没有后果。欧盟法的首要地位无可争议，违反这一原则意味着挑战欧盟的创始原则。欧盟委员会主席冯德莱恩发表声明，强调"欧盟是价值观和法律的共同体。这将我们的联盟联系在一起并使其强大。我们将维护我们联盟法律秩序的创始原则"。"欧洲法院的所有裁决均对所有成员国当局具有约束力，包括国家法院。欧盟法律优先于国家法律，包括宪法规定。"②欧盟委员会司法专员雷恩德斯表示，欧盟委员会将利用其掌握的所有工具来保护法治。10 月 19 日，冯德莱恩在欧洲议会发表讲话，称"这一裁决对欧盟的基

① "Poland's Kaczynski Says Primacy of EU Law Undermines Sovereignty", https: //www. reuters. com/world/europe/polands-kaczynski-says-primacy-eu-law-undermines-sovereignty-2021-09-18/.

② "Statement by European Commission President Ursula von der Leyen", https: //ec. europa. eu/commission/presscorner/detail/en/statement_ 21_ 5163.

础提出了质疑。这是对欧洲法律秩序统一性的直接挑战。只有共同的法律秩序才能提供平等的权利、法律确定性、成员国之间的相互信任以及共同的政策"。"该裁决动摇了条约第 19 条保障的并由欧洲法院解释的对司法独立的保护。"① 10 月 21 日，欧洲议会通过决议，强调波兰宪法法院缺乏法律效力和独立性，没有资格解释国家宪法。决议要求欧盟委员会和欧洲理事会对波兰采取行动，恢复法治。② 波兰总理府部长乌伊奇克则抨击蒂莫曼斯、冯德莱恩、尤罗约等欧盟政治家正在摧毁欧盟，称波兰和波兰人的尊严在欧洲议会的辩论中遭到践踏。法治问题成为欧盟的棘手问题。10 月举行的欧盟峰会讨论波兰的法治问题，波兰总理莫拉维茨基为波兰宪法法院的裁决辩护，强调欧盟法只适用于特定的、有限的领域，在其他领域适用波兰法律。欧盟委员会和包括荷兰、芬兰和比利时在内的国家则称这一立场破坏了欧盟的凝聚力，是波兰剥夺司法部门独立性并取消民主规范的法律借口。比利时首相德克罗称，波兰在欧盟法律秩序的立场已逾越红线。荷兰和芬兰主张对波兰采取强硬措施。一些欧盟国家领导人主张在争议未解决之前，欧盟不应当向波兰拨付 360 亿欧元的复苏基金。个别欧盟国家领导人主张欧盟对波兰的预算资金应受资金拨付与法治挂钩的"条件性"机制的约束。③ 德国总理默克尔则希望与波兰对话，不希望通过欧盟法院解决与波兰的争端。针对欧盟可能的行动，莫拉维茨基在接受英国《金融时报》采访时指责欧盟委员会"把枪抵在波兰头部"，一再要求改变波兰司法制度。莫拉维茨基总理口出惊人之语，称"如果欧盟委员会发动第三次世界大战，会发生什么？如果他们发动第三次世界大战，我们将用我们掌握的所有武器捍卫我们的权利"。"我

---

① "Speech by President von der Leyen at the European Parliament Plenary on the Rule of Law Crisis in Poland and the Primacy of EU Law", https：//ec. europa. eu/commission/presscorner/detail/en/speech_ 21_ 5361.

② "Poland：Constitutional Tribunal Is Illegitimate, Unfit to Interpret Constitution", https：//www. europarl. europa. eu/news/en/press - room/20211015IPR15016/poland - constitutional - tribunal-is-illegitimate-unfit-to-interpret-constitution.

③ AFP, "EU Summit Leaves Law Row With Poland Unresolved", https：//www. digitaljournal. com/world/eu-summit-leaves-law-row-with-poland-unresolved/article? _ _ cf_ chl_ captcha_ tk_ _ = pmd_ wv_ tXkj2PgXDd9XjwzWsNmPmFqNLsMZWRkdrCaI4NFI-1634864832-0-gqNtZGzNA3ujcnBszQjR.

们不会投降，我们不会因为这种压力而放弃我们的主权。"① 10 月 27 日，因波兰未冻结最高法院纪律庭的活动，欧盟法院决定对波兰罚款，波兰必须每日向欧盟委员会缴纳 100 万欧元罚款。波兰司法部副部长塞巴斯蒂安·卡莱塔认为，"欧盟法院完全无视波兰宪法和宪法法院的裁决，其行为超出其权能范围，滥用罚款制度和临时措施"。12 月 22 日，欧盟委员会就波兰宪法法院裁决启动违法诉讼。欧盟委员会认为，波兰宪法法院不再符合欧盟条约所要求的依法设立的独立和公正的法院的要求。2022 年 2 月 16 日，欧盟法院驳回波兰和匈牙利就将欧盟资金拨付与成员国法治状况挂钩的"条件性"机制的诉讼，裁定"条件性"机制符合欧盟法律。同日，波兰宪法法院就欧盟的"条件性"机制是否符合波兰宪法开庭。波兰与欧盟的法治之争进入白热化阶段。

宪法法院的裁决导致了法治争议冲突的升级。在宪法法院做出裁决当天，法律与公正党主席卡钦斯基强调，宪法法院应当重申宪法为波兰的最高法律，否则波兰就不是一个主权国家，波兰就不是一个民主国家。② 波兰政府认为司法改革纯属波兰内政，欧盟无权干预。欧盟认为波兰的司法改革削弱司法独立，欧盟有权干预，确保司法独立。波兰政府认为司法改革有助于提高司法效率，欧盟则认为司法改革取消制衡，动摇法治。波兰政府认为宪法法院的裁决捍卫了波兰的主权，维护了波兰宪法秩序，而欧盟认为宪法法院的裁决危及欧盟法律秩序的基础。在法律与公正党政治家看来，波兰与欧盟的冲突事关波兰的主权，事关波兰的主体性，事关波兰是否能以自己的方式治理波兰。波兰与欧盟的法治之争不仅涉及欧盟的权能，而且涉及欧盟的法律秩序。波兰宪法法院的裁决裁定欧盟条约的一些条款不符合波兰宪法，这与欧盟法高于成员国法律的原则相悖，直接挑战欧盟法律秩序。欧盟成员国挑战欧盟的法律秩序是欧洲一体化历史上出现的新现象，迄今为止，欧盟

---

① "Poland's Prime Minister Accuses EU of Making Demands with 'Gun to Our Head'", https://www.ft.com/content/ac57409d-20c9-4d65-9a5d-6661277cd9af.

② "Kaczyński: W sprawach polskiego wymiaru sprawiedliwości UE nie ma nic do powiedzenia", https://dorzeczy.pl/opinie/208573/komentarz-jaroslawa-kaczynskiego-do-wyroku-tk.html.

缺乏有效的应对手段。欧盟法高于成员国法律是基于欧盟法院的判例法，在欧盟条约中没有明确规定，但获得了绝大多数欧盟成员国的认可，被认为是欧洲法律秩序的基石。波兰宪法法院的裁决导致欧盟出现宪政危机，如果应对失当，将对欧洲一体化的前途产生不利影响。12 月 24 日，罗马尼亚宪法法院做出裁决，如果不修改宪法，就不能适用欧盟法院的判决。这是继波兰之后成员国对欧盟法律秩序的又一次挑战。

宪法法院的裁决旨在为法律与公正党在不受欧盟法院和欧盟限制的条件下，实现其政治议程创造空间。波兰宪法法院的裁决加剧了对波兰脱欧的忧虑。在最近两年，波兰脱欧成为热议话题。2020 年 11 月 22 日，《中肯》（Do Rzeczy）周刊发表题为《必须告诉欧盟：够了。波兰脱欧——我们有权谈论它》的封面文章。2021 年 8 月，司法部长焦布罗指责欧盟讹诈，称波兰不应不惜一切代价留在欧盟。9 月 8 日，众议院副议长泰尔莱茨基称波兰应当留在欧盟，但是这个欧盟必须是波兰能够接受的。宪法法院的裁决直接挑战欧盟法律秩序，一些波兰政治家认为宪法法院的裁决是波兰"脱欧"的开端。波兰前总理贝尔卡认为，从未有国家质疑欧盟条约的合法性及其合宪性；宪法法院的裁决是对欧盟法律制度投下的"原子弹"；后果很严重。[1]协议党主席雅罗斯瓦夫·戈文在推特上发文，强调宪法法院的裁决将波兰带入一个雷区；要么使宪法与欧盟条约保持一致，要么脱离欧盟；法律与公正党领导人落入了自己设置的陷阱。戈文认为，宪法法院的裁决与波兰的利益背道而驰，削弱了波兰的国际地位，并导致波兰在欧盟的自我边缘化。[2]宪法法院的裁决意味着波兰法律"脱欧"进程的开启，波兰将面临更大的法律不确定性。民意调查表明，波兰缺乏"脱欧"的民意基础。自法律与公正党 2015 年上台以来，虽然波兰与欧盟冲突不断，但是波兰人对欧盟成员

① "Belka: to spuszczenie bomby atomowej na system prawny Unii Europejskiej", https://tvn24. pl/polska/wyrok-tk-w-sprawie-prawa-unijnego-i-polexit-marek-belka-komentuje-5455559.

② "Gowin: Orzeczenie TK prowadzi do automarginalizacji naszego kraju w UE", https://wiadomosci. dziennik. pl/polityka/artykuly/8267174, jaroslaw-gowin-wyrok-tk-polexit. html.

国地位的支持率保持高位，2020 年底，其支持率为 88%①，2021 年 10 月的支持率高达 90%②。公民纲领党、现代党、人民党、新左翼党等在野党为欧洲一体化的坚定支持者，不会放任法律与公正党政府带领波兰脱离欧盟。从短期看，波兰不可能脱欧。从长期看，波兰脱欧的前景取决于波欧关系演化趋势、波兰政治精英反欧态度的发展、波兰国内政治的变化态势。从欧盟方面看，欧盟的价值观议程、欧盟法治危机的应对以及欧盟的气候议程均会对波欧关系产生影响。从波兰方面看，如果波欧关系紧张引发社会民众对欧盟态度变化，而波兰在野党力量孱弱，波兰"脱欧"的可能性就不能排除。

---

① Gazeta podaje, że na pytanie： "Czy obawiasz się wyjścia Polski z UE" 29, 9 proc. odpowiedziało "raczej się nie obawiam". 25, 7 proc. stwierdziło： "zdecydowanie się tego obawiam". 20, 4 proc. – "raczej się obawiam" a tylko 19, 4 proc. – "zdecydowanie się tego nie obawiam". 4, 6 proc. nie miało zdania.

② "Survey Shows 90 Percent of Respondents Support Poland's EU Membership", https：// www. thefirstnews. com/article/survey-shows-90-percent-of-respondents-support-polands-eu-membership-25511.

德国大选与新政府的内政外交走向

杨解朴*

摘　要：　在 2021 年德国联邦议院大选中，默克尔所在的联盟党遭受重
创，社民党、绿党和自民党组成德国历史上第一个三党执政联
盟，开启了"后默克尔"时代。本次大选的结果从不同层面折
射出德国政治生态的变化，如德国政党力量对比的变化、主要
政党意识形态界限的变化、选民流动性的变化、选民对政党信
任度的变化、议员年龄与职业背景的变化等。政治生态的变化
以及前所未有的三党组阁局面将对德国的内政外交产生重要影
响。在国内政策领域，经济与财政政策、气候能源政策、促进
社会公正和增强社会安全将成为本届政府的工作重心。在对外
政策领域，本届政府依然将欧洲一体化和跨大西洋联盟作为重
心，并将制定跨部门的联合战略，谋求与其享有共同价值观的
国家开展多边合作。在俄乌冲突背景下，德国国防政策的调整
值得关注。

关键词：　德国大选　德国政党政治　俄乌冲突　德国外交政策

2021 年 9 月底，第 20 届德国联邦议院大选落下帷幕，默克尔所在的联
盟党遭到重创，结束了 16 年连续执政的历史，社民党候选人奥拉夫·朔尔
茨（Olaf Scholz）赢得总理宝座，联合绿党和自民党组成了新一届政府。大

---

* 杨解朴，法学博士，中国社会科学院欧洲研究所研究员、中国社会科学院中德合作中心主
任，主要研究领域为德国政治与外交、德国福利国家制度、欧盟社会政策。

选结果从不同层面折射出德国政治生态的多种变化，这些变化将对德国政局和内外政策产生重大影响。

本届联合政府是德国历史上第一个由三个政党组成的执政联盟，由于人们通常用红、绿、黄三种颜色代表社民党、绿党和自民党，因此，新政府的组阁方式又被称为"交通灯"组合。虽然组阁的三个政党在政治主张、意识形态等方面存在差异（例如，自民党通常将自己定位为中右翼政党，在经济、外交、财政和环境政策领域与中左翼的社民党和绿党并不一致），但三党完成组阁的过程相对轻松。截至本报告完稿之时，新一届政府的运行基本平稳，从近期看，持续发展的新冠疫情仍将导致经济疲软，另外，西方和俄罗斯之间日益紧张的局势，对于新政府也构成了重大挑战。

一　大选结果反映出德国政治生态的变化

（一）选举结果分析

2021 年 9 月 26 日，德国举行第 20 届联邦议院选举，默克尔所在的联盟党（基民盟/基社盟）获得 24.1%支持率，创史上最低纪录，痛失第一大党地位；社民党以 25.7%的支持率险胜，成为第一大党；绿党创历史最佳成绩，以 14.8%的支持率位列第三；自民党、德国另类选择党、左翼党分获11.5%、10.3%和 4.9%的支持率[①]；其他政党共获得 8.7%的选票，较上届大幅增加。本届联邦议院共设 736 个议席，在 7 个政党之间分配，其中社民党为206 席，占比为 27.99%；联盟党为 197 席，占比为 26.77%；绿党为 118 席，占比为 16.03%；自民党为 92 席，占比为 12.50%；德国另类选择党为 83 席，

---

① 在 2017 年联邦议院选举中，联盟党获 32.9%的选票，社民党获 20.5%的选票，德国另类选择党获 12.6%的选票，自民党获 10.7%的选票，左翼党获 9.2%的选票，绿党获 8.9%的选票，数据来源：https：//www.tagesschau.de/wahl/uebersicht-der-wahlen.shtml。

占比为 11.28%；左翼党为 39 席①，占比为 5.30%；南石勒苏益格选民联合会（SSW）② 为 1 席，占比为 0.13%。

从选区层面看，社民党取代联盟党成为德国最强大的政治力量，绿党和德国另类选择党赢得了比上届选举更多的选区，而左翼党则丢失了不少阵地。各党在不同选区的胜利能够体现出不同区域选民的偏好。

本次大选最大的赢家社民党赢得全德 299 个选区中的 151 个（2017 年仅为 30 个），它在东部失业率较高的选区获得支持是其获胜的关键。在汉诺威到法兰克福之间的地区，社民党取得了较好的成绩，而在德国南部，它却很难打破联盟党的优势地位。各政党的竞选策略也是在选举中发挥影响的关键因素。例如，社民党总理候选人朔尔茨积极宣传要将最低工资提高到 12 欧元/小时，这一措施在那些经济不太好的地区得到了更多响应，使社民党在东部联邦州失业率较高的选区获得的选票大幅增加。在梅前州这点表现得尤为明显，在大选日当天同时举行的该州州议会选举中，社民党也获得了胜利。

联盟党仅在其传统选区依然保有优势。联盟党仅赢得 106 个（2017 年为 255 个）选区，与 2017 年大选相比，可谓损失惨重，几乎在全德各地都呈颓势。联盟党赢得的选区几乎全都位于巴伐州、巴符州和北威州的农村地区，且这些地区的选民年龄普遍较大，他们中的很多人是联盟党的传统选民。联盟党以经济增长的维护者自居，因此在低失业率选区取得了较好的选举成绩，而在失业率高的选区，选举成绩较差。

在 2017 年大选中，绿党没有在任何选区获胜。但在 2021 年大选中，绿党几乎在所有选区的成绩都好于上届大选，而且在 25 个选区赢得第一，这些选区都是人口密度较高的大城市或大学城，其选民平均年龄较小，受过良好教育的选民比例较高。

德国另类选择党在东部联邦州的农村地区有较大优势。虽然德国另类选

---

① 虽然左翼党的支持率没有达到 5% 的门槛，但由于左翼党有三个直接候选人获得议会席位，该党仍旧可以进入联邦议院。

② 作为少数民族政党，南石勒苏益格选民联合会进入联邦议院没有 5% 的门槛限制，只要它能够赢得足够的选票，就可以在联邦议院获得 1 个席位。

择党支持率下降了 2.3 个百分点，总体上说是本次选举的输家，但它扩大了获胜选区的规模，在 17 个选区（2017 年仅获得 7 个选区）成为最强大的政治力量，其中有 12 个选区是在萨克森州。与以往的选举一样，另类选择党在本次选举中的支持率也存在明显的东、西部差异，其在西部获得的选票很少。

自民党与 2017 年大选一样，没有在任何选区获胜，但支持率有所提高。相对而言，自民党在石荷州、北威州和巴符州取得的成绩较好。石荷州与北威州是自民党的传统阵地，但自民党在这两州的得票率较上届有所下降，而由于自民党在其他地区的得票率整体有所上升，因此其在全德的总体得票率高于上届。

左翼党的重要阵营集中在东部联邦州。在 2017 年大选中，左翼党获得了 7 个选区的胜利，而在本次大选中左翼党没有取得任何选区的胜利，特别是失去了柏林和莱比锡这两个传统阵地。但其支持者仍然主要集中在德国东部，与绿党一样，左翼党在东部人口密度高的选区，即较大的城市，取得了较好的选举成绩。从左翼党的选举结果也能看出，东部与西部联邦州选民的政治偏好仍有很大差异。

另外，不同政党的选民在年龄分布、教育背景和职业方面存在差异，生态自由议题政党受到年轻选民的支持，德国政治或将迎来生态自由时代。从年龄分布看，绿党和自民党在年轻选民特别是 18~24 岁选民中的支持率很高，尤其得到第一次参加投票选举的"新手选民"的青睐。根据德国民调机构迪迈颇（Infratest Dimap）的统计，联盟党和社民党在老年群体中的支持率较高，其中 70 岁以上选民中有 38% 支持联盟党，35% 支持社民党；60~69 岁选民中有 28% 支持联盟党，32% 支持社民党。而自民党和绿党的支持者中年轻选民占比较高，18~24 岁选民中有 21% 支持自民党，23% 支持绿党；25~34 岁选民中有 15% 支持自民党，21% 支持绿党。第一次参加选举的选民中支持自民党和绿党的比例均为 23%，远远高于两大主流政党①。从教

---

① "Wen wählten Jüngere und Ältere?"，https：//www.tagesschau.de/wahl/archiv/2021-09-26-BT-DE/umfrage-alter.shtml.

育背景看，接受过简单教育的选民选择社民党（33%）和联盟党（31%）比例较大，受过高等教育的选民支持绿党（23%）、社民党（22%）和联盟党（21%）的人数较多①。从职业分布看，自雇者选民更青睐联盟党和自民党，支持率分别为26%和19%。工人中支持社民党的比例最大，达到26%，其次是德国另类选择党（21%），联盟党（20%）紧随其后。失业者给社民党投票的较多（23%），其次是德国另类选择党和绿党，均为17%②。

（二）大选结果带来德国政治生态的变化

本次大选结果从不同层面折射出德国政治生态的变化。

第一，德国各政党的力量对比发生了变化。

德国出现了"大党不大、小党不小"的新局面，这既是其政党政治碎片化的延续，也是政党竞争的新表现。在本次选举中，传统的两大主流政党联盟党和社民党得票率很低，两者均未超过30%，联盟党24.1%的得票率还创下史上最低纪录，社民党虽成为第一大党，但在其联邦议院选举历史上，25.7%的得票率并不算好成绩。而反观绿党、自民党和德国另类选择党均获得10%以上的选票，同时其他没有进入联邦议院的政党还分走了8.7%的选票，表明德国政党竞争形势更加严峻。本次大选中，已连续主政16年的联盟党遭受重创；沉寂多年的"百年老店"社民党迎来了新机遇；议席的分散使选举后的组阁形势变得复杂，渴望入阁的绿党和自民党成为"关键的少数"，它们的意愿成为决定组阁方式的关键因素；左翼党在选举中的失利使其无法获得参与组阁的机会；德国另类选择党虽支持率下降，但保住了联邦议院的席位。德国政党研究专家奥斯卡·尼德迈尔（Oskar Niedermayer）将政党的数量③、

---

① "Wer wählte was?", https：//www.tagesschau.de/wahl/archiv/2021-09-26-BT-DE/umfrage-werwas.shtml.

② "Wen wählten Angestellte und Arbeiter?", https：//www.tagesschau.de/wahl/archiv/2021-09-26-BT-DE/umfrage-job.shtml.

③ 尼德迈尔认为人们可以统计所有政党的数量或者根据某一特定的标准统计重要的有声望的政党的数量，比如那些参加全国大选的政党（选举层面）或者进入议会的政党（议会层面），在对德国政党体制的类型进行分类时，尼德迈尔将进入联邦议院的政党的数量作为考量的标准。

选票以及各政党在议会中所占的席位比例作为考量政党体制结构特征的主要标准,来分析政党制度的结构特点,并将在议会中有效政党数量超过 5 个的政党制度归到碎片化的政党制度中。① 2017 年德国大选后,联邦议院中首次出现 6 个政党,形成了碎片化的政党格局。2021 年的大选结果显示,有 7 个政党在议会拥有席位,至此,德国碎片化政党格局被进一步固化。

第二,德国主要政党进入意识形态界限模糊、议题融合的时期。

基于大选期间选情的胶着与各政党支持率变化不定的情况,我们可以做出如下总结:在大选前的几个月内,绿党、联盟党和社民党实现了交替领先的态势,反映出德国民众在不同政党之间的犹豫和摇摆;选举过程中,政治光谱两端的选民流动性很大,政党意识形态标签弱化,议题和选民偏好发挥了更大的作用;大选后形成的"交通灯"组合包括分别位于政党光谱左翼、中左翼、右翼的三个政党,再次强化了德国政党间意识形态界限模糊和议题融合的趋势,同时也给德国政治带来不确定性。

第三,与 2017 年大选相比,本次选民流动性增大,不稳定性增强。

选举过程中政治光谱两端的选民大量流动,议题和选民偏好在选举中发挥了较大的作用。在新冠疫情下,经济和社会问题影响选民的偏好。2021年,选民对于经济和社会环境的感知变得更为消极:有 59% 的选民认为经济环境良好,有 39% 的选民认为经济环境糟糕,而 2017 年大选时,这两个数据分别为 84% 和 15%②。在新冠疫情下,德国社会不平等凸显,社会公正成为选民最关注的议题。大选前的民调显示,51% 的选民认为德国朝着更加公平的方向发展,而 45% 的选民则认为德国朝着更加不公平的方向发展,而 2017 年大选时,这两个数据分别为 58% 和 38%③。对于"整个德国的财

---

① Oskar Niedermayer, "Von der Zweiparteiendominanz zum Pluralismus: Die Entwicklung des deutschen Parteiensystems imwesteuropäischen Vergleich", *Politische Vierteljahresschrift*, No. 51, 2010, S. 2-4.

② "Wie beurteilen Wählende ihre Situation?", https://www.tagesschau.de/wahl/archiv/2021-09-26-BT-DE/umfrage-lebensverhaeltnisse.shtml.

③ "Wie beurteilen Wählende ihre Situation?", https://www.tagesschau.de/wahl/archiv/2021-09-26-BT-DE/umfrage-lebensverhaeltnisse.shtml.

富分配是否公平?"这一问题,19%的选民表示肯定,77%的选民表示否定。德国东部和西部选民对这个问题的感知略有不同:82%的东部选民认为财富没有公平分配,而在西部选民中这一比例为 75%。各政党选民之间的认知差异就更大:96%的左翼党选民、86%的社民党选民、86%的德国另类选择党选民、82%的绿党选民、64%的自民党选民和 57%的联盟党选民都认为德国的财富分配不公平①。对于社会是否朝着公平方向发展的问题,不同党派选民的感知差异巨大,大多数德国另类选择党选民(85%)和左翼党选民(78%)感觉社会不公趋势愈加明显。东西部选民对这一问题的答案也存在差异,56%的东部选民认为社会朝着不公平方向发展,高于西部选民 42%的比例②。另外,对于未来生活的担忧成为选民最大的"心结":有 37%的选民表示"我很担心,无法维持我现有的生活水平";41%的选民担心他们的生活会发生很大的变化;68%的选民认为气候变化摧毁了他们生活的基础;42%的选民认为太多的外国人来到德国是让人担忧的事情;42%的选民认为德国的财富在减少也让人担忧③。社会公正问题受到的重视程度提高,使以社会公正为核心议题的社民党获得选民青睐,48%的选民认为社民党在争取社会平衡方面最为努力,这也是社民党赢得大选的重要原因之一:大选中社民党从其他党派收获了 313 万个选民,其中有 153 万个联盟党的选民流向社民党。

第四,选民对政党的信任度发生了变化,求变心理迫切。

在大选期间的民调中,在回答"您最相信哪个党派能够完成德国最重要的任务"时,只有 26%的选民选择联盟党,与 2017 年大选相比,对联盟党的信任度下降了 23 个百分点;29%选择社民党,比 2017 年增加了 9 个百分点,对绿党的信任度与 2017 年相比增加 6 个百分点,达到 10%。在回答

① "Wie beurteilen Wählende ihre Situation?", https://www.tagesschau.de/wahl/archiv/2021-09-26-BT-DE/umfrage-lebensverhaeltnisse.shtml.

② "Wie beurteilen Wählende ihre Situation?", https://www.tagesschau.de/wahl/archiv/2021-09-26-BT-DE/umfrage-lebensverhaeltnisse.shtml.

③ "Wie beurteilen Wählende ihre Situation?", https://www.tagesschau.de/wahl/archiv/2021-09-26-BT-DE/umfrage-lebensverhaeltnisse.shtml.

"有关未来的问题，哪个党给出了最好的答案？"时，绿党拔得头筹，获得20%的支持率，与2019年欧洲议会选举相比增加了3个百分点；社民党获得18%的支持率，与2019年相比增加了11个百分点；联盟党获得14%的支持率，与2019年相比下降4个百分点；自民党获得9%的支持率，与2019年相比增加4个百分点。在有关"您最相信哪一个政党能提升德国经济？"的民调中，虽然依旧有32%的选民选择了联盟党，但与2017年大选时相比下降25个百分点；25%的选民选择了社民党，比2017年上升8个百分点，16%的民众选择了自民党，比2017年上升7个百分点。在经历了联盟党连续16年的主政后，德国选民的求变心理表现得十分迫切。与2017年相比，选民对于大联合政府的满意度下降。仅43%的选民对政府的工作表示满意，57%的选民对于政府的工作表示不满意，而在2017年大选时，这两个数据分别为51%和49%。甚至有40%的选民希望德国能发生根本性的变化，这一比例与2017年相比上升21个百分点；51%的选民希望德国在一些路线方针上进行调整，而只有6%的选民希望一成不变，保持原样①。

第五，议员年轻化、素人化。

本届联邦议院中有281人为新当选的议员，联邦议院中各个党团的平均年龄都明显下降，总体平均年龄下降了将近2岁，目前的平均年龄为47.5岁，而绿党联邦议员年轻化趋势更为明显，本届平均年龄为42.6岁，比2017年的49.4岁下降了将近7岁，40%的议员不到40岁，最年轻的两个议员只有23岁。社民党议员中1/4都是30岁以下的社民党青年联盟成员，不少都由本选区直选产生。另外，本届议会中社民党议员近半数是新手，没有从政经验的议员数量在增加。

二 大选后德国国内政策走向

2021年大选后，德国政治生态变化带来的最重要的影响之一是德国迎

---

① "Hauptgründe für das Wahlergebnis"，https：//www.tagesschau.de/wahl/archiv/2021-09-26-BT-DE/umfrage-aktuellethemen.shtml.

来了前所未有的三党联合组阁的局面，而这一组阁形式将对德国的内政外交产生重要影响。

（一）"弱势总理"领导"弱势政府"？

在"交通灯"组合中，社民党候选人奥拉夫·朔尔茨任总理，总理府、卫生部、内政部、劳工部、国防部、经济合作与发展部和建设部由社民党领导；绿党获得副总理的职位，还取得了经济与气候保护部、外交部、家庭部、环境部、农业部的领导权；而自民党则获得了财政部、司法部、交通与数字化部及教育部的领导权。三个政党对于政府职位的分配将在很大程度上决定德国内政外交的方向。尽管政府中的重要部门相对均衡地掌控在三个政党的手中，但由于社民党执掌总理府、绿党领导外交部，这就引发一个关键的问题：总理府与外交部在对外政策上如何协调。在默克尔时代，总理府在很大程度上决定了德国外交政策的走向。而本届政府总理朔尔茨是否有能力延续这一规则，尚未可知。总体上说，未来可能需要各个政党、各个部门之间进行更多的协商与合作。

但是，构成"交通灯"组合的三党在意识形态、核心议题、政策主张上的差异将造成其在政府和议会中形成政治共识的难度加大，从而可能导致新政府政治稳定性下降。在遭遇意见分歧时，本届政府又缺乏"默克尔式"的领袖人物能够说服各方达成共识，因此或将出现"弱势总理"领导"弱势政府"的情形，这也将造成新政府行动能力下降、政策主张难以执行落实。另外，在野的联盟党在联邦议院内仍旧保持着重要的影响力，这就使执政联合不仅需要三党之间就政策调整达成共识，三党还需要与联盟党的议员保持沟通，许多立法需要获得他们的支持才能得以通过。特别是联盟党在联邦参议院的力量同样不可小觑，由于执政的三党在联邦参议院的席位未能达到半数，联邦参议院是否会成为"否决玩家"还有待观察。自2022年1月下旬以来，联盟党的民调支持率在所有政党中处于领先地位，这也反映出民众对总理朔尔茨对现行政治的处理方式并不满意。德国电视一台"德国趋势"的民调显示，2022年2月，联盟党以27%的支持率反超执政的社民党 5 个百分点①。2022 年，德国有 4 个联邦州州议会举行选举，这也将给德国政治带来许多不确定性。在这种情况下，德国新政府很大可能会发生政策重心内移，在对外事务中更多依托欧盟的规则框架和制度构建能力。

（二）国内重点政策领域的调整方向

在本届政府的执政协议中，几乎所有的政策计划都强调国家现代化的主题，三党的核心利益均得到满足。比如现代化国家和数字化复兴满足的是自民党的要求，社会生态、市场经济下的气候保护是绿党最为关注的内容，而劳动力市场和社会安全保障则是社民党的核心议题。三党在自民党的核心诉求上达成不增税、不增加政府债务的共识；在社民党的核心议题社会福利方面同意提高最低工资标准至 12 欧元/小时；在绿党关注的环境议题上，各方同意加速淘汰煤炭，在 2030 年前停止使用煤炭等。此外，三党还提出，要将德国的投票年龄从 18 岁下调至 16 岁，这对于在年轻选民中有核心影响力的绿党和自民党是重大利好。

从执政协议以及新政府执政以来的表现来看，以下几个方面将是未来国内政策的重点。

第一，后疫情时代德国经济的复苏是新政府的重要目标。2021 年，受到新冠疫情对全球供应链冲击的影响，尤其是原材料短缺和能源价格上涨的影响，德国没能迎来预期中的经济繁荣，国内生产总值仅增长了 2.9%②。在新冠疫情背景下，选民对于自身经济状况和生活状况的担忧，迫使新政府必须将经济复苏作为重要目标。在这一目标下，新政府将在继续提升传统产业优势的基础上，加大在数字基础设施和终端设备上的投入力度，以促进经

---

① "Die Ergebnisse des DeutschlandTrends vom 3. Februar 2022", https://www.tagesschau.de/multimedia/bilder/crbilderstrecke-803.html.

② 参见德国联邦统计局网站，https://www.destatis.de/DE/Themen/Wirtschaft/Volkswirtschaftliche-Gesamtrechnungen-Inlandsprodukt/Publikationen/Downloads-Inlandsprodukt/zusammenhaenge-pdf-0310100.pdf?__blob=publicationFile。

济的数字化转型。另外，以下几个领域是推动经济复苏的重要方向。新政府将进一步完善碳交易机制，推动绿色经济发展。对公共基础设施进行更多投资，实现国家现代化。在新冠疫情下，由于社会经济地位处于弱势的民众收入受到严重影响，德国财产和收入分配不合理的问题凸显出来。财富分配制度的调整成为新政府推动经济发展绕不开的议题。为促进社会公平、扩大消费，新政府很大可能将引入提高免税门槛额和降低税率等方式降低中低收入阶层税负；同时还有可能减轻企业，尤其是初创和公益企业税负。

第二，财政政策成为备受关注的领域。为了快速组阁成功，三党在政策议题上做了加法，最大限度满足各方需求。但如此宏大的计划资金从何而来？因此，增加财政支出成为三党在组阁谈判中达成的重要跨党派共识之一。在保持了6年的财政盈余之后，德国财政在2020~2021年连续出现赤字，分别为GDP的4.3%和3.7%[①]，这是在新冠疫情背景下实施财政刺激计划的结果。据经济学人智库（EIU）预测，2022年，德国的财政赤字将缩小到GDP的2.6%，预计到2025财政年度，德国政府的投资约为520亿欧元，远高于新冠疫情前2019年的380亿欧元[②]。这些投资将用于较为广泛的领域，包括人工智能、5G网络建设、交通基础设施、绿色产业部门、医疗、教育、儿童保育方面。另外，还将有很大一部分资金用于德国的国家氢能战略，以作为德国能源转型的一部分。

2022年是一个特殊的财政年度，在联邦大选后，年度财政预算必须在新政府组建后才能提上日程。而俄乌冲突又扰乱了联邦财政预算。俄乌冲突发生后，德国总理朔尔茨宣布大幅增加国防开支，包括批准1000亿欧元专项资金，并从2024年起将德国每年的国防开支占国内生产总值（GDP）的比重提高到2%以上，而近些年来德国的国防开支一直维持在GDP的1.5%。面对朔尔茨调整国防支出的决定，财政部长林德纳（Christian Lindner）为

---

① 参见德国联邦统计局网站，https：//www.destatis.de/DE/Themen/Wirtschaft/Volkswirtschaftliche-Gesamtrechnungen-Inlandsprodukt/Publikationen/Downloads-Inlandsprodukt/zusammenhaenge-pdf-0310100.pdf?__blob=publicationFile。

② Economist Intelligence Unit，"Country Report：Germany"，generated on March 4th 2022.

避免增加更多的债务，提出在联邦财政预算之外设立联邦国防军的专项资金，这项规模为1000亿欧元的专项资金将可以独立负债，不计入常规预算。为此，他也获得了联邦议院批准的所谓信贷授权。做出这样的提议后，林德纳向联邦议院提交了新增负债997亿欧元（与上年基本持平）的财政预算草案，该草案仍然将新冠疫情作为例外状况，突破了德国《基本法》中有关债务刹车的规定①。林德纳计划从2023年重新遵守债务刹车规定。然而，随着俄乌冲突影响的加剧，能源供应安全和能源价格上涨对于德国经济和财政构成了难以预料的挑战，林德纳在2022年3月中旬表示，他此前向联邦议院提交的年度财政预算草案只是个临时版本，准备追加预算，这意味着2022年将新增更多负债②。

第三，气候能源政策将成为重点调整领域。气候议题是本次大选的一个重要议题，执政协议的第三部分以"社会生态市场经济下的气候保护"为题阐述了本届政府在经济、环境与自然保护、农业与食品、交通与物流、气候、能源、转型等问题上的目标。气候能源问题重要性的提高不仅是由于绿党入阁提升了本届政府在应对气候变化和能源转化问题上积极作为的主观意愿，也与德国目前的现实基础距欧盟2030年的减排目标相差甚远这一状况有关。德国在气候能源领域的任务还很艰巨。在上述背景下，气候作为关键词在执政协议中出现了198次。执政协议中气候能源政策的调整方向包括：在社会生态市场经济框架下加强气候保护和实现碳中和、修订气候保护法、大力加速可再生能源设施的建设、增加燃气发电站，加速氢能市场扩容、在理想情况下将"退煤"提前到2030年、加强气候与能源外交等。而俄乌冲突可能打乱上述计划。联邦经济部长罗伯特·哈贝克（Robert Habeck）在俄乌冲突发生后强调，能源政策已然演变为安全政策。摆脱对俄罗斯的能源依赖变得十分迫切，"摆脱能源依赖的真正途径是退出化石能源，太阳和风

---

① 按照债务刹车规定，联邦政府新增负债不得超过国内生产总值的0.35%，绝对数字约为120亿欧元。

② Tom Schneider, "Regierung Plant 2022 Ergänzungshaushalt", https：//www.tagesschau.de/inland/innenpolitik/haushalt-231.html.

不属于任何人"①。为此，联邦政府推出一项立法计划，提出大力发展可再生能源，到 2035 年实现 100% 使用绿色电力。为了准备好彻底切断来自俄罗斯的天然气供应，避免冬季出现瓶颈，联邦经济部还计划以法律形式规定天然气的最低储备量。另外，推迟退出核电、推迟退出煤电、发展液化气和氢能等方案也在讨论中。

第四，社会公正和社会安全问题成为热点。疫情带来的经济后果使社会公正问题备受关注，尤其是针对收入不平等、儿童贫困等问题进行改革的呼声越来越大。为了应对这些问题，执政协议设想提高最低工资并扩大社会福利范围，增设针对低收入者的项目，以及对绿色基础设施进行更多投资。疫情带来的社会安全、移民和难民问题已成为德国社会的重要焦点问题。在新冠疫情背景下，德国犯罪率激增，社会安全受到挑战。原本就已经"亮灯"的难民问题在俄乌冲突爆发后会更加凸显，潜藏着发生新的难民危机的风险。尽管德国各政党的难民与移民政策存在较大差异，但其均对欧盟缺乏相互协调的难民机制提出了批评。难民与移民政策的调整是新政府必做的功课之一。

三　大选后德国外交政策走向

近几十年，德国两大主流政党在外交政策领域达成了相当程度的共识，如亲欧倾向、支持跨大西洋联盟、倡导多边主义等，两党之间尽管存在分歧，但在于细节层面而非基本面。各政党在本次大选的竞选活动中，包括在选举前的电视辩论中，对于外交和安全政策与欧洲政策缺乏辩论，因此备受批评。其中一种解释是，各政党的政策之间可能没有足够的差异，因而缺乏宣传的噱头。然而，当今国际形势瞬息万变，各国在外交和安全政策方面存在各种各样的利害关系。这就意味着，即使德国新政府希望某些领域保持连续性，也需要做一些改变和调整以适应不断变化的世界。另外，由于绿党和

① 《德国该如何降低能源供应的对外依赖?》，同济大学德国研究中心网站，https：//german-studies-online. tongji. edu. cn/ea/57/c20a256599/page. htm。

自民党在一些政策领域与传统大党存在分歧，在德国外交政策延续当前的基本原则和方向的基础上，多边和双边关系的部分议题仍存在变数。

在对外政策领域，本届政府依然将欧洲一体化和跨大西洋联盟作为外交政策的重心，并将制定跨部门的联合战略，谋求与具有共同价值观的国家开展多边合作。在执政协议中，有关欧洲的一节写道："我们将组建一个根据欧洲利益定义德国利益的政府。作为最大的成员国，我们将承担起我们的特殊责任，为整个欧盟服务。"[1] 而对于跨大西洋伙伴关系的定位是："与美国的跨大西洋伙伴关系和友谊是我们国际行动的核心支柱。我们主张与美国和加拿大恢复和发展跨大西洋伙伴关系，我们希望以欧洲的方式塑造这种关系。"[2] 德国新政府未来外交政策调整的具体方向可以归纳为以下四个方面。

第一，进一步推动欧洲一体化。通过加强欧盟来提升德国在国际舞台上的行动能力，从而履行德国的全球责任。第二，以欧洲整体利益为依据界定德国的利益，使德国的外交、安全和发展政策更加以价值观为基础，更具有欧洲特色。第三，跨大西洋联盟依旧是德国外交的核心支柱，北约仍是德国安全不可或缺的保障。第四，就德国在世界舞台上的角色达成共识。未来，德国外交将从总体上采取行动并制定跨部门的联合战略，目标是在世界范围内开展多边合作，尤其是和那些与德国共享价值观的国家密切联系，同时也将与价值观和意识形态不同的国家展开制度竞争。

在上述制度设计的规划下，德国新政府外交政策的方向将呈现以下特点。

第一，德国更多借助法国力量，推动欧洲一体化。欧洲一体化将德国和欧盟的命运紧紧联系在一起，德国从中受益匪浅，欧盟已成为德国生存与发展的基本依托。"欧洲战略自主"是德国外交政策的基石。但近年来，德国在欧盟层面遇到的阻力不断增加，新任领导人短期内在欧盟恐难以取得与默

---

① *Mehr Fortschritt wagen-Bündnis für Freiheit，Gerechtigkeit und Nachhaltigkeit-Koalitionsvertrag 2021–2025* zwischen SPD，BÜNDNIS *90*/DIE GRÜNEN und FDP，p. 131.

② *Mehr Fortschritt wagen-Bündnis für Freiheit，Gerechtigkeit und Nachhaltigkeit-Koalitionsvertrag2021– 2025* zwischen SPD，BÜNDNIS *90*/DIE GRÜNEN und FDP，p. 154.

克尔同等的威望，且"弱势总理"面临内政压力，将出现"领导力"困境。在此形势下，短期内法国在欧盟的地位将有所上升，德国或更多地借助法国力量，以欧盟为依托，实现德国和欧盟利益。

第二，德国将继续扮演西方阵营可靠的伙伴角色，发展与其他西方大国的关系。自阿登纳采取"倒向西方阵营"政策后，历届德国政府都把自己定位为西方阵营主要成员，在重大问题上始终坚持这一立场，在机制上以北约和其他国际机制为保障和行动平台。但在目前复杂的国际环境下，如何处理和美国的关系，怎样应对一个越来越不确定的美国，对新政府来说是很大的挑战。

第三，德国对俄政策在短期内也将趋向强硬。绿党出于地缘政治原因一直对"北溪-2号"项目持反对态度，对俄罗斯的人权情况一直持批评态度，自民党对俄罗斯的政策也偏向强硬。这两党入阁加剧了德国与俄罗斯在人权、法治和价值观等领域的冲突。而俄乌冲突的发展以及美国的压力，进一步推动德国对俄罗斯采取较为强硬的政策。作为对俄罗斯军事行动的回应，德国总理朔尔茨宣布"北溪-2号"管道项目将暂停，如果与俄罗斯的紧张局势无法缓解，"北溪-2号"不大可能再上线，这可能导致2022~2023年德国能源价格大幅上涨。

第四，发展印太地区与德国享有共同民主与价值观的国家的合作。在德国和《欧盟印太合作战略》框架下，贯彻德国近年来倡导的反对单极和双极、推动实现对外关系多元化和多样化的外交思路，为印太地区国家对外合作提供中国和美国之外的选项。

第五，德国防务政策发生重大调整。俄乌冲突发生后，德国迅速调整了延续多年的防务政策，设立1000亿欧元的特殊基金以快速推进国防现代化，并且还将每年的国防预算提高到GDP的2%以上，成为世界第三大军费开支国。德国防长兰布雷希特（Christine Lambrecht）在2022年3月宣布将购买新型战斗机以替换德军目前的战机。至此，德国告别了二战后的克制文化和保守型的国防政策，在安全与防务领域也将扛起欧洲的领导大旗，承担更多的领导责任，重构欧洲军事力量格局。

B.10

《欧洲绿色协议》：治理进展与地缘博弈

傅　聪*

摘　要： 2021年欧盟执行《欧洲绿色协议》新增长战略，欧委会推出了
"适应55"一揽子政策方案，《欧洲气候法》正式生效，全方位
地引导全欧向绿色发展转型。在推出"硬"举措之余，欧委会
推行"软"的公民对话等公众参与形式，塑造欧盟的绿色共识，
改善绿色民主。在全球地缘政治格局变动调整的大背景下，欧盟
积极推进气候外交，利用市场和地缘影响力、专业知识和金融资
源，向全球推广欧盟的绿色转型模式。但是，欧盟在绿色转型的
过程中也面临地缘利益博弈、"棕色"锁定和国际气候治理领导
力不足带来的诸多挑战。

关键词： 《欧洲绿色协议》　绿色共识　气候外交

绿色转型是欧委会持续推进的两大施政重点之一（另一个重点是数字
化转型）。2021年欧盟执行《欧洲绿色协议》新增长战略，欧委会推出了
"适应55"（Fit for 55）一揽子政策方案，作为落实绿色转型的行动安排。
《欧洲气候法》正式生效，欧盟碳中和成为一个受欧盟法律强制约束的必达
目标。欧盟重点推进能源、交通、制造、航空、航海、农业等相关产业的脱
碳政策，引导全欧绿色发展转型。欧委会吸引公民参与开放性对话、讨论、
信息交流，以提高决策层的政策水平、增强决策的代表性，改善欧盟的绿色

---

* 傅聪，法学博士，中国社会科学院欧洲研究所副研究员，主要研究领域为欧洲政治、欧洲环
境政治与政策研究。

民主。欧盟在全球地缘政治格局调整变动的大背景下，高调推进气候外交，将气候目标纳入更广泛的对外关系之中，并且利用欧盟的市场和地缘影响力、专业知识和金融资源构建联盟，向域外推广欧盟的绿色规范、标准。同时，欧盟在绿色转型的过程中面临地缘利益博弈、反对"棕色"锁定和国际气候治理领导责任缺失带来的诸多挑战。下文将从欧盟绿色治理的内政与外交、共识塑造、面临的挑战四个方面——展开论述。

一 绿色协议的政策进展

（一）政策重点及进展

2021 年 7 月 29 日，《欧洲气候法》[①] 正式生效。这意味着欧盟控制温室气体排放的政治承诺——2030 年减排 55%、2050 年净零排放——开始具有法律约束力。欧洲议会从 2019 年开始推动提高 2030 年减排目标（从 40% 提高到 55%），欧盟成员国经过 2 年、多轮谈判，特别是与波兰、捷克等东欧国家进行反复协调与博弈，2021 年 6 月，《欧洲气候法》完成了生效前的最后一步，由欧盟部长理事会进行投票表决。在部长理事会表决时，保加利亚以"妥协方案没有反映其国家立场"为由投出了弃权票。虽然欧盟气候目标成法的大局并未因此受影响，但足以说明欧盟内部在绿色转型上的不同步。《欧洲气候法》创设了一个独立的专家机构——欧洲气候咨询委员会（European Scientific Advisory Board），其负责提出欧盟 2030～2050 年的温室气体指示性预算。《欧洲气候法》引入了 5 年一次的气候行动措施评估机制。由欧委会每隔 5 年对成员国的气候政策实施进展进行评估，对可用措施在欧盟内推广。欧委会还启动了制定 2040 年温室气体减排目标的进程，将

---

① "Regulation (EU) 2021/1119 of the European Parliament and of the Council of 30 June 2021 Establishing the Framework for Achieving Climate Neutrality and Amending Regulations (EC) No 401/2009 and (EU) 2018/1999 ('European Climate Law')", https：//eur－lex. europa. eu/ legal－content/EN/TXT/? uri＝CELEX：32021R1119.

于 2023 年《巴黎协定》缔约方进行气候减缓行动全球盘点时公布。

为实现 2030 年减排温室气体 55% 的目标，欧委会在 2021 年 7 月 14 日推出"适应 55"一揽子政策方案，意在推动欧盟全经济路径的转型，即打造一个有竞争力的经济、公平的社会和绿色的产业的欧盟绿色转型路径。其内容既涉及能源、交通、制造、航空、航海、农业等相关产业的脱碳转型，也包含关涉欧盟普通公民的能源税，还对欧盟的贸易伙伴具有不容忽视的地缘政治影响。一揽子方案涵盖诸多治理方面，2021 年，运输、能源、建筑领域的政策推进较为顺利，而排放交易改革、成员国排放责任分担、能源税和碳边境调节机制等领域还存在较多的争议，完成立法还需要更多的内部协商与妥协。

鉴于交通领域的碳排放居高不下，欧盟加强了在低碳交通基础设施、低碳燃料领域的政策措施，相关立法草案在 2022 年春夏季在欧洲议会和部长理事会进行表决。《替代燃料基础设施指令》（Alternative Fuels Infrastructure Regulation）的目标是保障与支撑替代燃料基础设施的建设，实现交通行业的碳排放目标。指令要求欧盟成员国扩充充电站数量。在主要高速公路上每 60 公里设置充电站，每 150 公里设置加氢站，到 2030 年完成设立 350 万个新充电站的目标，到 2050 年建成 1630 万个新充电站。[①] 欧委会启动了"可持续航空燃料计划"（ReFuel EU Aviation Initiative），要求燃料供应商在欧盟机场机载航空燃料中不断提高可持续航空燃油（SAF）的使用比例，力争在 2025 年将其占航空燃料的比重提升至 2% 以上，到 2050 年提升至 63% 以上；同时，要求供应商在 2030~2050 年逐步提高混合航空燃料（非生物来源的可再生燃料）在 SAF 中的占比，力争在 2030 年达到 0.7%，2050 年达到 28%。此外，引入适用于欧盟内部所用航班的航空燃料最低税率，以激励使用更可持续的航空燃料，并鼓励航空公司使用效率更高、污染更少的飞机。[②]

---

① Regulation on the Deployment of Alternative Fuels Infrastructure and Repealing Directive 2014/94/EU of the European Parialment and of the Council, Beussels, 14.7.2021, COM（2021）559 final.

② Proposal for a Regulation of the European Parliament and of the Council on Ensuring a Level Playing Field for Sustainable Air Transport, COM（2021）561, Brussels, 14.7.2021, https：//eur-lex. europa. eu/legal-content/EN/ALL/? uri＝CELEX：52021PC0561.

在能源领域，能效和可再生能源目标配合 2030 年的减碳要求都有所提升。欧委会着手修订"第三个天然气能源一揽子法律"（The Third Gas Energy Package）。其中，《能源效率指令》（EED）的修订目标是在 2030 年之前减少欧盟的一次和最终能源消耗，设定在欧盟层面上具有约束力的上限。如获通过，成员国在 2024~2030 年的年度节能义务可被提高几乎一倍。《可再生能源指令》（RED）的修订案提出到 2030 年将可再生能源在最终能源消耗的约束性占比提高到不低于 40%，为氢气等非生物来源的可再生燃料设定发展目标。

欧盟积极培育氢能成为引领能源转型的新生力量，抢占新兴氢市场的标准制定权。"氢和去碳气体市场一揽子方案"（Hydrogen and Decarbonised Gas Market Package）是欧盟建设绿色内部能源市场的一个重要步骤，其目标是加快可再生和氢等低碳气体进入欧洲内部能源市场。欧盟正在积极建立氢能跨境互联网络（"欧洲氢网络运营商网络"，ENNOH），修建相关基础设施，设定绿色气体市场的相关准则①。值得注意的是，在 2021 年秋冬季欧洲能源价格飞涨的背景下，天然气采购成为能源市场绿色化过程中的一个矛盾引爆点。西班牙的能源价格在 10 月飙升到了历史高位，西班牙和法国呼吁各国联手紧急干预市场，对天然气购买规则进行根本性改革，以抵消高昂价格对能源供应系统的冲击。德国、丹麦、爱尔兰等成员国则认为，内部天然气和电力市场规则有助于维持欧洲的能源供应安全，应慎重采取干预市场的行动。② 欧委会在"适应 55"一揽子政策方案中提出了自愿联合购买天然气的措施，以作为对西、法诉求的回应。欧洲冬季天然气价格飙升几为常态，其中全球驱动因素不容忽视。氢能发展还需时日以成为填补欧盟能源缺口的力量。过渡期内，对天然气的依赖对于欧盟能源安全仍是一个考验。

欧委会修订《建筑能效指令》（EPBD）的进展良好。2021 年，欧盟建

---

① 草案规定可再生气体是包括生物甲烷在内的生物质产生的气体，以及由可再生资源产生的氢气。低碳气体是在其整个生命周期中产生的温室气体排放量至少比化石天然气少 70% 的气体。

② Kate Abnett, Marine Strauss, "Nine EU Countries Oppose Electricity Market Reforms as Fix for Energy Price Spike", https://www.reuters.com/business/energy/nine-eu-countries-oppose-electricity-market-reforms-fix-energy-price-spike-2021-10-25/.

筑物翻新的比例仅为 0.2%，新的气候目标要求到 2030 年，对 3%的建筑物进行深度翻新。根据非政府组织 E3G 的估计，这十年中翻新需要增加约 2.75 万亿欧元的投资。

综合来看，欧盟温室气体排放呈现长期稳步减少的总趋势，尽管欧盟经济在 2020~2021 年出现复苏反弹，造成温室气体排放有所增长。根据欧盟 2021 年发布的季度温室气体排放估算，2021 年第二季度，欧盟温室气体排放总量为 8.67 亿吨二氧化碳当量（CO_2-eq），同比增长 18%。2021 年第二季度，欧盟温室气体排放量大的经济部门是制造业和建筑业（占总量的 34%）、电力供应（19%）、农业（14%）、交通服务（8%）和除运输之外的服务业（8%），农业部门的排放量（0.2%）几乎没有变化。[1]

（二）政策难点

欧盟碳排放交易体系（ETS）改革、《减排责任分担条例》（ESR）更新、《能源税指令》（ETD）修订和碳边境调节机制（CBAM）设立等争议较多的立法在 2021 年经历了多轮谈判，还需要更长的磋商、审议时间。

欧盟改革碳交易体系，推行碳边境调节机制，其目标在于加快欧洲产业的降碳速度，同时在脱碳经济中保持竞争优势，不使产业承受"碳泄漏"造成的负面影响。欧委会提议在 2023~2025 年将 ETS 逐步扩展到海事部门，将《国际航空碳抵消和减排计划》（CORSIA）纳入 ETS，从 2026 年开始在道路交通和建筑行业应用 ETS。当前，成员国对 CBAM 涵盖的行业如何提供免费配额，在 ETS 中逐步淘汰免费配额的速度和方式，以及碳"市场稳定储备"（MSR）对碳定价的影响、对价格过度波动时的措施等许多方面都存有不同的意见。

修订 ESR 的目标是，与 2005 年水平相比，欧盟各国至 2030 年的覆盖领域的总排放量至少减少 40%（原减排目标为 29%），各成员国的减排目标将从 10%提升至 50%。每个成员国都被设定年度排放量配额，并在 2030 年

---

[1] "Eurostat Releases for the First Time Estimates of Quarterly EU Greenhouse Gas Emissions", 29 November, 2021, https：//ec. europa. eu/eurostat/web/products - eurostat - news/-/ddn - 20211129-1.

之前逐步减少配额。

欧盟现行的 ETD 自 2003 年生效至今未更新，已无法反映当前的环境要求以及满足实现气候变化目标的需要。例如，航空和海运部门目前在欧盟完全免征能源税。新规则将依据燃料的能源含量和环境效能重新调整税率结构，制定最低税率，在过渡期采用优惠税率。取消对航空和海运部门的减排豁免，停止有关使用化石燃料的激励措施，同时促进清洁燃料的使用。

上述几项政策都可能增加企业的成本和消费者的负担，各方之间还需时间进一步寻找都能接受的实施方案。总的来看，在"适应 55"一揽子政策方案受到欢迎的同时，舆论也担心在道路交通和建筑行业引入 ETS 的提议给消费者增加的成本过高，以及是否有足够的低碳能源可以满足欧盟的能源供给需求。欧洲人民党团（EPP）强调需要一种可靠的社会工具，以确保"没有公共交通工具的农村地区的低收入家庭、中产阶级房主或车主"不必支付最高的费用。[1] 社会党和民主党（S&D）集团对欧委会的方案表示欢迎，称该方案是"十年来最重要的立法举措"。[2] 绿党则认为一些措施仍旧缺乏雄心。[3] 成员国最关注的还是绿色转型的社会影响，警惕可能引发的政治动荡风险。毕竟运输和能源价格上涨在法国引发了"黄马甲"运动，殷鉴不远。东部高碳成员国尤其担心绿色转型对弱势家庭和企业造成的不利影响，尽管"适应 55"一揽子政策方案提出设立"社会气候基金"（Social Climate Fund），但当中的许多举措仍不免遭到高碳国家的反对。

二 绿色治理——民主和共识的塑造

欧盟除了采取诸多"硬"的规制手段外，还积极推行"软"的开放性

---

[1] "EPP Group TRAN Position Paper on Transport Modes", 18 May 2021, https：//www. eppgroup. eu/newsroom/publications/epp-group-tran-position-paper-on-transport-modes.

[2] "S&Ds Welcome Fit for 55 Cliamte Package—We Will Work to Make This Crucial Transition Just and Socially Sustainable", 14 July, 2021, https：//www. socialistsanddemocrats. eu/newsroom/ sds-welcome-fit-55-climate-package-well-work-make-crucial-transition-just-and-socially.

[3] "Fit for 55 in Light of IPCC Report-Letter to the Commission", 13 September 2021, https：// www. greens-efa. eu/en/article/document/fit-for-55-in-light-of-ipcc-report.

对话、讨论和进行信息交流。公民参与气候行动获得知识和认知，决策层获得多样的观点，提高决策水平和代表性，改善欧盟的绿色民主。在欧盟达成由多类型行为体共同参与、塑造的绿色共识。

从开始气候行动到实现零污染，绿色转型的所有领域都需要公民的积极支持。特别是在过渡阶段，公民对于城乡差距、生物经济、水资源管理、能源选择等方面存在不同的观点和复杂的利益。通过利益攸关者的参与，找到可行的解决方案，绿色治理才可被大规模地接受和推行。这是一个涉及欧洲不同社会阶层公民的绿色民主的过程。无论是在制定法律还是在执行政策之前，如果缺乏与公民沟通，或是社会共识不足，往往就会造成反效果，最鲜活的案例就是法国的"黄马甲"社会抗议运动。

气候公民大会（Climate Citizen's Assembly）是欧盟推动的在专家主导的气候规制之外，协调气候行动和公民民主参与的一种动员形式。欧盟开展了小规模的制度化协商以及大规模的公民动员，其形式包括，举行公民对话和公民集会，以促进民众对气候变化威胁的认知；加强能源社区的建设；关注特定主题和群体的作用；借助《市长盟约》（New Covenant of Mayors）调动地方政府的减碳的积极性，并推动制定可持续的城市发展战略。《欧洲气候公约》在 2021 年已经汇集了来自欧洲各组织机构和社区的 1600 多项气候行动承诺。① 欧委会在 9 月启动了"气候转型的公民呼声"（Citizen Voices for Climate Transition）活动，组织参与式研讨会收集公民的意见，反馈给"欧洲未来大会"，激发欧盟公民参与并支持《欧洲绿色协议》目标下的环境、社会和经济转型。②

欧盟成员国积极推动国内公民亲自参与气候行动。2021 年 10 月，西班

---

① "Thousands of People and Organizations Joined the European Climate Pact in 2021—So Who Are They and What Have They Pledged to Do?", https：//europa. eu/climate－pact/news/thousands－people－and－organisations－joined－european－climate－pact－2021－so－who－are－they－and－what－have－2021－12－20_ en.

② "Citizen Engagement Initiative：Shaping the EU's Climate Future Together", https：//ec. europa. eu/info/news/citizen－engagement－initiative－shaping－eus－climate－future－together－2022－jan－13_ en.

牙发起了全国气候变化公民大会，100 多名体现了西班牙社会多元化的公民代表参与讨论"面对气候变化，一个更安全、更公平的西班牙，我们该怎么做？"此前，法国举办了由 150 名随机抽选的公民参与的"气候公民大会"（Convention Citoyenne pour le Climat）。年龄分布在 16~80 岁，来自各个阶层的工人、农民、大学生、企业主等公民代表参加了气候行动培训、研讨会。他们提出了 150 项提案，与总统马克龙进行对话，加入气候行动监督委员会。公民的直接参与赋予了法国气候法民意基础和合法性。丹麦《气候法》颁布得到了公民社会发起的"丹麦气候法即刻生效"（Danish Climate Law Now）的支持。丹麦基于《气候法》设立了公共气候委员会（Public Climate Council），发起气候对话论坛，邀请企业、公民社会的代表共同审议气候行动，提供咨询报告。13 个产业部门组成了"气候伙伴关系"，思考如何以行动向低碳转型。

在审议民主（deliberative democratic）的形式之外，气候抗议也在动员广泛的观点，构成了绿色民主的一部分。在德国举行联邦议会选举前两天，数万名环保活动人士在德国联邦议会外举行集会。气候活动家们将大选称为"世纪投票"，要求下一届政府采取更有力的行动来遏制气候变化。①

民主参与释出了多元化的观点，并鼓励不同利益攸关方相互妥协。大多数欧洲公民总体上想要更强有力的环境政策。但当政策给日常生活带来实在的影响时，人们对政策的支持度就会直线下降。例如碳定价行动，一旦朝着雄心勃勃的方向扩展，将对贫困社区造成相对更为沉重的打击，反对声浪也会出现。这是因为系统性绿色改革将不可避免地产生再分配成本。关于气候变化对 GDP 影响的成本和对新机会的分配问题多是棘手的政治问题。因此有欧洲学者指出，气候公民大会不适合被用来消除根深蒂固的权力不对称和对抗性，或者制定规模性的生态转型计划等深层次的结构性政策。到目前为止，它甚至还没有完成更温和的任务，例如，为担心进行代价高昂的绿色变

---

① "Thunberg Spearheads German Climate Protests to Pressure Candidates Before Polls", 24 September 2021, https://www.france24.com/en/europe/20210924-thunberg-spearheads-german-climate-protests-to-pressure-candidates-before-polls.

革而失去选民的议员找到一个既拉住选民又推进转型的"两全"方案。①

总的来看，公民参与气候变化在系统性绿色转型中成为一种竞争性的政治形式，它们使气候行动与民主之间的关系变得更为复杂。这触及民主绿色化过程中的一个根本性问题，谁会被授予权力做出可能对社会成员产生巨大不同影响的决定。专家主导的气候审议、气候公民大会和气候抗议运动在推动欧盟的气候行动中具有优势也有局限性，它们正在重塑欧盟的绿色民主。

三　气候外交

气候外交已成为欧盟所有对外关系中突出的一环。在地缘政治格局不断调整变动的情况下，欧盟高调推进气候外交，将气候目标更多地纳入对外关系中。欧盟气候外交的目的是推动全球的绿色转型、确保欧盟内部的弹性和对外的竞争力。2021年，欧盟在气候外交上的国际博弈体现如下新特征。

第一，欧盟的气候外交出现了从依靠大多边，转向重视与重点国家的双边关系，以推动全球深度脱碳。也就是说，欧盟从追求以身作则地构建自上而下的全球气候制度更为明确的转型为（特别是冯德莱恩提出"地缘政治欧洲"以来），通过与主要排放国之间的合作或者对抗关系来塑造全球多边气候政策。②

欧美协调气候外交政策，在COP26大会中联手行动。气候变化在美国总统拜登决定美国回归《巴黎协定》后，成为2021年欧美关系中的优先议题。双方利用G7峰会、首脑峰会、北约峰会和G20峰会密集协调气候外交政策。欧美推动国际融资放弃"煤炭资产"。统一协调气候和贸易议程，加强对供应链的监管。加强对企业的绿色监管，强制要求大企业披露温室气体排放信息；协商涵盖气候变化行动成本的全球最低公司税率。建立"跨

---

① Richard Youngs, "Green Democracy in Europe", 23 September 2021, https：//carnegieeurope.eu/2021/09/23/green-democracy-in-europe-pub-85398.

② Schunz, S., "The European Union's Environmental Foreign Policy：From Planning to a Strategy?", *International Politics*, Vol. 56, No. 3, 2019, pp. 339-358.

大西洋绿色技术联盟"，加强在绿色技术开发和部署方面的合作，应对来自中国的竞争。在 COP26 会议中，欧美均认可 1.5℃ 全球温控目标；双方联手倡议甲烷减排计划；强化新兴经济体在"国家自主承诺"中的减排责任；促成缔约方同意"逐步减少煤电和淘汰低效化石燃料补贴"；欧美英首脑共同宣布通过投资发展中地区的基础设施以应对气候变化危机①。尽管在具体实施上存在不同步，但欧美向全球释放了联手重塑全球气候治理的信号。

对华气候外交方面，欧盟的政策重点是将中国"绑定"在全球深度脱碳的"战车"上，迫使中国推行更具雄心的气候议程。具体来说包括要求中国加速淘汰煤炭；提前完成碳达峰和碳中和。在欧盟将中国定位为系统性对手的情境下，欧盟对中国影响《巴黎协定》目标的达成以及塑造气候安全的国际秩序，出现了担忧。② 欧委会在 2021 年 12 月 1 日公布了 3000 亿欧元的"全球门户"（Global Gateway）投资计划，用于基础设施、数字和气候项目，其平衡中国"一带一路"倡议对第三国基础设施决策和排放路径影响的意图呼之欲出。

第二，欧盟利用统一大市场的力量，构建全球标准和规则，为绿色转型竞争铺路。欧盟的优势是拥有 4.5 亿人口的内部市场。欧盟制定了严格的环境规章，以作为内部市场准入条件，对出口国转向绿色生产过程产生了很大的压力。为保护欧盟内企业的竞争力，2021 年 7 月 14 日，欧委会提出了"碳边境调节机制"（CBAM）提案。欧洲碳市场中的电力、钢铁、水泥、铝和化肥五个行业被首先纳入 CBAM。在 2023~2025 年试点阶段，五个行业可获得 100% 的免费配额，但需向欧盟报告产品的排放数据。从 2026 年开始，欧盟将逐年减少生产企业的免费配额，到 2030 年减少 50%，最早至

---

① 美国总统拜登提出"重建更好的世界"投资倡议，欧委会主席冯德莱恩提出"全球门户"计划，英国首相约翰逊提出"清洁绿色倡议"。
② Ivleva, D., "The Belt and Road Initiative in Kazakhstan. Does the Geopolitics of China's Outward Investments Put the Brakes on Decarbonisation?", Adelphi, Berlin, 2021, https://climate-diplomacy.org/magazine/cooperation/belt-and-road-initiative-case-kazakhstan.

2035 年完全取消免费的配额。同时期，进口商需要为进口产品支付碳排放费用，并且费率将逐年提高。法国一直倡导实施 CBAM，2022 年上半年法国担任欧盟轮值主席国期间，提案将是部长理事会中政府磋商的重点议案。捷克在 2022 年下半年接棒轮值主席国，对 CBAM 的支持度也较高。目前，欧盟成员国间在免费配额的退出时间、是否考虑所有能源使用产生的间接排放、欧盟出口产品是否给予退税、如何使用碳费收入、对于已经实施碳定价的国家如何设置相应的抵扣等方面都还存在分歧，因此，在接下来的审议中，CBAM 提案可能还会经历一些调整。俄罗斯、土耳其是欧盟上述五个行业的进口产品的主要来源国，它们在 CBAM 正式运行后将受到较大的影响。对中欧贸易来说，首批纳入 CBAM 的行业产品的贸易额在总贸易额中的占比很小，整体受到的影响有限，但是局部来看，中国高碳钢铁的出口竞争力会受到较大的影响，长远来看，中国对欧出口的竞争优势可能会受到挤压。

第三，以绿色基础设施投资扩大地缘影响力，并推动全球绿色转型。欧盟推出融资额高达 3000 亿欧元的新投资计划——"全球门户"（Global Gateway），强调这是一个以价值观为导向、高标准和高透明度的基础设施伙伴关系，其宗旨与联合国 2030 年可持续发展议程、可持续发展目标和《巴黎协定》保持一致。"全球门户"的投资领域包括数字、气候和能源、交通运输、卫生健康、教育和科研。"全球门户"的资金来源依托欧盟多年度财政框架（2021~2027 年）。欧盟的预算拨款将达 180 亿欧元。新金融工具——欧洲可持续发展基金＋（EFSD＋），作为"全球门户"与欧盟发展政策工具（NDICI）的金融部门，将在 2021~2027 年为基础设施项目提供高达 1350 亿欧元的担保投资。欧洲的金融和发展融资机构计划的投资额高达 1450 亿欧元。此外，欧盟还探索建立欧洲出口信贷机制，以补充成员国层面现有的出口信贷安排，并增加欧盟在该领域的整体融资规模。"全球门户"投资的地域范围包括非洲、拉美、中亚、巴尔干半岛等发展中国家和地区。欧盟在未来 7 年向非洲的基础设施建设投入 1500 亿欧元，并将气候变化和健康危机等全球挑战考虑在内。① 在马克龙的支持下，欧盟提议在2022年向非洲提供价值200亿欧元的年度初始投资。此外，欧盟2021~2027年预算中的新的发展政策工具——邻里、发展和国际合作工具（NDICI），也将为伙伴国家的可持续能源项目提供赠款、贷款和担保。NDICI的预算为795亿欧元，比上一个多年度预算增加了12%，其中30%的资金将被投入保护气候的努力中。NDICI中的291.8亿欧元将投入撒哈拉以南非洲，193.2亿欧元的睦邻区域预算中将有一部分投入地中海南岸的北非国家。② 正如冯德莱恩所指出的，欧盟的投资计划致力于促进世界各国为环境保护、绿色转型设定最高的标准。

四　绿色治理面临的挑战

欧盟推进绿色转型需要在零碳治理方案与地缘政治和关键经济利益体之间进行权衡。气候变化和绿色转型议题被地缘政治化的程度越高，这种平衡就越具有挑战性，需要高层参与谈判，达成政治上的共识，以及统一欧盟各机构的立场。这些挑战在欧盟绿色转型的过程中，具体来说主要体现为：第一，地缘利益博弈导致欧盟绿色转型道路偏移；第二，支持绿色转型反对"棕色"锁定；第三，维护价值观却缺失国际领导责任。

（一）地缘利益博弈导致欧盟绿色转型道路偏移

欧盟需要警惕地缘政治分化可能导致能源转型的政策举措在短期内偏离欧盟绿色转型的大目标，而被国家利益博弈"带偏"。欧盟的绿色产业发展不均衡，在对经济活动是否具有可持续性和环境友好性进行分类认定时，成员国之间的地缘分化十分明显。特别是"法德轴心"在欧盟能源转型路线问题上

① "EU-Africa: Global Gateway Investment Package", https://ec.europa.eu/info/strategy/priorities-2019-2024/stronger-europe-world/global-gateway/eu-africa-global-gateway-investment-package_en.

② European Commission, "Global Europe: The Neighborhood, Development and International Cooperation Instrument", 9 June 2021, https://ec.europa.eu/international-partnerships/system/files/factsheet-global-europe-ndici-june-2021_en.pdf.

已"分道扬镳"。以法国为首，保加利亚、克罗地亚、捷克、芬兰、匈牙利、波兰和罗马尼亚等国支持发展核能，将核电作为欧盟脱碳战略的支柱之一。以德国为首，葡萄牙、奥地利、卢森堡和丹麦等国则反对依赖核电，主张大力发展风电和太阳能作为绿色能源体系的基础。在核电之外，从高碳能源体系向低碳过渡的产品——天然气是否被赋予"绿色"标签，也是欧盟内部的争议焦点。

2021年欧委会公布了两份内部技术评估报告①，指出核能对《欧盟可持续金融分类条例》"不造成重大伤害"。这一结论成为欧委会允许在特定条件下把核能和天然气纳入分类目录的前奏。② 分类目录在欧盟已经成为一个高度政治化的议题。核能和天然气共同进入分类目录，显然是法德利益交换的一种反映。法国政府决定以新建核电项目来履行《巴黎协定》，而德国政府执行弃核政策，支持将天然气行业认定为绿色经济。新冠疫情的特殊背景下，全球供应链中断，推高生产和生活成本，能源供应安全受到威胁，价格飙升。欧盟能源体系低碳化短期内给成员国的弱势家庭、小微企业带来了额外的压力，导致"能源贫困"现象出现。法国还承受2022年4月总统大选所带来的选民的特殊压力。上述多个因素共同促成法德达成协议，进而出现核能和天然气双双进入分类目录的局面。但是，对绿色转型的"漂移"将让欧盟全球气候领导者的决心、信用和榜样号召力遭受一定程度的挑战。

（二）支持绿色转型反对"棕色"锁定

在绿色转型道路上，欧盟面临由于成员国地缘利益不统一、行业游说活跃而产生的"棕色"锁定风险。其一，这表现为，欧盟在绿色转型中要防

---

① JRC Report: Technical Assessment of Nuclear Energy with Respect to the "Do no Significant Harm" Criteria of Regulation (EU) 2020/852; Opinion of the Group of Experts referred to in Article 31 of the Euratom Treaty on Joint Research Centre's report technical assessment of nuclear energy with respect to "do no significant harm" criteria of Regulation (EU) 2020/852, 2 July 2021.

② 欧委会在2022年2月2日批准了一项执行《欧盟可持续金融分类条例》的气候变化补充授权法案，设定了可被纳入气候变化减缓和适应行动目录的技术筛选标准。该法案提出，在严格的条件下，特定核能和天然气能源活动将被归入《欧盟可持续金融分类条例》中的"过渡"类经济活动清单。参见 EU Taxonomy Complementary Climate Delegated Act, C (2022) 631/3。

止出现"漂绿"。欧委会在"氢和去碳气体市场一揽子方案"中鼓励采用"低碳气体"，提出至少能够减少70%的温室气体排放的气体可被认证为低碳气体。这个定义使天然气和核能生产的氢气都有可能被认证为低碳气体。环保人士批评此举为落后的能源进行"漂绿"。据报道，欧委会被巨大的天然气游说势力说服，为灰氢和蓝氢进入广泛的市场打开了大门①。核能和天然气被纳入可持续金融分类目录，也存在标准过于宽松使欧盟的可持续金融面临"漂绿"的风险。数十亿欧元可能会进入化石燃料、核能和工业化农业中，加剧气候和生物多样性危机。

其二，宽松的内部天然气市场和天然气输送网络准入规则，为继续使用和依赖化石气体打开了方便之门。欧盟内部氢气产业发展不平衡，西欧、北欧以及中欧地区对推行氢气应用相对更为积极，而东欧以及南欧地区的氢气或生物甲烷产业发展相对较为落后。欧盟委员会设定氢气混合进入跨境天然气传输网络的最高上限为5%。成员国中，少数一些国家允许将氢气注入天然气管道中实现混合运输。在德国，允许的氢气混合比例最高，在特定条件下氢气混合比例可以达到10%。② 欧盟要发展绿氢，必须加大对于氢气运输基础设施的投资力度，以避免运输中的"棕色"锁定难题。德国、奥地利、法国、荷兰、比利时和卢森堡六国的能源部长提出将氢气混合入天然气管道再进行运输，只能作为暂时性的过渡解决方案，欧盟需要为纯氢气运输管网投入更多的资源，才能实现向绿氢的转型。

（三）维护价值观却缺失国际领导责任

当前，欧盟愈发强调战略自主，积极维护自身的价值观和利益。在推动全球绿色转型的同时确保欧盟内部的弹性和对外的竞争力，是欧盟气候外交的目标。但欧盟在主张其诉求时，需要真正考虑有利于国际社会的多边解决方案，并积极主动与之相协调。显然欧盟现在的一些做法并不是多边框架之

---

① https：//ecostandard.org/news_events/eu-gas-package-opens-backdoor-for-large-scale-fossil-gas-greenwashing/.

② 李丽旻：《欧盟"绿氢"战略面临运输瓶颈》，《中国能源报》2020年7月20日第7版。

下的多赢之举。首先，欧盟单方面推出 CBAM，虽然可能起到促进域外市场降低碳排放的作用，但是它违反 WTO 规则的风险一触即发。更重要的是，这种形式的碳关税增加了发展中国家可持续发展的负担，造成产业竞争力被挤压，政府的规制成本升高。其次，欧盟已经或正在立法进程中的国际贸易与投资法规，以国家安全、环境保护为由，对国际自由贸易和投资造成了诸多限制。欧盟绿色供应链立法（《公司可持续性尽责指令提案》）和德国《供应链法》的核心内容都是将环保标准纳入供应链治理，要求供应链上的企业符合欧盟规定的绿色的、可持续的环境标准，这无疑将给广大发展中国家的中小企业增加一层沉重的负担。如此种种单边的、单面向的规制性的举措能否改变国际气候治理进展缓慢的现状，需要进一步观察。但是，欧盟以如此方式维护自身利益的举动与其宣称的多边主义外交原则不符。它混淆了不同国家主体的气候责任，也损害了绿色转型的国际正义与公平。

欠缺多边、多赢的国际气候治理解决方案会让欧盟的国际气候治理领导威信降级。欧盟的气候多边外交效果不尽如人意，COP26 气候大会的进展不符合国际社会的期待。气候雄心联盟、甲烷联盟、森林碳汇等外交进展，形式大于内容。发达国家按照《巴黎协定》的约定在 2020～2025 年兑现6000 亿美元，长期融资议程则延长至 2027 年。然而，在增加公共资金和可量化资金的可预测性方面仍没有令人满意的谈判结果。在适应方面，欧盟对在谈判中设立全球适应目标一直不积极，"格拉斯哥—沙姆沙伊赫全球适应目标两年工作计划"的执行前景仍属未知。在损失和损害赔偿问题上，欧盟和美国拒绝建立一项基金以补偿贫穷国家因气候变化遭到的破坏。当前极端天气对脆弱国家的打击远比预期中的更加严重和频繁，贫穷国家因极端天气而遭受的损失得不到补偿，许多国家对这一决定感到愤怒。

在格拉斯哥，欧盟敦促世界采取重大气候行动，自身却难以实质性举动领跑全球气候变化治理。在布鲁塞尔，欧盟官员努力维护化石气体在未来几十年内的存在，将天然气、核能和工业化农业标记为"过渡性"的可持续活动，使其有资格获得绿色资金。总之，"单干"和"漂绿"是对《欧洲绿色协议》及其作为气候领导者的信誉的一个重大风险和打击。

附　　录
Appendix

B.11
2021年欧洲大事记

牟　薇*

1月1日　葡萄牙开始担任为期半年的欧盟轮值主席国。

1月13日　爱沙尼亚总理拉塔斯因腐败调查而辞职。

1月15日　荷兰首相吕特和政府内阁因"儿童福利丑闻"集体辞职。

1月21日　欧洲议会通过决议，要求欧盟立即同俄罗斯停止"有争议"的"北溪-2号"天然气管道项目建设。

1月22日　中国驻欧盟使团就欧洲议会通过涉港决议表示强烈谴责和坚决反对。

1月24日　葡萄牙举行总统选举。现任总统马塞洛·雷贝洛·德索萨赢得连任。

1月25日　欧盟成员国外长发布联合声明，确认欧盟不再承认胡安·瓜伊多为委内瑞拉"临时总统"，同时强调不承认委内瑞拉2020年底举行

---

* 牟薇，中国社会科学院欧洲研究所助理研究员。

的议会选举。

爱沙尼亚议会投票确认卡娅·卡拉斯出任新总理。

1月26日 为了成立新政府，实现救国愿景，意大利总理孔特辞职。

2月1日 国务院副总理韩正在北京通过视频方式同欧盟委员会第一副主席蒂默曼斯举行首次中欧环境与气候高层对话。

2月13日 由马里奥·德拉吉担任总理的新一届意大利政府宣誓就职。

2月22日 欧盟在布鲁塞尔举行27国外长会议，美国国务卿布林肯受邀参会。会议原则上同意因纳瓦利内事件扩大对俄罗斯的个人制裁。

欧盟宣布将委内瑞拉国家选举委员会主席阿方索等19人列入制裁名单。

2月24日 委内瑞拉宣布驱逐欧盟驻委大使佩德罗萨。

3月1日 《中欧地理标志协定》正式生效。

3月2日 法国议会通过一项援助非洲法案，以增加对撒哈拉以南国家的援助预算。

3月3日 被英国吊销执照的中国国际电视台（CGTN）通过"登陆"法国重新向整个欧洲播放节目。

3月20日 匈牙利外交与对外经济部长西亚尔托表示，由于引进中国和俄罗斯的新冠疫苗，匈牙利受到了来自一些欧盟国家的"严重政治攻击"。他表示，将疫苗问题政治化是个巨大的错误。

3月22日 欧盟以所谓新疆人权问题为借口对中国实施单边制裁。时任外交部副部长秦刚召见欧盟驻华代表团团长郁白，向欧方提出严正抗议和强烈谴责，并通报中方有关反制措施。

3月25~26日 欧盟春季峰会通过视频方式召开。峰会聚焦加快疫苗生产和合理分配疫苗，以及讨论欧美、欧土关系。

4月8日 欧洲人权法院裁定，强制接种疫苗不仅没有违反人权法，而且可能是必要的措施。

4月16日 国家主席习近平在北京同法国总统马克龙、德国总理默克尔举行中法德领导人视频峰会。会议聚焦合作应对气候变化、中欧关系、抗疫合作以及重大国际和地区问题。

4月17日 捷克政府以俄罗斯情报人员涉嫌参与 2014 年捷克军火库爆炸事件为由，要求 18 名俄罗斯驻捷克使馆人员 48 小时内离境。

4月18日 俄罗斯外交部宣布，驱逐 20 名捷克驻俄外交人员，以回应捷克此前驱逐 18 名俄外交人员的"敌对行为"。

4月20日 希腊表示，2021 年以来，抵达希腊各岛屿的难民和移民人数比 2020 年同期减少了 89%。

4月23日 因"大非洲之角"地区遭受战乱、新冠疫情、蝗灾，欧盟宣布向该地区追加 1.49 亿欧元人道主义援助。

4月28日 俄罗斯外交部宣布驱逐斯洛伐克、立陶宛、拉脱维亚和爱沙尼亚驻俄使馆的总共 7 名外交人员，以作为对这些国家驱逐俄外交官的回应。

欧洲议会通过了欧英贸易协定。

4月29日 欧洲议会通过决议称，如果俄罗斯入侵乌克兰，欧盟将切断俄与 SWIFT（环球同业银行金融电讯协会国际资金清算系统）的联系，并停止从俄进口石油和天然气。

4月30日 俄外交部宣布，禁止 8 名欧盟及其成员国官员入境俄罗斯，其中包括欧洲议会议长萨索利。

5月7~8日 为期两天的欧盟社会峰会召开。峰会聚焦如何弥补新冠疫情对欧盟造成的经济损失。会议就暂缓新冠疫苗知识产权豁免达成一致。

5月12日 欧盟太空计划署正式成立。

欧盟委员会出台一项行动计划，致力于到 2050 年将空气、水和土壤污染降低到对人类健康和自然生态系统不再有害的水平，打造"零污染"的环境。

5月17日 德国联邦议院人权委员会举办所谓"维吾尔族人权受侵害的国际法评估"听证会。中国驻德国大使馆当天发表声明表示，新疆事务纯属中国内政，涉疆问题不是民族问题、宗教问题、人权问题，而是反恐、去极端化和反分裂问题，人权委及有关成员一再借人权干涉中国内政，中方对此决不接受。

5月20日 欧洲议会通过了一项动议，要求欧洲议会暂停批准中欧投资协定，直到中国解除 2021 年 3 月对欧洲议员的反制裁措施。

5 月 22 日 立陶宛外长宣布退出中国—中东欧"17+1"合作机制。

5 月 24~25 日 为期两天的欧盟特别峰会在布鲁塞尔召开，会议聚焦新冠疫情、疫苗接种等问题。

5 月 25 日 欧盟宣布向巴勒斯坦提供 800 万欧元紧急援助。

5 月 26 日 瑞士联邦政府宣布，拒绝签署与欧盟的双边框架协议。

5 月 29~31 日 波兰、塞尔维亚、爱尔兰、匈牙利四国外长对中国进行访问。

5 月 30 日 塞浦路斯举行议会选举，执政的民主大会党赢得新一届议会选举。

5 月 31 日 法国总统马克龙和德国总理默克尔表示，美国利用丹麦对盟国领导人进行监听的做法不可接受，法德要求两国就此做出解释。

6 月 4 日 欧盟宣布正式禁止白俄罗斯航班飞越欧盟领空及降落。

6 月 4~5 日 七国集团财政部长会议在伦敦举行。会议达成一项历史性协议，同意对全球税收体系进行改革。

6 月 10 日 英国首相约翰逊会见到访的美国总统拜登，并签署旨在巩固两国特殊关系的合作宣言。

6 月 11 日 为期三天的七国集团首脑会议开幕。会议聚焦新冠疫情的教训，确保经济全面恢复，应对气候变化，应用新技术创造高收入、高技能就业等。

6 月 15 日 美国与欧盟达成一项为期 5 年的协议，暂停因航空补贴争端互相加征关税。

英国政府宣布，英国与澳大利亚达成自由贸易协定。

6 月 21 日 欧盟宣布对 78 名白俄罗斯个人和 8 家实体实施制裁。

6 月 24 日 欧盟出台对白俄罗斯国家经济实施制裁的新措施。

6 月 24~25 日 为期两天的欧盟夏季峰会在比利时布鲁塞尔召开。

6 月 28 日 瑞典首相勒文未能通过议会的不信任投票，宣布辞职。

7 月 1 日 斯洛文尼亚开始担任为期半年的欧盟轮值主席国。

欧盟数字新冠通行证正式投入使用。

瑞典议会议长安德烈亚斯宣布让刚刚辞职的首相勒文尝试组建新政府。

7月7日 欧洲议会批准更新版"连接欧洲设施"计划,将于2021~2027年划拨300亿欧元,用于交通、能源和数字化基础设施建设。

7月9日 第六届"三海倡议"峰会在保加利亚首都索非亚举行。峰会聚焦能源安全及能源供应的多样化。

7月12日 欧盟理事会宣布,将对俄罗斯的经济制裁延长6个月。

7月13日 欧盟理事会宣布,首批12个欧盟成员国奥地利、比利时、丹麦、法国、德国、希腊、意大利、拉脱维亚、卢森堡、葡萄牙、斯洛伐克和西班牙的经济复苏计划正式获得批准。

7月14日 马耳他禁止未接种新冠疫苗者入境,是首个采取这一措施的欧盟国家。

7月15日 美国总统拜登在白宫与德国总理默克尔会晤,双方就两国关系以及地区和全球性问题展开讨论。

7月22日 法国国民议会通过新法案,加强追踪极端分子、监控与极端主义相关的网络活动,以防范恐怖袭击。

7月23日 法国国民议会通过旨在维护"共和国原则"的反分裂主义法案。

7月28日 欧盟理事会宣布,正式批准克罗地亚、塞浦路斯、立陶宛和斯洛文尼亚四国的经济复苏计划。

8月31日 阿拉尔·卡里斯当选爱沙尼亚新总统。

9月1日 欧盟委员会表示,只有在塔利班满足包括尊重人权和援助人员不受限制地通行等条件的情况下,才会与塔利班建立正式关系。

9月2~3日 为期两天的欧盟国防部长非正式会议在斯洛文尼亚布尔多城堡举行。欧盟外交与安全政策高级代表博雷利说,欧盟应该从阿富汗局势中吸取教训,谋求联合自强,提高战略自主权。他还表示:"民主不能输出""(阿富汗乱局)不仅是一次军事溃败,也是西方价值观的溃败"。

9月5日 为期两天的二十国集团卫生部长会议在意大利罗马开幕。会议重点讨论如何应对未来的疫情。

9月15日 美英澳三国宣布建立所谓新的三边安全伙伴关系（AUKUS），澳大利亚将与美英合作在澳建造核潜艇。澳方同时撕毁此前与法国海军集团签订的采购12艘潜艇的合同。

英国首相约翰逊进行内阁改组。

9月16日 欧盟委员会宣布成立欧盟卫生应急准备和响应机构。

9月17日 南欧九国集团峰会在雅典举行，会议聚焦气候变化和难民挑战，以及地中海地区的安全与稳定，会议签署了《雅典宣言》。

法国外交部发表声明，决定立即召回驻美国和驻澳大利亚大使。

9月18日 为期两天的二十国集团农业部长会议在意大利佛罗伦萨闭幕并发布公报，重申承诺在经济、社会和环境三个可持续性维度的框架内实现粮食安全。

9月21日 法国因美英澳三国组建AUKUS导致其与澳大利亚数百亿美元潜艇大单被撕毁一事，取消同英国防长的会晤，欧盟表示支持法国。

美国总统拜登在白宫会见英国首相约翰逊。双方讨论了阿富汗问题以及印太等地区问题。

9月26日 德国举行联邦议院选举，社民党以25.7%比24.1%的微弱优势战胜联盟党，成为议会第一大党，赢得优先组阁权。

冰岛议会选举结果揭晓，左派和右派政党共同组成的执政联盟继续保持多数席位。

9月29日 欧盟表示，欧委会通过一项新的打击人口走私行动计划，旨在防止有组织剥削移民和减少非正常移民。

9月30日 法国总统马克龙声称阿尔及利亚的"官方历史"已经被"彻底改写"，其内容"并不基于事实，而是基于对法国的仇恨"。

10月2日 阿尔及利亚总统府发表声明称，因马克龙发表对阿不当言论，阿政府决定召回驻法大使。

10月4日 欧元集团会议在卢森堡举行，重点讨论疫情对经济的影响和当前欧洲的能源问题。

10月5日 法国总统马克龙在巴黎会见美国国务卿布林肯,讨论法美关系。

欧盟各国经济和财政部长在卢森堡召开会议,讨论欧盟经济复苏计划实施情况等议题,会议通过了马耳他的经济复苏计划。

罗马尼亚议会通过不信任案,克楚政府下台。

10月6日 欧盟-西巴尔干峰会在斯洛文尼亚布尔多城堡举行,会议聚焦欧盟东扩、新冠疫情背景下的合作与经济复苏等问题。会议通过《布尔多宣言》。

10月7日 波兰宪法法院裁定,欧盟最高司法机构欧洲法院的某些裁决对波兰的管辖权没有约束力,且欧盟条约部分内容违反波兰宪法。波兰总理莫拉维茨基支持这一裁决。

10月9日 奥地利总理库尔茨因卷入腐败丑闻被调查而辞职。

捷克议会众议院选举结束,三个反对党组成的"在一起"政党联盟以得票率27.8%险胜,总理巴比什领导的"不满公民行动党"的得票率则为27.1%。

10月11日 亚历山大·沙伦贝格宣誓就任奥地利总理。

10月12日 法国总统马克龙公布总额为300亿欧元的"法国2030"投资计划,旨在重振法国工业,推动科技创新。

英国议会下院发表的英国首份新冠疫情调查报告指出,英国未能在大流行早期采取更多措施阻止新冠病毒传播,这是该国最严重的公共卫生失败事件之一。

10月18日 法国外交部表示,因欧盟不承认2020年白俄罗斯总统选举结果,法国驻白大使"根据外交惯例"将国书副本交给白外长。白方因此"单方面决定"要求法国驻白俄罗斯大使德拉科斯特离境。

10月21~22日 欧盟秋季峰会在布鲁塞尔举行。峰会议题主要聚焦能源价格、新冠疫情防控等方面。

10月26日 德国总理默克尔正式卸任。

10月27日 针对捷克议会参议院等机构纵容台湾当局外事部门负责人

窜访捷克，为其从事"台独"分裂活动提供平台，中方对此表示强烈谴责和坚决反对。

欧洲法院裁定，由于波兰没有停止实施其国内法律中针对法官的纪律审查机构的有关条款，须向欧盟委员会每天支付 100 万欧元罚款。

10 月 29 日 美国总统拜登与法国总统马克龙在罗马会晤。双方宣布在气候变化、军事贸易、国际反恐等领域加强合作。

10 月 30 日 为期两天的二十国集团峰会以线上线下相结合的方式在意大利首都罗马举行，峰会聚焦新冠疫情、经济复苏和应对全球气候变化等重大议题。峰会通过了《二十国集团领导人罗马峰会宣言》。

10 月 31 日 北马其顿总理扎埃夫因所属的社会民主联盟在市政选举中失利而宣布辞职。

11 月 4 日 葡萄牙总统德索萨宣布正式解散议会并于 2022 年 1 月 30 日举行大选。

11 月 8 日 白俄罗斯与波兰交界处爆发难民危机。

11 月 10 日 瑞典首相勒文再次辞职。

11 月 11 日 由"不满公民行动党"主席巴比什领导的捷克政府向总统泽曼递交辞呈。

11 月 14 日 保加利亚同时举行总统选举和年内第三次议会选举。

11 月 23 日 保加利亚中央选举委员会宣布，现任总统拉德夫在总统选举中获胜，连任该国总统。

罗马尼亚议会众参两院分别选出新任领导人，乔拉库当选众议长，克楚当选参议长。

11 月 24 日 欧盟 2022 年预算正式在欧洲议会通过，该预算承诺的拨款总额为 1695 亿欧元，最后达成的拨付总额为 1706 亿欧元。

玛格达莱娜·安德松通过瑞典议会投票，成为瑞典历史上首位女性首相。

11 月 25 日 罗马尼亚总理尼古拉·丘克领导的新一届政府宣誓就职。

11 月 26 日 由柬埔寨主办的第十三届亚欧首脑会议闭幕。会议通过主席声明《加强多边主义 促进共同增长》等成果文件。

国际原子能机构理事会按照中方建议，首次专门讨论了"美英澳核潜艇合作所涉核材料转让及其保障监督等影响《不扩散核武器条约》（NPT）各方面的问题"。中俄两国代表均发言表明反对三国核潜艇合作的严正立场。

11 月 28 日 捷克总统泽曼任命彼得·菲亚拉为新政府总理。

11 月 30 日 加勒比海岛国巴巴多斯不再承认英国女王为国家元首，脱离英联邦并正式改制为共和国。

2021 年中欧论坛汉堡峰会首次以线上形式举行。峰会聚焦新冠疫情后的欧盟与中国关系。

12 月 2 日 奥地利总理沙伦贝格因卷入腐败丑闻被调查而宣布辞职。

12 月 2~3 日 欧安组织部长理事会会议在瑞典首都斯德哥尔摩举行，缓和乌克兰紧张局势是此次会议的重要议题之一。

12 月 6 日 奥地利联邦政府进行改组，卡尔·内哈默出任新总理。

12 月 8 日 德国新任总理朔尔茨及新政府内阁宣誓就职。

12 月 10 日 立陶宛外长兰茨贝尔吉斯因认为遭到美国制裁的白俄公司货物持续通过立陶宛中转，有损立陶宛"声誉"，宣布辞职。

12 月 16 日 欧盟成员国领导人在比利时布鲁塞尔举行冬季峰会。

12 月 27 日 欧盟委员会主席冯德莱恩表示，欧盟逾 78% 的成年居民已完成新冠疫苗接种。

12 月 31 日 欧洲新冠疫情持续恶化，多国单日新增确诊病例创疫情出现以来的最高纪录。

Abstract

The key words for Europe in 2021 are "recovery" and "autonomy": to push for economic recovery amid the COVID-19 pandemic, and to strive for autonomy in the geopolitical competition of great powers. Today, Europe is in the midst of a pandemic and "great changes unseen in a century". The COVID-19 has magnified the chronic problems of European governance. The European integration process has become more unbalanced and the EU's power and role in dealing with international affairs has been undermined, while the intensification of great-power competition and the return of geopolitics brought strategic anxiety to Europe. In this context, European leaders stepped up efforts to foster European economic and diplomatic transformation in order to cope with the dramatic changes at home and abroad. The outbreak of the Russian-Ukrainian conflict shocked the European security and economic order, further stimulating the geopolitical "awakening" of Europe, and highlighting the urgency of European transformation. The keynote report of the "Annual Development Report of Europe (2021–2022)" is titled "Dramatic Changes Trigger Great Transformations in Europe", and analyzes the domestic and external challenges that Europe faces. From a domestic point of view, the chronic problems of European governance become more prominent, while European integration, and European economic growth all encountered unprecedented difficulties. From an external point of view, the destructive impact of COVID-19 pandemic persists, and the intensification of great-power competition, particularly the Russian-Ukrainian conflict has led to drastic deterioration of European security and the international situation. The superposition and interaction of the major changes at globe and Europe have caused the relative fall of Europe's international role, and brought Europe to a new stage of running-in transformation. Against this background, Europe endeavors to boost economic and diplomatic transformation, so as to occupy the high ground in great-power competition and safeguard European interests. The economic transformation mainly constitutes digital and green aspects, and takes addressing climate change and realizing digitalization as the main policy orientation and development goals in the post-pandemic era. The diplomatic transformation indicates that Europe will re-locate itself in global landscape, which is reflected in the trade-off between strategic autonomy and dependence on allies, the frequent changes and interactions between economic interests, geopolitics, and values diplomacy, as well as the balanced diplomatic investments in Indo-pacific region and European neighborhood. The two major transformationsare products of the dual logic of changes of international situation and changes within Europe, and will generate significant impact on Europe and its relationship with the rest of the world.

Regarding the European situation in 2021, the thematic reports provide systematic reviews and analyses from six aspects: European politics, European economy, European society, EU legal process, European external relations, and China-EU relations.

European politics in 2021 moves forward in fragmentation. Germany, the Netherlands and many Central and Eastern European countries once again ushered in an "election year". In the field of party politics, there has been a new round of adjustments in the balance of power between the center-left and center-right parties in Europe, and "green politics" has once again returned. Although the support rate of radical forces represented by populist parties dropped, their influence cannot be underestimated. Political ecological changes at the state level spill over to the EU level, and European integration is still making achievements with difficulties. Although European integration has deepened and developed, the challenges it faces have become even more formidable.

The European economy underwent recovery and structural transformation against the COVID-19 pandemic in 2021. With the overall relief of the pandemic in Europe, coupled with the favourable factors such as the promotion of COVID-19 vaccination, recovery of global supply chain, and the implementation of the "Next Generation EU" plan, the European economy recorded a relatively strong recovery. The sharp rise in inflation has become a new problem encountered by the European economy. The loose fiscal policy has caused the public budget deficit and debt of the EU and major European states to stand high, and how to comply with fiscal discipline will become a long-term challenge in the future.

European society experienced new trend in 2021 which is featured by the mix of turmoil, adjustment, and governance. The large-scale social protests against the pandemic prevention measures in multiple countries mirror the difficulties of social governance under the pandemic as well as the polarization of public opinion. The pandemic prevention measures explored by the EU and member states, as well as the adjustment of social policies in various fields, will lay a certain institutional foundation for the reform of social governance in various countries, but the tension between the governance ideas of the governmentand the public demands persists.

The EU legal process in 2021 advanced amid crises and challenges. In the field of constitutionalism, the EU launched the "Conference on the Future of Europe", but the rule-of-law crisis within the EU unabated. In terms of internal market, the EU's competitiveness anxiety is notable. It not only strengthened the legal system for digital economy and green economy, but also updated competition policy instruments and strengthened market supervision. In terms of unilateral economic and trade legislation, the EU introduced a number of instruments with extraterritorial effects, such as international public procurement instruments, EU foreign subsidy regulations, EU anti-coercion regulations, emphasizing reciprocity in market access to safeguard its interests and ensure European enterprises' competitiveness.

The EU implemented "normative geopolitical diplomacy" in foreign relations in 2021. The EU has long advertised itself as a "normative power" on the international stage, but in recent years, under the impact of a number of crises at home and beyond, the EU has increasingly viewed international affairs through the lens of geopolitics, focusing on building its "hard power". The "normative" and "geopolitical" faces of the EU's foreign policy are evident in 2021 and 2022 in its relations with Russia, the United States, Africa, and the Indo-pacific states.

In 2021, China-EU relations continued to develop at a low level since the COVID-19 outbreak, and generally presented a picture of coexistence of cooperation and competition. The report finds that the EU's perception of whether China is an opportunity or a threat has changed: while the EU views China as an opportunity for development, it highlights the challenges China poses in various fields such as institutions, values, and high technology. Dominatedby such perception, the EU's debates on China put more emphasis on how to deal with challenges from China, increasingly focusing on guarding against China, highlighting value orientation and reciprocity, and strengthening the protection of the EU's own interests. In 2022, due to the outbreak of the Russian-Ukrainian conflict, new consensus and divergences in China-EU relations emerged. In general, the resilience of China-EU cooperation still exists, but their cooperation has been far from the comfort zone.

The special reports provide in-depth analyses of some major events took place in Europe in 2021. Report titled "The Ruling of Poland's Constitution Tribunal and Its Influence" pointed out that on October 7, 2021, the Polish Constitutional Court ruled that some articles of the EU Treaty were not in conformity with the Polish Constitution. The ruling directly challenges the EU legal order, which EU law takes precedence over the laws of member states, and intensified the political conflict in Poland and worsened the already strained Poland-EU relations. Report on "The German Bundestag Election and the New Government's Domestic and Foreign Policy" points out that the results of the 2021 German Bundestag election reflected changes of German political ecology from different levels, such as the power balance of German political parties, the ideological boundaries of major political parties, and the voters' mobility, voters' trust in political parties, and the age and occupational background of parliament members. Changes in the political ecology and the formation of unprecedented three-party cabinet will have an important impact on Germany's domestic and foreign affairs, ushering in the "post-Merkel" era. Report of "The European Green Deal: Progress on the Governance and the Game of Geopolitics" points out that the European Commission launched the "Fit 55" policy package in 2021, and the "European Climate Law" came into effect, which will guide the European transition to green development in an all-round way. Against the background of changes and adjustments in the global geopolitical landscape, the EU actively promotes climate diplomacy, and applies its market and geopolitical influence, expertise and financial resources to promote the EU's green transformation model to the world.

The "Annual Development Report of Europe (2021-2022)" makes some major structural adjustments. The keynote report highlights the grand trend of great changes in Europe, and six thematic reports comprehensively sort out the main processes and challenges in European politics, economy, society, legal construction and external relations, as well as in China-EU relations. The major events took place in 2021 are analyzed in-depthly through three special reports. The new structure underlines main trends at one hand, and combineskey points and aspects at the other hand. We wish readers may find it acceptable.

Keywords: European Transformation; Normative Geopolitical Diplomacy; China-Europe Relations; Polish Constitutional Court; German Election

Contents

I   General Report

Abstract: "Recovery" and "autonomy" dominated the European agenda in 2021: to push for economic recovery amid the COVID-19 pandemic, and to strive for strategic autonomy along the growing competition of great powers. Currently, Europe is going through a very challenging period, for instance, European governance problems are intensified, European differentiated integration is further magnified, the international role of the EU is shrinking, and the geopolitical competition of great powers is strengthening, which undoubtedly exacerbate the strategic anxiety of Europe. Under the circumstances, European leaders have stepped up efforts to promote the EU's economic and strategic transformation, thereby effectively tackling with challenges at home and abroad. The outbreak of the Russian-Ukrainian conflict exerted a serious impact on European security and economic order, further stimulating Europe's geopolitical awakening and accelerating Europe's transformation. Specifically, economic transformation mainly refers to digital and green transformation, thereby enhancing economic competitiveness with twin green and digital goals. Regarding strategic transformation, Europe would re-orientate its global actorness, with the presence of trade-off between strategic autonomy and dependent on alliance, concurrency among economic interests, geopolitical Europe and normative power, re-balance between Europe's Indo-Pacific strategy and neighbourhood relationship. In sum, the two great transformations in Europe are driven by significant worsening of strategic environments in terms of global and Europe level, and consequently, they have significant impacts on Europe and its relationship with other parts of the world.

Keywords: European Transformation; Profound Changes Unseen in Centuries; Economic Recovery; Strategic Autonomy

Ⅱ　Situation Reports

B.2　European Politics: Progress within a Context of Political Fragmentation　　　　　　　*Li Jingkun, He Zhigao* / 027

Abstract: In 2021, four years after the so-called "Europe's Year of Elections" in 2017, a number of European countries including Germany, the Netherlands, Norway and several CEECs held parliamentary elections. The results of these elections tell us that the European politics is still trapped in the shadow of a post-pandemic and post-crisis era. Especially under the impact of the COVID-19 pandemic, "adjustment", "instability" and "fragmentation" are still the key words that define the political landscape of Europe in 2021−2022. In the field of party politics, a new-round adjustment has emerged as to the balance of power between the center-left and center-rights parties. In addition, green politics has resurged in Europe, which has, in some degree, shaped the government formation in some countries. At last, despite the declining support of the populist parties as a whole, they are still exerting significant influences on European politics. The changes within the European countries will inevitable spill over to the EU level. Despite progresses achieved in some areas of the European integration, the EU is still confronted with deep-going challenges.

Keywords: Fragmentation of Political Party Structure; Return of Center-left Parties; Green Party; Conference on the Future of Europe

B.3   European Economy: Recovery and Structural Transformation
in the Context of COVID-19 Pandemic

Sun Yanhong, Yang Chengyu, Hu Kun and Sun Yawen / 060

Abstract: In 2021, with the overall relief of the local epidemic in Europe, coupled with the influence of positive factors such as the rapid promotion of COVID-19 vaccination, the gradual recovery of the global supply chain, and the implementation of the "Next Generation EU" plan, the European economy has achieved a relatively strong recovery. Affected by factors such as tight supply chains and soaring energy prices, the economic growth of the EU and major European countries in 2021 showed a trend of "first high and then low". The sharp rise in inflation has become a new problem encountered by the European economy, which may prompt the ECB to moderately adjust its monetary policy in 2022. Continued accommodative fiscal policies have resulted in high public deficits and debts in the EU and major European countries; therefore, maintaining fiscal discipline in the future will become a long-term challenge. The "Next Generation EU" Fund is an innovative measure invented by the EU to promote post-pandemic economic recovery. Overall, its financing and using are progressing steadily as originally planned. In terms of monetary and financial system, in 2021, the EU's new measures to promote the development of capital markets and strengthen the supervision of the financial system as well as the new trends of the British financial system after Brexit deserve attention. Finally, this article also sorts out and analyzes the important progress of the EU in promoting "twin transition", i. e. , green and digital transitions, in 2021.

Keywords: Economic Growth; Inflation Rate; "Next Generation EU" Fund; Financial Supervision; European Transformation

B. 4   European Society: Unrest, Adjustment and New Trends
in Governance

Zhang Jinling, Qi Tianjiao, Langjia Zeren,

Zhu Rui and Kong Yuan / 102

Abstract: In 2021, the pandemic of COVID-19 continued to have a profound impact on European society. Large-scale social protests against the epidemic and the prevention measures of various countries have continued one after another, which reflected not only the difficulties of social governance under the epidemic crisis, but also the division of public opinion. The epidemic prevention measures explored gradually by the EU and other countries, as well as the adjustment of social policies in various fields, will establish a certain institutional base for the reform of social governance in the European countries, but the tension between the concept of governance held by different governments and the demands of public opinion will persist. The epidemic crisis has also become an opportunity for European countries to promote digital transformation, and many countries have achieved relatively rapid development in digital infrastructure construction and public services. Under the epidemic, ethnic issues involving immigration, refugees, ethnic minorities, separatist movements and other issues still have high social visibility in European society.

Keywords: Pandemic of COVID-19; Social Protest; Policy Adjustment; Digital Transformation; Ethnic Issue

B. 5   The Development of EU Law: Rule of Law Crisis,
Competitiveness Anxiety and Extraterritorial Effects

Ye Bin, Zhang Kun, Zhang Chenyang and Yang Kunhao / 144

Abstract: The process of development of EU law advanced in the midst of crises and challenges in 2021. This report focuses on four dimensions: EU constitutionalism, EU internal market construction and regulation, unilateral trade and economic legislation, bilateral and multilateral trade and economic relations, to track important legal development of EU. In the area of constitutionalism, the EU launched the Conference on the Future of Europe, but the rule of law crisis of EU continues unabated. In the internal market, the EU was to, with increasing competitiveness anxiety, strengthened regulating on digital economy and green economy, while updated competition policy instruments and strengthened market regulations. In the field of unilateral trade and economic legislation, the EU has proposed International Procurement Instrument, Foreign Subsidies Regulation, Anti-coercion Regulation, Corporate Due deligence Directive and other legal instruments with extraterritorial effects, emphasizing reciprocity on the basis of market opening to protect its own interests and ensure the competitiveness of EU enterprises. In terms of bilateral relations, the Trade and Cooperation Agreement between the EU and the UK entered into force, while the process of the China-EU Comprehensive Agreement on Investment (CAI) was blocked and the negotiation of the Free Trade Agreement between EU and Australia was postponed. At the multilateral level, the EU is committed to promoting the Multilateral Investment Court system and actively promoting the WTO reform, but the process has been frustrating.

Keywords: Rule-of-law Crisis; Digital Regulation; Foreign Subsidies Regulation; Legislations with Extraterritorial Effect; Reciprocal Opening

B.6　The External Relations of Europe: "Normative Geopolitical Diplomacy" *Zhao Chen, Zhang Chao* / 181

Abstract: The EU has long advertised itself as a "normative power" on the international stage, but in recent years, under the impact of a number of crises at home and beyond, the EU has increasingly viewed international affairs through the lens of geopolitics, focusing on building its "hard power". We propose the concept of "normative geopolitical diplomacy", and analyze the EU-US relationship, the EU-Russia relationship, EU-Africa relationship, and the "EU Strategy for Cooperation in the Indo-Pacific". While the EU may ultimately be able to emerge as a power with greater security and defense capabilities, the EU's "weaponization" of its normative or economic "soft power" could come at a high credit and economic cost.

Keywords: Normative Geopolitical Diplomacy; Normative Power; Geopolitics; Indo-Pacific Strategy; Strategic Compass

B.7　China-EU Relations: Europe's Perception of the Opportunity and Chanllenge from China and Its Policy　　*Liu Zuokui* / 210

Abstract: China-EU relations in 2021 had been developing at a low level since the outbreak of the COVID-19 pandemic, and presented a mixing picture of cooperation and competition. The EU's shaping of China-EU relations is characterized by continuous consolidation of the triple identities (partner, competitor, rival) of China. This report applies perception, decision-making, and practice as the analytical logic to systematically interpret the characteristics of the EU's policy on China and the impact on China-EU relations. It is argued that the EU's perception of whether China is an opportunity or a threat has evolved: while viewing China as an opportunity for development, the EU is increasingly highlighting the threats and challenges China poses to it in multiple fields such as institutions, values, and high technology. Led by such views, the EU has put more emphasis on how to deal with Chinese threats and fend off China, highlighting the orientation of values and reciprocity in cooperation, and strengthening the protection of the EU's own interests. The main outcome of the EU's diplomacy in 2021 are to regain alliance diplomacy and promote transatlantic policy coordination towards China; uphold rule-first strategy, strengthen the control and competition for the commanding heights of rules and self-protection in key areas; seek cooperation and expand consensus on global challenges such as climate change; carry out the Indo-Pacific strategy, and strive to make something dome. Due to the outbreak of Russia and Ukraine conflict, the consensus and divergence on the crisis between China and Europe are rising. Overall, the resilience and tension of China-EU relations remain, but their relations are now far from the comfort zone.

Keywords: China-EU Relation; Value Diplomacy; Transatlantic Coordination; Russia-Ukraine Crisis

III   Special Reports

Abstract: On October 7, 2021, the Polish Constitutional Court issued the ruling that some articles of the Treaty on European Union were incompatible with the Polish Constitution. This ruling directly challenges the EU legal order in which EU laws are above the national laws. The ruling of the Constitutional Court aggravated the political conflict in Poland, worsened the already tense relations between Poland and the European Union. The ruling of the Constitutional Court aims to create space for the Law and Justice Party to realize its political agenda without being restricted by the European Court of Justice and the European Union. The ruling of the Polish Constitutional Court has aggravated the worries about Polexit.

Keywords: Poland; EU; Constitutional Tribunal; Polexit

Abstract: In the German Bundestag election in 2021, Merkel's Union Party suffered a heavy blow. The Social Democratic Party, the Green Party and the

Liberal Democratic Party formed the first coalition composed of three parties in German history, opening the "post Merkel" era. The results of this election reflect the changes of German political system from different levels, such as the change of the power balance of German political parties, the change of ideological boundaries of major political parties, the change of voter mobility, the change of voters' trust in political parties, the change of parliamentarians' age and professional background, etc.. The changes of political systems and the unprecedented three party cabinet situation will have an important impact on Germany's domestic and foreign policies. In the field of domestic policies, economic and fiscal policies, climate and energy policies, promoting social justice and enhancing social security will become the focus of this government's work. In the field of foreign policy, the current government will still focus on European integration and transatlantic alliance, and will formulate cross sectoral joint strategies to seek multilateral cooperation with countries that share common values. In the context of the conflict between Russia and Ukraine, the adjustment of German defense policy deserves attention.

Keywords: Bundestag Election; German Party Politics; Russia-Ukraine Conflict; German Foreign Policy

B.10　The European Green Deal: Progress on the Governance

and the Game of Geopolitics　　　　　　　*Fu Cong* / 258

Abstract: The EU implemented the new growth strategy- "European Green Deal" in 2021, including the "Fit for 55" package launched by the Commission, the "European Climate Law" has officially entered into force, which guiding the entire European green transition in an all-round way. In addition to launching "hard" measures mentioned above, the European Commission promoted "soft" measures, such as citizen dialogue or public participation to shape the EU's green consensus and improve green democracy. In the context of global geopolitical changes and adjustments, the EU actively promoted climate diplomacy, and utilized market and geopolitical influence, expertise, and financial resources to promote the EU's green transition mode to the world. However, in the process of green transition, the EU also faced many challenges caused by the game of geopolitical interests, "brown" lock-in, and insufficient EU leadership in international climate governance.

Keywords: *The European Green Deal*; Green Consensus; Climate Diplomacy

Ⅳ Appendix

社会科学文献出版社

皮 书

智库成果出版与传播平台

❖ 皮书定义 ❖

皮书是对中国与世界发展状况和热点问题进行年度监测，以专业的角度、专家的视野和实证研究方法，针对某一领域或区域现状与发展态势展开分析和预测，具备前沿性、原创性、实证性、连续性、时效性等特点的公开出版物，由一系列权威研究报告组成。

❖ 皮书作者 ❖

皮书系列报告作者以国内外一流研究机构、知名高校等重点智库的研究人员为主，多为相关领域一流专家学者，他们的观点代表了当下学界对中国与世界的现实和未来最高水平的解读与分析。截至2022年底，皮书研创机构逾千家，报告作者累计超过10万人。

❖ 皮书荣誉 ❖

皮书作为中国社会科学院基础理论研究与应用对策研究融合发展的代表性成果，不仅是哲学社会科学工作者服务中国特色社会主义现代化建设的重要成果，更是助力中国特色新型智库建设、构建中国特色哲学社会科学"三大体系"的重要平台。皮书系列先后被列入"十二五""十三五""十四五"时期国家重点出版物出版专项规划项目；2013~2023年，重点皮书列入中国社会科学院国家哲学社会科学创新工程项目。

皮书网

（网址：www.pishu.cn）

发布皮书研创资讯，传播皮书精彩内容
引领皮书出版潮流，打造皮书服务平台

栏目设置

◆ **关于皮书**

何谓皮书、皮书分类、皮书大事记、
皮书荣誉、皮书出版第一人、皮书编辑部

◆ **最新资讯**

通知公告、新闻动态、媒体聚焦、
网站专题、视频直播、下载专区

◆ **皮书研创**

皮书规范、皮书选题、皮书出版、
皮书研究、研创团队

◆ **皮书评奖评价**

指标体系、皮书评价、皮书评奖

◆ **皮书研究院理事会**

理事会章程、理事单位、个人理事、高级
研究员、理事会秘书处、入会指南

所获荣誉

◆ 2008 年、2011 年、2014 年，皮书网均
在全国新闻出版业网站荣誉评选中获得
"最具商业价值网站"称号；

◆ 2012 年，获得"出版业网站百强"称号。

网库合一

2014年，皮书网与皮书数据库端口合
一，实现资源共享，搭建智库成果融合创
新平台。

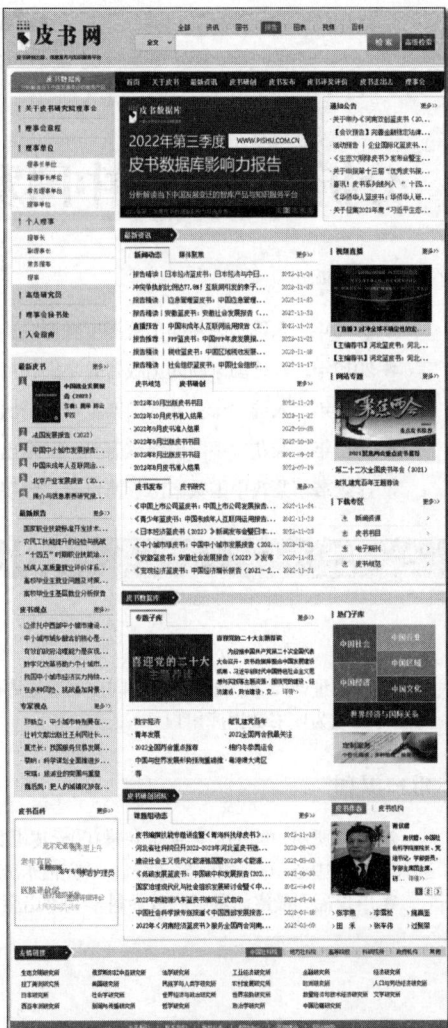

皮书网　　"皮书说"　　皮书微博
　　　　　微信公众号

S 基本子库
SUB DATABASE

中国社会发展数据库（下设 12 个专题子库）

紧扣人口、政治、外交、法律、教育、医疗卫生、资源环境等 12 个社会发展领域的前沿和热点，全面整合专业著作、智库报告、学术资讯、调研数据等类型资源，帮助用户追踪中国社会发展动态、研究社会发展战略与政策、了解社会热点问题、分析社会发展趋势。

中国经济发展数据库（下设 12 专题子库）

内容涵盖宏观经济、产业经济、工业经济、农业经济、财政金融、房地产经济、城市经济、商业贸易等 12 个重点经济领域，为把握经济运行态势、洞察经济发展规律、研判经济发展趋势、进行经济调控决策提供参考和依据。

中国行业发展数据库（下设 17 个专题子库）

以中国国民经济行业分类为依据，覆盖金融业、旅游业、交通运输业、能源矿产业、制造业等 100 多个行业，跟踪分析国民经济相关行业市场运行状况和政策导向，汇集行业发展前沿资讯，为投资、从业及各种经济决策提供理论支撑和实践指导。

中国区域发展数据库（下设 4 个专题子库）

对中国特定区域内的经济、社会、文化等领域现状与发展情况进行深度分析和预测，涉及省级行政区、城市群、城市、农村等不同维度，研究层级至县及县以下行政区，为学者研究地方经济社会宏观态势、经验模式、发展案例提供支撑，为地方政府决策提供参考。

中国文化传媒数据库（下设 18 个专题子库）

内容覆盖文化产业、新闻传播、电影娱乐、文学艺术、群众文化、图书情报等 18 个重点研究领域，聚焦文化传媒领域发展前沿、热点话题、行业实践，服务用户的教学科研、文化投资、企业规划等需要。

世界经济与国际关系数据库（下设 6 个专题子库）

整合世界经济、国际政治、世界文化与科技、全球性问题、国际组织与国际法、区域研究 6 大领域研究成果，对世界经济形势、国际形势进行连续性深度分析，对年度热点问题进行专题解读，为研判全球发展趋势提供事实和数据支持。

法律声明